CIETAC

ARBITRATION AND LAW

仲裁与法律

第148辑

中国国际经济贸易仲裁委员会
中国国际商会仲裁研究所 主办

中国法制出版社
CHINA LEGAL PUBLISHING HOUSE

图书在版编目（CIP）数据

仲裁与法律．第 148 辑／中国国际经济贸易仲裁委员会，中国国际商会仲裁研究所编．—北京：中国法制出版社，2022.10

ISBN 978－7－5216－2809－8

Ⅰ.①仲… Ⅱ.①中… ②中… Ⅲ.①仲裁－研究－丛刊 Ⅳ.①D915.704－55

中国版本图书馆 CIP 数据核字（2022）第 138813 号

责任编辑：秦智贤　　封面设计：杨泽江

仲裁与法律·第 148 辑

ZHONGCAI YU FALÜ · DI－148 JI

编者/中国国际经济贸易仲裁委员会　中国国际商会仲裁研究所

经销/新华书店

印刷/三河市国英印务有限公司

开本/710 毫米×1000 毫米　16 开　　印张/ 13　字数/ 200 千

版次/2022 年 10 月第 1 版　　2022 年 10 月第 1 次印刷

中国法制出版社出版

书号 ISBN 978－7－5216－2809－8　　定价：50.00 元

北京市西城区西便门西里甲 16 号西便门办公区

邮政编码：100053　　传真：010－63141600

网址：http：//www.zgfzs.com　　**编辑部电话：010－63141798**

市场营销部电话：010－63141612　　**印务部电话：010－63141606**

（如有印装质量问题，请与本社印务部联系。）

仲裁与法律
第 148 辑

地　　　址：北京市西城区桦皮厂胡同 2 号国际商会大厦 6 层
邮 政 编 码：100035
电　　　话：(010)82217788　64646688
传　　　真：(010)82217766　64643500
电 子 信 箱：law@ cietac. org
网　　　址：http://www. cietac. org

目录 Contents

理论前沿

什么因素促成国际仲裁中心？

——基于六要素说的相关性分析

沈　伟*

摘　要：什么因素促成国际仲裁中心，既是国际商事仲裁法的理论问题，也是建设国际仲裁中心或者仲裁友好型法域的立法、司法等政策制定的重要实践问题。国际仲裁中心的核心要素并无定论，有关学者提出的六要素说，是这一理论问题的一种回应和表达。中国可以通过对六要素进行理论分析，包括法域是《纽约公约》的缔约国、以《示范法》为法域仲裁立法的蓝本、具有国家仲裁机构和国际仲裁中心、具有熟悉仲裁实践的法官队伍、不断提高国际仲裁能力建设水平不断更新与仲裁有关的法律等六个方面，确立相关优化路径，并结合将上海等地建设亚太国际仲裁中心的政策和实践，形成可复制可推广的经验，从而推动中国国际仲裁的整体发展。

关键词：国际仲裁中心　六要素　《纽约公约》　《示范法》　仲裁司法　仲裁立法

问题的提出

仲裁是跨境争端解决的首选方式之一，随着中国开放力度持续加大和与世界各国商事交往日趋频繁，对于与国际接轨的商事争议解决方式的需求也越发旺盛。2021 年，根据英国玛丽女王大学发布的《2021 年国际仲裁调查报告》显

* 上海交通大学法学院特聘教授、博士生导师；英国伦敦政治经济学院博士。作者感谢胡耀辉、屠安楠、李沉然、靳思远等课题组成员对文章形成的贡献。

示，在全球最受欢迎的前十大仲裁地中，上海位列第八，[①] 这体现了上海作为国际仲裁中心的潜力和能力。[②] 国务院在2015年4月8日批准并印发的《进一步深化中国（上海）自由贸易试验区改革开放方案》，明确要求上海加快打造面向全球的亚太仲裁中心，并在评估、总结的基础上，形成可复制可推广的改革经验，发挥示范引领、服务全国的作用，[③] 推动中国法治水平的进步和营商环境的改善。

最高人民法院于2019年12月13日发布《关于人民法院为中国（上海）自由贸易试验区临港新片区建设提供司法服务和保障的意见》（以下简称《新片区保障意见》）支持上海建设成为亚太仲裁中心。[④] 为了响应中央政府的号召，上海市人民政府也相继发布了一系列政策，在2016年发布的《“十三五”时期上海国际贸易中心建设规划》的通知中，[⑤] 亦明确打造亚太国际商事争议解决中心；在2021年发布的《“十四五”时期提升上海国际贸易中心能级规划》中进一步指出要通过吸引聚集国际经贸仲裁机构，为经贸发展提供更加公平公正的保障；[⑥]《上海服务国家“一带一路”建设发挥桥头堡作用行动方案》更是致力于将上海建设成为“一带一路”仲裁中心。[⑦]

上海在国家打造国际仲裁品牌、优化营商环境与接轨国际领先商事规则的新一轮竞争中处于前列并尽快占据中心地位，类似何为“国际仲裁中心”，建设国际仲裁中心过程中必须具备哪些要素，这些要素又有着哪些深刻内涵，这

---

① Queen Mary University of London, White & Case LLP, 2021 International Arbitration Survey: Adapting Arbitration to A Changing World, https: //arbitration. qmul. ac. uk/media/arbitration/docs/2021-International-Arbitration-Survey-Adapting-arbitration-to-a-changing - world. pdf.

② 广义来说，仲裁不仅仅适用于商事纠纷，也被广泛用于解决投资纠纷、海事纠纷等其他领域。建设国际商事仲裁中心是建设国际仲裁中心这一目标的一个组成部分，本文统一采用国际仲裁中心的要素范式。

③ 《国务院关于印发进一步深化中国（上海）自由贸易试验区改革开放方案的通知》（国发〔2015〕21号）；《最高人民法院关于人民法院为中国（上海）自由贸易试验区临港新片区建设提供司法服务和保障的意见》（法发〔2019〕31号）。

④ 《关于人民法院为中国（上海）自由贸易试验区临港新片区建设提供司法服务和保障的意见》（法发〔2019〕31号）。

⑤ 《“十三五”时期上海国际贸易中心建设规划》（沪府发〔2016〕60号）。

⑥ 《上海市人民政府关于印发〈“十四五”时期提升上海国际贸易中心能级规划〉的通知》（沪府发〔2021〕2号）。

⑦ 《上海服务国家“一带一路”建设发挥桥头堡作用行动方案》，载上海市人民政府网站，2017年10月11日，http: //www. shanghai. gov. cn/newshanghai/xxgkfj/yidaiyilu. pdf，最后访问时间：2021年4月7日。

些都急需仲裁理论作出回应。本文旨在探析、总结国际仲裁中心所具备的要素、禀赋及其具体内容，以便为中国建设国际仲裁中心（尤其是在上海建设国际仲裁中心）提供理论基础。

一、国际仲裁中心的定义

对“国际仲裁中心”的理解可以分为两种，一是“国际仲裁的中心”（Center of International Arbitration），二是“国际（化）的仲裁中心”（International Arbitration Center）。有鉴于仲裁中心往往指向的是仲裁机构，如“上海国际仲裁中心”“新加坡国际仲裁中心”，与这里讨论的城市上海并不属于同一性质。因此，对于“国际仲裁中心”不宜理解为后者，而更应该指向的是前者，即内涵是“国际仲裁的中心”。那么“国际仲裁的中心”的定义是什么？当前并没有明确的字面意义上的解释。有鉴于该概念是中国官方提出的政策目标，因此宜采用“目的解释”，从相关的官方文件中找到“国际仲裁的中心”的要素，进而总结出其定义。

通过分析相关官方文件，基本可以提炼出上海作为“国际仲裁的中心”在国内话语体系中应当具有的构成要件，并以此作为定义“国际仲裁的中心”的基础，主要包括：

（一）国际化

主要是指受理“商事纠纷仲裁的国际化程度”，[①] 具体内涵包括两个方面：

1. 受案的国际化

上海仲裁服务能够通过“鼓励中外当事人选择上海作为争议解决地”[②]，进而“接轨国际市场”。[③] 这里更能够体现国际化程度的是外国当事人，特别是案件双方当事人都是外国当事人，选择上海作为仲裁地（机构所在地或受理地）。

2. 仲裁机构的国际化

仲裁机构的国际化，主要指引入国际知名仲裁机构。有关文件指出，要

---

① 《国务院关于印发进一步深化中国（上海）自由贸易试验区改革开放方案的通知》（国发〔2015〕21号）。

② 《上海市司法局关于印发〈打响“上海仲裁”服务品牌行动方案（2019—2021年）〉的通知》（沪司发〔2019〕68号）。

③ 余东明：《上海建设亚太仲裁中心 优化国际营商环境》，载中国新闻网，2019年3月28日，https://www.chinanews.com.cn/cj/2019/03-28/8792732.shtml，最后访问时间：2021年4月7日。

"吸引和聚集国际知名商事争议解决机构"，① "有国际知名的商事争议解决机构入驻"②"引入境外知名仲裁机构"。③ 换言之，国际化程度高的一个重要标志是受到其他国际仲裁机构的认可，他们愿意在上海设立分支机构或代表机构。这个标准更具中国特色，因为其他国际仲裁中心更加关注本国仲裁机构的被接受度，较少致力于吸收境外仲裁机构入驻。

（二）专业化

这主要是指，"对标国际最高标准最好水平"，④ 提升"仲裁公信力"⑤"行业实力、竞争力"和"上海仲裁的国际影响力、国际竞争力"，⑥ 从而在专业化、国际化、高端化、信息化等维度全面提升上海仲裁，其具体内涵包括三个方面：

1. 规则专业化

能够"进一步对接国际商事争议解决规则，优化自贸试验区仲裁规则"，⑦ "与国际通行规则相衔接"，且同时积极参与国际仲裁规则的制定。⑧ 规则专业化有国内和国际两个面向，更加关注两个面向的衔接。显然，这个维度更加体现了仲裁的国际性，是国内和国际规则的交汇。

2. 管理专业化

"完善仲裁（机构）管理机制"，⑨ "推动仲裁机构构建适应法治化市场化

---

① 《"十三五"时期上海国际贸易中心建设规划》（沪府发〔2016〕60号）。

② 《国务院关于印发进一步深化中国（上海）自由贸易试验区改革开放方案的通知》（国发〔2015〕21号）。

③ 余东明：《上海建设亚太仲裁中心 优化国际营商环境》，载中国新闻网，2019年3月28日，https://www.chinanews.com.cn/cj/2019/03-28/8792732.shtml，最后访问时间：2021年4月7日。

④ 余东明：《上海建设亚太仲裁中心 优化国际营商环境》，载中国新闻网，2019年3月28日，https://www.chinanews.com.cn/cj/2019/03-28/8792732.shtml，最后访问时间：2021年4月7日。

⑤ 《上海市司法局关于印发〈打响"上海仲裁"服务品牌行动方案（2019—2021年）〉的通知》（沪司发〔2019〕68号）。

⑥ 余东明：《上海建设亚太仲裁中心 优化国际营商环境》，载中国新闻网，2019年3月28日，https://www.chinanews.com.cn/cj/2019/03-28/8792732.shtml，最后访问时间：2021年4月7日。

⑦ 《国务院关于印发进一步深化中国（上海）自由贸易试验区改革开放方案的通知》（国发〔2015〕21号）。

⑧ 《上海市司法局关于印发〈打响"上海仲裁"服务品牌行动方案（2019—2021年）〉的通知》（沪司发〔2019〕68号）。

⑨ 《上海市司法局关于印发〈打响"上海仲裁"服务品牌行动方案（2019—2021年）〉的通知》（沪司发〔2019〕68号）。

要求的体制机制”。[①] 理论上讲，目前国内仲裁机构的显著特征是行政化，有别于其他国家仲裁机构的去行政化，主要表现在自治性和商业化两个方面。换言之，中国仲裁机构的管理制度更体现仲裁机构作为行政机关的特点，[②] 例如广西大部分仲裁机构仍接受政府全额拨款、享受同级行政待遇，[③] 商事仲裁本身所具有的当事人意思自治属性反而不突出。

3. 服务专业化

实现“仲裁服务专业化、国际化”，[④] 具有“专业服务能力”、[⑤] 领先的“法律服务水平、国际公信力”，[⑥] 能够“提供优质开庭支持”[⑦] 等“专业化的仲裁服务”，进而“成为国际化的仲裁服务品牌”，[⑧] 将“‘上海仲裁’打造成具有较大国内外影响力的高端法律服务品牌”。[⑨]

（三）活跃度

将上海建设成为仲裁活动的中心，举办大量与国际仲裁有关的活动，成为“仲裁业务交流研讨活动最活跃”[⑩] 的城市。目前，上海也有仲裁周之类的活动，但是限于疫情，这些活动的国际性比较欠缺。

需要指出的是，无论是“举办国际仲裁活动”即活跃度，还是国际化的表现之一——“引入国际知名仲裁机构”都并非难事，中国已经很大程度地开启

---

① 《仲裁机构法治化市场化改革大幕将启》，载中国仲裁法学研究会网站，2021 年 11 月 26 日，http：//caal. chinalaw. org. cn/portal/article/index/id/1243. html，最后访问时间：2022 年 7 月 7 日。

② 冯子涵：《文化差异视角下中国商事仲裁的本土化与国际化研究——以〈仲裁法〉为例》，载《理论探讨》2020 年第 9 期，第 86 – 87 页。

③ 蒋慧：《RCEP 背景下中国—东盟商事仲裁协同机制研究》，载《江汉论坛》2019 年第 8 期，第 138 页。

④ 《仲裁机构法治化市场化改革大幕将启》，载中国仲裁法学研究会网站，2021 年 11 月 26 日，http：//caal. chinalaw. org. cn/portal/article/index/id/1243. html，最后访问时间：2022 年 7 月 7 日。

⑤ 《“十三五”时期上海国际贸易中心建设规划》（沪府发〔2016〕60 号）。

⑥ 余东明：《上海建设亚太仲裁中心 优化国际营商环境》，载中国新闻网，2019 年 3 月 28 日，https：//www. chinanews. com. cn/cj/2019/03 – 28/8792732. shtml，最后访问时间：2021 年 4 月 7 日。

⑦ 《上海市司法局关于印发〈打响“上海仲裁”服务品牌行动方案（2019—2021 年）〉的通知》（沪司发〔2019〕68 号）。

⑧ 《上海服务国家“一带一路”建设发挥桥头堡作用行动方案》，载上海市人民政府网站，2017 年 10 月 11 日，http：//www. shanghai. gov. cn/newshanghai/xxgkfj/yidaiyilu. pdf，最后访问时间：2021 年 4 月 7 日。

⑨ 《上海市司法局关于印发〈打响“上海仲裁”服务品牌行动方案（2019—2021 年）〉的通知》（沪司发〔2019〕68 号）。

⑩ 《上海市司法局关于印发〈打响“上海仲裁”服务品牌行动方案（2019—2021 年）〉的通知》（沪司发〔2019〕68 号）。

了这一进程，如国际商会（International Chamber of Commerce，ICC）、香港国际仲裁中心（Hong Kong International Arbitration Centre，HKIAC）等国际知名仲裁机构已经陆续在上海设立代理处，定期举办仲裁论坛等活动。2019年8月6日印发的《中国（上海）自由贸易试验区临港新片区总体方案》① （以下简称《新片区方案》）指出："允许境外知名仲裁及争议解决机构经上海市人民政府司法行政部门登记并报国务院司法行政部门备案，在新片区内设立业务机构，就国际商事、海事、投资等领域发生的民商事争议开展仲裁业务，依法支持和保障中外当事人在仲裁前和仲裁中的财产保全、证据保全、行为保全等临时措施的申请和执行。"这彻底改变了过去仅允许境外仲裁机构在内地开展非营利活动的局面，开始允许其在新片区开展实质性业务。世界知识产权组织在2020年所设立的仲裁与调解上海中心（以下简称WIPO仲调上海中心）成为首家在中国境内开展实质性业务的境外仲裁机构。此后，上海市司法局根据《新片区方案》明确了境外仲裁机构注册的具体程序以及在运行过程中的行政管理模式从而颁布了《境外仲裁机构在中国（上海）自由贸易试验区临港新片区设立业务机构管理办法》（以下简称《管理办法》）②。在司法层面，2019年12月27日最高人民法院印发的《新片区保障意见》也将全力为经注册的境外仲裁机构在新片区开展仲裁业务提供司法支持。③《国务院关于同意在中国（上海）自由贸易试验区临港新片区暂时调整实施有关行政法规规定的批复》④ 是国务院继《新片区方案》，允许境外仲裁机构在上海自贸区临港新片区设立业务机构后，对境外仲裁机构在境内设立业务机构采取的进一步政策支持，体现了中国行政机关对于仲裁市场对外开放的积极态度，以及对提高商事仲裁国际化程度的坚定决心。⑤ 因此，"活跃度"以及"国际化"中的"引入国际知名仲裁机构"并不能够被认为是国际仲裁中心的最核心要素，或者说是锦上添花的要素。

---

① 该方案全文详见中国政府网，http：//www.gov.cn/zhengce/content/2019-08/06/content_5419154.htm，最后访问时间：2022年6月27日。

② 《管理办法》全文详见上海市司法局官网，https：//sfj.sh.gov.cn/2020jcgk_gfxwj/20201102/93cb5f7fd32e48229600d46caef2839f.html，最后访问时间：2022年6月27日。

③ 刘晓红、冯硕：《制度型开放背景下境外仲裁机构内地仲裁的改革因应》，载《法学评论》2020年第3期，第125-138页。

④ 《国务院关于同意在中国（上海）自由贸易试验区临港新片区暂时调整实施有关行政法规规定的批复》（国函〔2021〕115号）。

⑤ 费宁、赵芳、陈菁菁：《中国商事仲裁年度观察2021》，载北京仲裁委员会网站，2021年11月10日，https：//www.bjac.org.cn/news/view?id=4029，最后访问时间：2022年4月7日。

在其他的几个要素中，若干概念仍需进一步厘清。

首先，“受案国际化”的“国际”，应指“国际当事人”，即双方当事人皆非中国公民。“选择到中国仲裁机构仲裁的基本上都是由于中企选择在中国仲裁，很少有双方都是外方而选择在中国仲裁的。只有外国企业均愿意选择中国仲裁机构，才能真正体现中国仲裁机构在世界上具有竞争力”①。以国际化程度较高的伦敦国际仲裁院为例，其有待审理的案件中有80%以上的当事人非英国国籍。② 虽然近年来中国国际经济贸易仲裁委员会（以下简称贸仲）、上海仲裁委员会（以下简称上仲）等知名国内仲裁机构也受理了不少双方当事人均为境外当事人的案件，但这些案件的占比并不高。这也是贸仲和上仲有别于ICC、伦敦国际仲裁院等境外仲裁机构“国际性”的标志性特征。

其次，“鼓励中外当事人选择上海作为争议解决地”和“受案”的含义也需要厘清。仲裁地（seat of arbitration）和开庭地（venue/place of hearing）属于不同的概念，实际上即使不将上海建设成为国际仲裁中心，其他国家的仲裁机构仍然可以选在上海开庭。而仲裁地则具有重要的法律意义，属于真正意义上的“争议解决地”。③ 因此，“鼓励中外当事人选择上海作为争议解决地”和“受案国际化”本质上是指，国外当事人在合同争议解决条款中明确约定，选择中国上海作为仲裁地。如黄进教授认为，“把中国建成国际仲裁中心的核心要义，是把中国打造成国际仲裁的目的地，只有当事人真正愿意把纠纷放到中国仲裁解决，尤其是把‘仲裁地’放在中国，才能够真正把中国建设成为国际仲裁中心”。④ 仲裁地的重要性在于两个方面：第一，当事人和仲裁员在上海进行与仲裁有关的争端解决活动，表明对上海仲裁和司法环境的信任；第二，仲裁地法的受众性更为明显，是当事人对仲裁地法信任的表现。

最后，所谓的“专业化”主要指仲裁机构的规则、管理、服务实现专业化。这不仅从相关官方文件的措辞中可见一斑，还和中国特殊的仲裁行业情况有关。例如就管理而言，中国许多仲裁机构的专业化不足主要体现在带有行政

① 汪闽燕：《中国成为国际仲裁中心还有多远》，载西安交通大学法学院网站，2013年5月24日，http：//fxy. xjtu. edu. cn/info/1102/2099. htm，最后访问时间：2022年7月7日。

② LCIA，Introduction，https：//www. lcia. org/LCIA/introduction. aspx.

③ 冯硕、陈晨：《上海打造面向全球亚太仲裁中心应从打造国际一流“仲裁地”开始》，载《上海法治报》2018年9月17日。

④ 《中国成为国际仲裁中心必须四个要件》，载海南国际仲裁院网站，2017年3月21日，https：//www. hnac. org. cn/article/237/，最后访问时间：2022年7月7日。

化色彩，而这经常受到国外的质疑。因此有学者认为，中国的仲裁机构要成为国际仲裁中心，就要去行政化，如果仲裁机构与国家机关联系过于紧密，就会让人觉得仲裁机构不够中立。[①] 相关官方文件中也体现了这一态度，如“稳步推进仲裁机构与行政机关脱钩等创新性举措，努力建立与国际接轨的仲裁管理制度”“准确把握仲裁机构管理机制不够完善，仲裁国际竞争力不够强等突出问题”。[②] 此外，商事仲裁起源于商事主体对司法任意性的排斥，仲裁裁决的可信度取决于仲裁员的个人魅力，仲裁质量取决于仲裁员的水平。因此，提升仲裁法律服务的专业化水平也离不开对仲裁员专业化的要求。

种下梧桐树，才能引来金凤凰。商事争议解决事实上是一个高端法律服务市场，市场的竞争性和专业性水平尤为重要。当仲裁在专业化服务上回应了市场的需求，那么市场的参与者也会更多地选择仲裁。[③] 因此，从国际商事仲裁的专业性和商事性的特征出发，只有实现规则、管理、服务的专业化，直到能够对标国际标准，在国际上具有竞争力、影响力，才能真正吸引国际当事人选择中国上海作为仲裁地，实现受案国际化。

综上，可以将中国语境下“国际仲裁中心”定义为：一个拥有提供专业仲裁规则、管理、服务的本地仲裁机构，在国际当事人中极富竞争力、影响力、公信力、愿意选择作为仲裁地的城市。

二、国际仲裁中心的要素

理论上，打造具有国际影响力的国际仲裁中心，往往取决于下述五点要素：[④] 该国为《承认及执行外国仲裁裁决公约》（以下简称《纽约公约》）缔约国；以《联合国国际贸易法委员会国际商事仲裁示范法》（以下简称《示范法》）为法域仲裁立法的蓝本；具有国际商事法院和国际仲裁中心；具备熟悉仲裁实践的法官队伍；不断提高国际仲裁能力建设水平并不断更新与仲裁有关的法律。

---

① 汪闽燕：《中国成为国际仲裁中心还有多远》，载西安交通大学法学院网站，2013年5月24日，http：//fxy. xjtu. edu. cn/info/1102/2099. htm，最后访问时间：2022年7月7日。

② 《仲裁机构法治化市场化改革大幕将启》，载中国仲裁法学研究会官网，2021年11月26日，http：//caal. chinalaw. org. cn/portal/article/index/id/1243. html，最后访问时间：2022年7月7日。

③ 邓瑛：《“国际仲裁中心建设的上海思维”之观想》，载上海市律师协会网站，http：//www. lawyers. org. cn/info/d895548e599540aa9547f517de5b2519，最后访问时间：2021年4月7日。

④ Anselmo Reyes & Weixia Gu eds.，The Developing World of Arbitration：A Comparative Study of Arbitration Reform in the Asia Pacific，Hart Publishing，2018，p. 3.

（一）该国为《纽约公约》缔约国

《纽约公约》条款并不多，一共只有16条。其中第7条第2款规定："1923年日内瓦仲裁条款议定书及1927年日内瓦执行外国仲裁裁决公约在缔约国间，于其受本公约拘束后，在其受拘束之范围内不再生效。"该条款中出现的1923年《日内瓦仲裁条款议定书》（以下简称《日内瓦议定书》）和1927年《日内瓦执行外国仲裁裁决公约》（以下简称《日内瓦公约》）两个国际公约是《纽约公约》的"前生"。1923年《日内瓦议定书》是关于仲裁条款的承认，1927年《日内瓦公约》是关于仲裁条款的执行，并且1927年《日内瓦公约》第7条第1款约定"本公约对1923年关于仲裁条款议定书所有签字国开放，任凭签署，并应经过批准"。也就是说只有加入1923年的《日内瓦议定书》才能加入1927年的《日内瓦公约》。这两个国际公约时间都比较早，缔约国基本都是欧洲国家。

20世纪20年代的这两个公约立法技术并不成熟，加之"二战"以后全球经济蓬勃发展，这两个公约已经不能满足全球经济发展的需要了。所以"二战"以后，由国际商会牵头重新制定了一套新的公约，旨在融合两个公约的内容，建立起一套全新的、全球的、统一的国际商事仲裁制度。从《纽约公约》制定的历史沿革来看，可以认为这样一个国际公约的初衷在于促进全球经济的发展，也就不难理解为何加入《纽约公约》对打造国际仲裁中心十分重要。

既然《纽约公约》对全球经济能起到很好的促进作用，那么加入者必然多多少少能从其中获得福利。1978年中国实行改革开放，需要"走出去"和"引进来"，那么怎么把外资引进来呢？外资把钱投到中国也是有顾虑的，发生了纠纷怎么办？一些外资对中国仍持观望态度，那么加入《纽约公约》的重要意义就体现出来了。20世纪80年代，中国开始大量加入国际商事公约，《纽约公约》就在这最早的一批加入的国际商事公约中。中国的这一行为其实是在向国际社会"示好"，向国际社会传递"信号"，中国的营商环境很好，纠纷解决机制十分便利，交易成本很低，外资可以放心进入中国投资。

同时，从结果上来看，国际上知名的仲裁发达的国家和地区，法国、英国、新加坡、瑞典、美国等，没有一个不是《纽约公约》的缔约国。当然，加入《纽约公约》的国家有很多，只有少数国家成了仲裁中心。由此可见，加入《纽约公约》是促成仲裁中心的必要但不充分因素，想要成为仲裁中心，仅靠加入《纽约公约》是不够的。

然后，再从《纽约公约》的法条入手分析。《纽约公约》第2条规定："一、当事人以书面协定承允彼此间所发生或可能发生之一切或任何争议，如关涉可以仲裁解决事项之确定法律关系，不论为契约性质与否，应提交仲裁时，各缔约国应承认此项协定。二、称'书面协定'者，谓当事人所签订或在互换函电中所载明之契约仲裁条款或仲裁协定。三、当事人就诉讼事项订有本条所称之协定者，缔约国法院受理诉讼时应依当事人一造之请求，命当事人提交仲裁，但前述协定经法院认定无效、失效或不能实行者不在此限。"第3条规定："各缔约国应承认仲裁裁决具有拘束力，并依援引裁决地之程序规则及下列各条所载条件执行之。承认或执行适用本公约之仲裁裁决时，不得较承认或执行内国仲裁裁决附加过苛之条件或征收过多之费用。"

从上述《纽约公约》的规定中我们可以看出，《纽约公约》的缔约国至少从表面上来看对仲裁是十分"友好"的，按照《纽约公约》的约定仲裁条款应当（必须）被缔约国承认和执行。另外《纽约公约》第5条规定了只有在五种情况下，仲裁条款可以不被承认与执行，也就是说《纽约公约》的缔约国至少从表面上来讲对仲裁的司法干预是很少的。

所以，为什么加入《纽约公约》是促成仲裁中心的重要因素？结论有二，一是《纽约公约》的缔约国对仲裁相对友好，司法对仲裁的支持和接受度比较高；二是《纽约公约》的缔约国司法对仲裁的干预比较克制，仲裁在少干预的情况下可以蓬勃发展。做到这两点只是成为仲裁中心的基本前提。

（二）以《示范法》为法域仲裁立法的蓝本

《示范法》对国际仲裁中心的建设具有重要的指向和定位意义。《示范法》是世界范围内仲裁法现代化的重要参考指标。《示范法》的起草和制定会集了五十多个国家和十多个国际组织的代表，既不限于特定的法律体系，具有广泛代表性，又凝聚了仲裁实践方面的普遍共识和做法，体现了国际商事仲裁的发展趋势和统一化方向。英国、德国、南非等不同法系的国家都借鉴《示范法》以完善本国的仲裁法律。中国香港特别行政区和新加坡更是直接赋予《示范法》法律效力。巴林将《示范法》完整、无条件地作为本国法律。有些国家和地区以不同方式采用和转化《示范法》，将《示范法》纳入本国或本地区的相关法律。截至目前，世界上有85个国家118个法域以《示范法》为基础起草和颁布本国或本地区的仲裁法。①

以亚太地区具有影响力的仲裁法域新加坡以及我国香港特别行政区为例，新加坡《国际仲裁法（1994）》② 和我国香港特别行政区《仲裁条例（2014）》③ 对《示范法》的吸收和借鉴足以说明《示范法》的相关性和重要性。

首先，新加坡《国际仲裁法（1994）》主要以《示范法》为立法蓝本，为了进一步与《示范法》的理念相契合，新加坡《国际仲裁法（1994）》明确指出《示范法》的准备文件可用于解释新加坡仲裁法律。在总体性文本转换的基础上，新加坡《国际仲裁法（1994）》和《示范法》主要的不同体现在以下四方面：第一，新增了"提单"形式的仲裁协议；第二，赋予当事人针对管辖权的一次法院上诉的机会，也就是说如果当事人不服仲裁庭的自裁管辖权结果，可先向新加坡高等法院上诉，若不服新加坡高等法院裁判，当事人还可以向新加坡上诉法院提起二审；第三，将默认的仲裁员人数从《示范法》的 3 人减少至 1 人；第四，赋予仲裁员豁免权。

早在 1997 年之前，中国香港地区就已经是《示范法》法域，现行的中国香港特别行政区《仲裁条例（2014）》在总体上转换了《示范法》。与新加坡《国际仲裁法（1994）》一样，中国香港特别行政区《仲裁条例（2014）》明确指出《示范法》的准备文件可用于解释中国香港特别行政区仲裁规定。④ 此外，《仲裁条例（2014）》更多的是一些细节上的调整：譬如为了避免当事人因对"商事"一词内涵理解差异而产生争议，《仲裁条例（2014）》特意删去"商事"一词。当然，中国香港特别行政区《仲裁条例（2014）》也在《示范法》的基础上进行了一定的制度创新，特别增设了紧急仲裁员条款和第三方资助仲裁（third party funding）专章。

通过梳理新加坡和我国香港特别行政区这两大具有影响力的亚太地区仲裁法域，可见二者虽然在立法上都进行了相应的改动和创新，但总体上和《示范法》呈现出高度的一致性，足可见《示范法》的直接影响力。

---

① 载联合国国际贸易法委员会官网，https：//uncitral. un. org/zh/texts/arbitration/modellaw/commercial_ arbitration/status，最后访问时间：2022 年 7 月 5 日。

② International Arbitration Act 1994 (2020 Revised Edition)．（注：新加坡《国际仲裁法（1994）》2020 修订版。）

③ 中国香港特别行政区《仲裁条例》第 609 章，https：//www. elegislation. gov. hk/hk/cap609！en－sc。

④ 王徽：《〈国际商事仲裁示范法〉的创设、影响及启示》，载《武大国际法评论》2019 年第 3 期，第 111 页。

以《示范法》为参照，中国《仲裁法》与其存在的最大的差异在于对于当事人意思自治原则的尊重程度。当事人意思自治是仲裁中的“帝王原则”，通过字频统计发现，《示范法》中“除非另有协议”（unless otherwise agreed）这一表述一共出现12次，通过当事人之间的另有约定排除相应条款的适用；与之相比，中国《仲裁法》并没有从文本表述上突出意思自治原则，通过文本检索中国《仲裁法》不存在通过当事人的意思自治排除特定法条适用的“但书”情形。[①] 中国《仲裁法》和《示范法》对当事人意思自治的限制程度差异具体体现在实体法的选择、仲裁员的选定、是否承认临时仲裁以及仲裁管辖权等主要方面。

1. 实体法的选择

中国《仲裁法》并未就实体法的选用作出规定，而是通过《涉外民事关系法律适用法》第2条第2款、第6条、第2—7章等规定了特定争议类型确定适用实体法的规则以及在无规则时的“最密切联系地原则”的法定判断原则。相比之下，《示范法》给予当事人相当大的选择实体法的自由权，一方面其采用“法律规则”的表述，表明当事人不仅可以选择适用国内法，还可以适用惯例、示范法等非国家法；另一方面允许当事人“授权仲裁庭以公平合理为原则或作为友好调解人来裁定争议”，即仲裁庭的裁决在公平正义的范围内可不依照法律规则的规定作出。[②] 相比而言，中国法律为当事人意思自治空间的保留相对狭窄。

2. 仲裁员的选定

按照《示范法》第11条的规定，当事人可以自由选择仲裁员。[③] 中国《仲

---

① 相较而言，根据笔者统计，“unless otherwise agreed”这一表述在中国香港特别行政区《仲裁条例（2014）》中共出现29次，在新加坡《国际仲裁法（1994）》（2020修订版）中共出现13次。

② Article 28:（1）The arbitral tribunal shall decide the dispute in accordance with such rules of law as are chosen by the parties as applicable to the substance of the dispute. Any designation of the law or legal system of a given State shall be construed, unless otherwise expressed, as directly referring to the substantive law of that State and not to its conflict of laws rules. （2）Failing any designation by the parties, the arbitral tribunal shall apply the law determined by the conflict of laws rules which it considers applicable. （3）The arbitral tribunal shall decide ex aequo et bono or as amiable compositeur only if the parties have expressly authorized it to do so. （4）In all cases, the arbitral tribunal shall decide in accordance with the terms of the contract and shall take into account the usages of the trade applicable to the transaction.

③ Article11:（1）No person shall be precluded by reason of his nationality from acting as an arbitrator, unless otherwise agreed by the parties. （2）The parties are free to agree on a procedure of appointing the arbitrator or arbitrators, subject to the provisions of paragraphs（4）and（5）of this article.

裁法》第13条规定了严格的仲裁员任职资格，第25条规定了仲裁机构将仲裁员名册送达当事人的义务。虽然中国《仲裁法》没有明确规定必须在名册中选择仲裁员，但实际上是当事人在多数情况下选择仲裁员名册上的仲裁员。[①] 仲裁员的资质限制强化了仲裁机构的管理权能，排除了不由仲裁机构管理的临时仲裁，与国际商事仲裁中普遍倡导尊重当事人意思自治原则相悖。

3. 是否承认临时仲裁

《示范法》并没有明确提及“临时仲裁”一词。根据第2条第1款的表述，“仲裁”是指“无论是否由常设仲裁机构进行的任何仲裁”，表明“仲裁”包括没有常设仲裁机构管理的临时仲裁。[②] 中国《仲裁法》第16条规定仲裁协议有效的必备要件之一是约定明确的“仲裁委员会”，第18条规定“仲裁协议对仲裁事项或者仲裁委员会没有约定或者约定不明确的，当事人可以补充协议；达不成补充协议的，仲裁协议无效”，因而中国不承认临时仲裁。但是，中国也存在有限开放临时仲裁的情况，如2016年12月30日颁布的《最高人民法院关于为自由贸易试验区建设提供司法保障的意见》第9条有限放开了临时仲裁，规定在自贸试验区内注册的企业相互之间约定在内地特定地点（即为中国内地的，不一定要在自贸区内），且满足按照特定仲裁规则，双方约定由特定人员对有关争议进行仲裁的，人民法院可以认定该仲裁协议有效。总体而言，中国对临时仲裁采取保守态度，强调仲裁机构的管理职能，限制了当事人意思自治。应该看到，临时仲裁虽然不如机构仲裁高效有序，但是其极高的自治性、便捷性与相对低廉的价格深受仲裁当事人青睐，也未曾显现衰落之势。为了与国际仲裁趋势相接轨，中国可以适当减少仲裁机构的决定事项，将仲裁机构的职权限定在基本的程序管理与服务职能上，为临时仲裁的开展铺平道路。[③]

4. 仲裁管辖权

《示范法》明确规定仲裁庭具有管辖权的裁决权，当事人应当在第一次答辩前提出管辖权异议。《示范法》第16条第3款通过允许当事人在收到仲裁庭

---

① 根据贸仲现行《仲裁规则》第26条第2款规定，当事人有权选任仲裁员名册之外的仲裁员。这一做法亦可见于上海仲裁委员会、广州仲裁委员会的仲裁规则中，但未在北京仲裁委员会2022年仲裁规则中有所体现。

② Article 2 (a): For the purposes of this Law: “arbitration” means any arbitration whether or not administered by a permanent arbitral institution.

③ 刘瑛、林舒婷：《借鉴〈联合国国际贸易法委员会国际商事仲裁示范法〉完善中国〈仲裁法〉》，载《太原师范学院学报（社会科学版）》2018年第3期，第82页。

的初步裁定后30天内请求法院作出决定，为当事人对仲裁庭的裁定提供了可以求助于法院的救济渠道。《示范法》关于仲裁庭自裁权的规定遵循了仲裁庭自裁管辖权原则，意味着仲裁庭具有优先于法院决定其自身管辖权的权力。但是，仲裁庭也不是一裁终局，法院仍有最后发言权。法院对仲裁协议效力的认定应晚于仲裁庭的认定，以此维护仲裁庭的自裁管辖权。①

中国《仲裁法》目前仅赋予仲裁委员会自裁管辖权，据该法第20条，当事人对仲裁协议的效力有异议而双方分别向仲裁机构和法院请求作出决定时，由法院裁定。这一规定反映出法院在仲裁管辖权方面裁决的优先性。两相对比，可以发现《示范法》更加强调仲裁庭对于案件的管理能力，而中国《仲裁法》的做法有利于加强法院对仲裁机构合法合理行使权力的监督。为了减少司法对仲裁的过度干预，与国际主流做法相接轨，有必要赋予仲裁庭更多的决定管辖权异议的权力，同时赋予法院更多的对管辖权事后监督的权力，如此一来既能够保证仲裁程序推进的效率，也兼顾了对于仲裁庭行使权力的有效监督。

5. 临时措施

中国《仲裁法》规定，只有法院可以对仲裁中的财产保全和证据保全申请作出裁定，没有赋予仲裁机构或者仲裁庭下达采取临时措施命令的权力，当事人和仲裁庭直接向法院申请临时保全的权利，也没有规定临时措施的承认和执行。

《示范法》除了规定法院和仲裁庭均有权下达采取临时措施的命令外，还列明了临时措施的种类、临时措施的承认与执行等。中国《仲裁法》可以授予仲裁庭采取临时仲裁的权力，并且列明《示范法》所列举的临时措施。

新加坡和我国香港特别行政区等具有影响力的仲裁法域制定本国或该地区仲裁法时都以《示范法》为蓝本，甚至直接移植使用，该实践使得各国、地区间的仲裁法得到一定程度上的统一，也是促使其成为受欢迎的仲裁地的原因之一。中国《仲裁法》参考《示范法》有限，结果中国的仲裁实践和国际主流做法存在差异，如果当事人不提前做好功课的话，很可能会导致消极结果。

（三）具有国家仲裁机构和国际仲裁中心

具有国家级的仲裁机构或者国际仲裁中心自然更容易打出品牌，吸引仲裁

---

① 陈思思：《从UNCITRAL示范法第8条看法院对国际商事仲裁协议效力的认定》，载《北京仲裁》2009年第1期，第89页。

服务的消费者。一些国际仲裁中心所在地还纷纷建立了国际商事法庭，作为国际商事仲裁的重要补充，构建全面的商事争端解决中心。

国际商事法院与国际仲裁机构的关系是近年来的热门研究话题，具体表现为国际商事法院的兴起在长远来看会推动还是争夺仲裁业务是一个有待时间考证的问题。“2018 年国际仲裁调查”最受欢迎的 5 个仲裁地中的 4 个拥有知名的国际仲裁中心、海事国际仲裁中心和国际商事法院，详见表 1。①

表 1　同时拥有国际仲裁中心和国际商事法院的仲裁地

仲裁中心	仲裁机构	商事法院
伦敦	伦敦国际仲裁院、伦敦海事仲裁员协会	伦敦商事法院
巴黎	国际商会国际仲裁院、巴黎海事仲裁院	巴黎商事法院
新加坡	新加坡国际仲裁中心、新加坡海事仲裁院	新加坡国际商事法院
中国香港特别行政区	香港国际仲裁中心、香港海事仲裁协会	香港特别行政区高等法院

实际上，国际商事法院可以弥补仲裁的不足之处，首先表现为收费优势。相比于国际仲裁中心，国际商事法院的诉讼费用较低。从制裁机制看，法院本身具有权威性，无需像仲裁那样借助法院的权威执行裁决。有些普通法系国家的法官认为，仲裁的私密性本身会阻碍商法的发展，尤其是当今商业发展与变化如此迅速，仲裁在商事领域的广泛应用可能导致法律滞后。② 关于促进还是竞争的问题，目前的研究普遍认为两者更多的是互相配合和共同发展的关系，从而提升所在地法域的整体影响力和吸引力。③ 一国商事仲裁机构的可持续发展需要依托于本国的国际商事法庭。一方面，国际商事法庭可以提升本国商事仲裁的国际化程度；另一方面，国际商事法庭也可以加快仲裁的执行效率。④ 国际商事法院和高素质的熟悉仲裁实践的法官势必能在理顺两者的关系问题上发挥重要作用。仲裁中心本身并不仅仅是指仲裁机构，更是指整个法域解决争

① 万美娟：《新加坡国际商事仲裁裁决司法监督机制研究》，上海师范大学 2020 年硕士学位论文，第 8－12 页。

② 苏伟康：《国际商事法庭与国际仲裁的关系定位——以新加坡国际商事法庭为借镜》，载《上海法学研究》2020 年第 22 卷，第 10 页。

③ 方兆文：《国际商事仲裁与司法合作关系研究》，华东政法大学 2020 年博士学位论文，第 126 页。

④ 陈磊、时界、黎家祺：《“三位一体”国际商事争端解决机制中仲裁制度的革新——从国际商事法庭与国际商事仲裁机构的关系切入》，载《仲裁研究》2021 年第 1 期，第 1－12 页。

端方面的影响力，国际仲裁机构和国际商事法院的配合可以发挥通过提升法域影响力的方式提升国际仲裁中心的知名度和认可度。

（四）具备熟悉仲裁实践的法官队伍

仲裁的普通法背景，[①] 有助于理解法院、法官和仲裁的关系。仲裁和其他争议解决方式都同本国的法律制度有密切联系。普通法的历史始于800多年前中世纪的英国。彼时的英国多次被劫掠团伙和西北欧的定居者入侵，最后一次成功的入侵发生在1066年，由一个具有斯堪的纳维亚血统的诺曼底人威廉发动。诺曼底国王们很乐于将多数私人之间的争议继续由当时英国的习惯法及适用习惯法的各级法院处理。原因无外乎他们不具备足够的资源和技术进行全面的改革，需要通过保留现存法律主张他们的合法性。

此时的诺曼底国王们必须依赖于一小部分与他们亲近的人的建议和支持，而这些人多半来自当年跟随占领者威廉来到英国的那些家族。在有必要下放王权的时候，无论是军事、行政还是司法方面的权力，国王总是会任命周围那些他可以信任的经验丰富且效忠国王的人为其代表。到1300年，已经有一些人长期为国王从事司法方面的工作。作为国王的代表，他们不仅可以适用法律，而且可以制定法律。普通法从一诞生起，就是法官在制定。这也许只是一个历史的巧合，在800多年的普通法历史中，高级法官的重要判决及其理由总是连同他们的姓名一起被印刷出版，这为普通法添加了一些特殊的优点。法官的判决理由能够帮助律师预测该法官在将来类似的案件中会作出什么样的判决。遇到类似的案件，一方律师会试图证明他们应该胜诉，因为法律规则使他们处于先前案例中胜诉方的位置，而另一方律师则会试图将这一案件与先前那一案件加以区分。这种开放的性质使得普通法制度为人们接受。

在普通法发展历史上，仲裁的产生方式之一是“法院命令的仲裁”。法院可以在诉讼程序开始后向双方建议中止或终止该诉讼，并将该争议移交给一位仲裁员处理。当事人倾向于选择仲裁有许多原因，比如保密以及较高的专业水平。普通法从不会将争执的标的物一分为二以使双方达成妥协。普通法法庭所能做的只能是原告或被告胜诉，而另一方败诉。仲裁就没有这一限制，仲裁的灵活性是其发展的一个重要原因。

---

① ［英］德瑞克·罗德立、赵宇红：《普通法历史上及当代中国的法院、法官和仲裁裁决》，载《法学家》1995年第5期，第24－25页。

在1250—1750年的500年间，英国的仲裁制度与诉讼制度同时发展起来。但是，在诉讼制度中，法庭要求人们对它保持尊敬。双方开始了诉讼程序，一旦庭审日期确定下来，他们便不可以在不经法庭允许的情况下达成妥协，而申请法院准许是需要缴纳一定费用的。如果仲裁裁决作出，法庭会尊重仲裁裁决，不受理经仲裁裁决过的争议，并且在一方的要求下执行该裁决，这是早期英国法庭遵循的原则。法院也没有完全放弃监督仲裁的管辖权，如果有人指称仲裁员偏袒一方，衡平法院会介入，如同处理违背信任或不公平行为的指控一样。①

从普通法仲裁制度的起源来看，普通法的发展历史使得法官成为法律的制订者，而法官所具有的开放和公开的性质以及法官责任的个体性，使得法官具有权威性；仲裁的灵活性是其起源和发展的一个重要原因，"最大限度尊重仲裁裁决"也是英国法庭所遵循的原则。

普通法历史上的法院、法官以及仲裁制度表明：首先，从法官的整体价值层面看，熟悉仲裁实践的法官可以更好地理解仲裁与司法之间的关系，会更倾向于作出"支持"仲裁的裁决结果，进而反过来影响学界、实务界（尤其是立法者）乃至社会对二者关系的认知。从法官裁判的具体操作层面看，熟悉仲裁实践的法官一方面有利于形成一套稳定、高效、合理的有关仲裁的审查判断规则，实现双方当事人的合理预期，提升潜在仲裁当事人对该国际仲裁中心地司法系统的信任程度；另一方面可以提高处理仲裁案件的效率，使资源得到更加高效的利用，进而保障裁决水平。②

传统的司法审查制度强调司法的主权特质，主张国内法院应对国际商事仲裁裁决进行严格的司法审查。其理论进路是，仲裁当事人的意思自治权利和仲裁庭的仲裁权都来源于司法主权，是司法主权让渡的结果，仲裁协议是以合同形式记录了国家司法权力对仲裁庭的部分转让。③ 这一逻辑是将解决法律问题的权力视为法院固有的、不可让渡的权力，坚持法院对法律争议的管辖权不得因当事人之间的协议而被废除。④

---

① 哈尔滨仲裁委员会：《仲裁制度的起源》，载搜狐网，2018年1月22日，https：//www.sohu.com/a/218161599_806018，最后访问时间：2021年4月3日。

② 宋连斌、颜杰雄：《申请撤销仲裁裁决：现状·问题·建言》，载《法学评论（双月刊）》2013年第6期，第109－110页。

③ 阮国平、马姗姗：《仲裁裁决执行案件的司法审查要点和裁判思路》，载《上海法学研究》集刊2019年第17卷，第135－139页。

④ 方兆文：《国际商事仲裁与司法合作关系研究》，华东政法大学2020年博士学位论文，第17页。

随着贸易全球化与投资自由化，仲裁理论演化到晚近则呈现出更重视维护当事人意思自治、尊重当事人契约自由的趋势。其理论进路是，仲裁员或仲裁庭的权力来自当事人的私人协议，而不是来自仲裁地国家的司法主权容忍与让渡。意思自治说认为，仲裁的价值取向是速度、效益与自治，而不是所谓抽象的正义。如果抽象的正义是他们的价值选择，当事人会选择诉讼。所以，在仲裁过程中，当事人实际上并不关心争议解决中抽象的正义概念。相反，他们在选择仲裁这种争议解决方式时，追求的是完全的自治，或者说是极高程度的自治。

熟悉仲裁实践的法官更能理解和把握仲裁理论的这一变化和趋势，在处理案件的过程中体现司法与仲裁“支持与配合”的理念，最大限度地尊重仲裁活动，强化仲裁裁决的终局性和确定性，给仲裁和司法制度的总体信誉带来正面影响。

有观点认为，仲裁之所以受到司法权制约，是因为仲裁的自身局限性和法律公正性之间的冲突。① 具体而言，仲裁庭审理案件以不公开审理为原则，以公开审理为例外。封闭进行的仲裁虽然有利于保护当事人的商业秘密，维护当事人商业信誉，但也容易引起对仲裁公正性的质疑。此外，仲裁员的专业水平和职业素质是保证仲裁结果公正的关键，但仲裁员作出的裁决受到主观经验和专业知识的限制，具有局限性。这些原因合理化了法院对仲裁的司法监督。

这两个理由值得商榷。当事人质疑仲裁裁决很大程度上并不是因为仲裁的封闭进行而对其公正性产生质疑，而是对裁决的结果不满。事实上，当事人在进入仲裁程序之前就知道，仲裁是封闭进行的，即当事人在仲裁前同意通过一个封闭式的争端解决程序来解决双方之间的争端。那么在仲裁之后又以封闭审理为由质疑仲裁的公正性，不符合诚实信用与禁止反言原则。此外，诉讼以公开审理为原则、不公开审理为例外，然而质疑司法公正性的情形同样很多，这说明是否公开审理与其公正性无关。此外，仲裁员受主观经验和专业知识的限制，但司法程序中的法官同样面临专业水平和职业素质上的局限性。仲裁受到司法权限制主要有两个理由，一是仲裁裁决可能涉及第三人利益或公共利益。二是仲裁裁决的一审终审制没有给对仲裁裁决有异议的当事人充分的救济机会。

具备熟悉仲裁实践的法官队伍这一因素对于促成国际仲裁中心的作用主要

---

① 宋连斌：《仲裁司法监督制度的新进展及其意义》，载《人民法治》2018年第3期，第21-23页。

体现在以下几点：

第一，成熟的法官队伍将通过确认仲裁协议的有效性直接支持国际仲裁。仲裁庭取得解决双方当事人纠纷的权力基础是双方当事人选择仲裁的合意。因此，当双方对仲裁协议的有效性产生争议时，法官对仲裁协议有效性的审查判断将直接决定是否能敲开仲裁的大门。具备熟悉仲裁实践的法官队伍将形成一套稳定且论证清晰的仲裁协议有效性审查规则，最大程度上为仲裁的启动提供支持。

第二，司法对财产保全和证据保全的支持。由于仲裁机构不享有任何国家强制权，仲裁法也未赋予仲裁庭采取强制措施的权力，故财产和证据的保全仍然依赖法院。保全措施的实施，对仲裁程序和仲裁裁决的顺利执行有直接的影响。熟悉仲裁实践的法官可以快速、高效地处理仲裁庭提交的保全申请，以推进仲裁程序的进行。

第三，司法对仲裁裁决的监督将维护仲裁程序的完整性和公正性。司法对仲裁的监督包括撤销仲裁裁决以及不予执行仲裁裁决两个环节，以保证仲裁机构依法公正及时地处理纠纷。熟悉仲裁实践和仲裁理论的法官在审查仲裁裁决时，将有意识地限制司法的否决权，最大限度地维护仲裁裁决的有效性与可执行性。

在这些司法程序中，具备熟悉仲裁实践的法官队伍可以提高处理仲裁案件的效率，使得司法资源得到更加高效的利益，进而保障执法水平。

第四，具备熟悉仲裁实践的法官队伍对于国际仲裁中心建设最大的影响在于形成一套稳定、高效、合理的仲裁审查规则，实现双方当事人的合理预期，提升潜在仲裁当事人对该国际仲裁中心地司法系统的信任程度。①

自1995年起，最高人民法院先后通过《关于人民法院处理与涉外仲裁及外国仲裁事项有关问题的通知》《关于人民法院撤销涉外仲裁裁决有关事项的通知》及《关于承认和执行外国仲裁裁决收费及审查期限问题的规定》三个文件确立了对于国际商事仲裁案件的内部请示报告制度，强化了法院对国际商事仲裁的监督指导，但却违反了“司法亲历性”等原理，② 使得更多的当事人在仲

---

① 刘晓红、冯硕：《制度型开放背景下境外仲裁机构内地仲裁的改革因应》，载《法学评论（双月刊）》2020年第3期。

② 朱科：《国际商事仲裁司法审查案件内部请示报告制度的转型》，载《法学杂志》2017年第6期，第126－131页。

裁协议中选择仲裁地时不愿意选择中国内地或中国内地的仲裁机构。

同时，个案也可以看出法官在仲裁中的作用。这三个案例分别是龙利得案、大成产业案、布兰特伍德案。前两个案例主要是当事人约定国外仲裁机构在中国仲裁时的仲裁协议效力的问题。根据《仲裁法》第16条规定，仲裁协议有效必须包含三个基本要素，即请求仲裁的意思表示、仲裁事项、选定的仲裁委员会。[①] 关键问题是按照法律规定，“选定的仲裁委员会”能否包括外国仲裁机构。中国仲裁市场尚未开放，原则上限制国外仲裁机构进行仲裁活动。中国已经尝试在自贸区一定程度地放开仲裁市场。这两个案件承上启下地表明“仲裁委员会”指的就是仲裁机构，国外仲裁机构也属于这个概念，仲裁协议因此有效。法官在论证过程中也直接指出这符合国际趋势。在2020年上海市第一中级人民法院作出（2020）沪01民特83号民事裁定中，上海第一中级人民法院的法官写道：“被申请人有关中国仲裁法在立法层面没有解决外国仲裁机构能否在中国进行仲裁的问题，并不能改变司法层面最高人民法院前述司法解释的有效意思。被申请人的相关辩称意见过于局限于强调中国仲裁立法存在的不足，而忽视了相关司法解释的效力及中国司法在顺应国际商事仲裁发展趋势、弥补仲裁立法不足方面所取得的进步。”[②] 通过上海市一中院的这一裁定书，在中国再次传达了涉外合同纠纷中，在符合中国《仲裁法》第16条的前提下，约定境外仲裁机构在中国仲裁的协议是有效的正面信号。该案法官并非严格按照法律规定去死板地适应，显示出了一个具有国际视野并对国内法律发展方向有着娴熟把握的高素质的法官是怎么通过承上启下的判决影响中国仲裁制度朝着与国际接轨的方向发展，并能够在一定程度上弥补立法的不足，顺应国际商事仲裁的发展趋势，推动国际商事仲裁的发展。

在解决仲裁协议是否有效的问题后，具体仲裁裁决作出后的承认与执行问题则是更务实的问题。在布莱特案中，当外国仲裁机构以中国仲裁地作出仲裁裁决后，关于这种仲裁裁决的国籍问题有三种观点：申请人认为这是外国国籍，应当根据《纽约公约》执行；被申请人则不认同，认为中国传统上按照仲裁机构所在地判断国籍，但是该仲裁机构是在中国作出的裁决，所以不符合外国仲

---

① 《仲裁法》第16条：“仲裁协议包括合同中订立的仲裁条款和以其他书面方式在纠纷发生前或者纠纷发生后达成的请求仲裁的协议。仲裁协议应当具有下列内容：（一）请求仲裁的意思表示；（二）仲裁事项；（三）选定的仲裁委员会。”

② 大成产业气体株式会社等与普莱克斯（中国）投资有限公司申请确认仲裁协议效力一案一审民事裁定书，上海市第一中级人民法院（2020）沪01民特83号，2020年6月29日。

裁裁决，同时这是国外机构在中国作出的裁决，本身又不属于中国内国裁决或涉外仲裁裁决，所以这个裁决应该是非内国裁决；中国法律并未规定非内国裁决相关事项，故应属无效。关于这个案件，广州市中级人民法院创造性地确定了这种情况下该裁决应视为中国的涉外仲裁裁决，依据中国的《民事诉讼法》执行。通过这个案件可以得知，实际上如果严格按照我们目前的法律规定进行处理的话，由于《民事诉讼法》和《仲裁法》各种不明确的表述很可能导致仲裁裁决无法执行，就会出现仲裁协议有效而仲裁裁决无法被承认和执行的矛盾境地。法官同样提到，根据仲裁裁决作出地来判断国籍比较符合国际主流的做法，而这很好地尊重了当事人的意思自治。这正体现了支持仲裁的原则，即“最大支持，最小干预”。法官敢于作出这种大胆且创造性的裁判结果，不仅体现了其对法律理论的娴熟，也体现了其政治智慧和勇气。故而，通过国内这几个看似与本题无关的案例的裁判过程的作出，我们可以看到法官对于仲裁实践和仲裁理论的熟悉以及自身的法学素养对于一国国际仲裁发展起着关键作用。

让我们转向国外法院对仲裁的司法监督有积极影响国际仲裁中心建设的实例。[①]“助仲法官”是《法国仲裁法（2011）》中出现的术语，[②]有帮助仲裁的意思。这个词并没有出现于《法国仲裁法（1980—1981）》。[③]“助仲法官”源自《瑞士仲裁法》，后被法国借用，在仲裁司法实践中得到频繁使用，直至2011年法国立法者正式将其写入《法国仲裁法（2011）》。在机构仲裁背景下，由于仲裁机构可以协助处理仲裁庭的组庭困境以及仲裁程序的推进障碍，“助仲法官”的角色往往被仲裁机构所取代。而对于临时仲裁，“助仲法官”则具有十分重要的实践意义。“助仲法官”主要针对临时仲裁设立，它给临时仲裁实践提供了极为关键的制度支持。“助仲法官”制度的目的是协助仲裁尤其是临时仲裁的开展，例如组庭困境、程序推动。对于国际仲裁的“助仲法官”，法国实行集中管辖。原因是国际仲裁案件的当事人一般都会选择巴黎作为仲裁地，

---

① 傅攀峰：《司法如何协助临时仲裁？——法国“助仲法官”制度及其启示》，载《北京仲裁》2019年第3期，第108－127页。

② 例如，《法国仲裁法（2011）》第1505条：“除非另有规定，国际仲裁存在下列情形之一者，助仲法官应是巴黎大审法院院长：仲裁在法国开展；当事人合意选择法国程序法支配仲裁；当事人明确赋予法国法院行使与仲裁程序有关的争议的管辖权；一方当事人面临拒绝正义的风险。”

③ 例如，《法国仲裁法（1980—1981）》第1493条：“在国际仲裁中，对于在法国开展的仲裁或者当事人约定适用法国仲裁程序法的仲裁，如果仲裁庭组庭遇到困难，那么，最勤勉的一方当事人可以请求巴黎大审法院院长协助解决。”

因此随着时间的积累，巴黎的法官处理国际仲裁案件的经验相比其他地区的法官更为丰富。“助仲法官”的管辖权由巴黎大审法院院长集中行使，主要职能包括解决临时仲裁的组庭困境；组庭后的履行职务问题；延长程序期限，整体上体现了法院支持仲裁。熟悉仲裁实践的法官队伍在这个过程中则发挥着非常重要的作用。

第五，法官直接参与仲裁就是法官本人在在职或者卸任后参与仲裁的情况，熟悉仲裁实践的法官本身可以对仲裁产生直接的影响。然而大部分国家都不允许在职的法官担任仲裁员，主要原因在于仲裁许多方面需要法院行使司法监督权。仲裁协议的效力、仲裁裁决的执行等很多制度都需要法官以法官身份进行裁判。法官如果既能担任仲裁员又能担任裁判自己裁决的人员，就会出现“自己监督自己的情况”。但是有些国家则在一定程度上允许在职法官直接参与仲裁。例如《英国仲裁法》第 93 条规定：“商事法院的法官或官方判断官可在其认为合适的情况下，接受仲裁协议约定或通过仲裁协议产生的由其担任独任仲裁员或公断人的委任。”① 在职法官在直接担任仲裁员时，其素质的高低和对仲裁实践的掌握程度直接影响一个国家仲裁的建设进程。

法官卸任后一般都可以担任仲裁员，目前还没有检索到例外情况，仲裁庭组成过程中当事人意思自治是基本原则。中国《仲裁法》规定，曾任法官满八年的人可以担任仲裁员。这个规定一方面排除了在职法官担任仲裁员的可能，另一方面确定卸任法官担任仲裁员的要求。实际上，卸任法官担任仲裁员是非常普遍的状况，能直接推动仲裁和司法裁判的互动。

归纳而言，首先，法官主要是通过法院来间接影响仲裁中心的建设，其干涉仲裁的法理基础是国内法和国际法的双重支持，仲裁的司法性和自治性的统一以及支持仲裁的原则。其次，法官通过法院干预仲裁应该本着“最大支持和最小干预”的原则，这既是《示范法》第 5 条的原则性规定，也是目前主要国际仲裁中心普遍采取的做法。再次，国际商事法院与国际仲裁有机结合、相互配合能够通过推动该法域的影响力，使熟悉仲裁实践的高素质法官通过国际商事法院发挥影响仲裁中心建设的重要作用。最后，国际仲裁的发展和国内司法制度的衔接需要熟悉仲裁实践的法官队伍作出顺应国际潮流的司法裁判从而促进本国国际仲裁中心的建设，这也是中国目前仲裁制度与国际衔接的主要表现

---

① 《英国仲裁法》，载北京仲裁委网站，https：//bjac. org. cn/news/view. asp？ id = 1082，最后访问时间：2022 年 7 月 5 日。

形式和通道之一。

在如何建设中国熟悉仲裁实践的法官队伍这一问题上，许多国家，如新加坡和英国，关于国际商事法庭法官的一系列制度设计具有相当借鉴意义。以新加坡国际商事法院（Singapore International Commercial Court，SICC）为例，为了提升其在亚洲乃至国际法律服务市场中的地位，吸引普通法系和英美法系的案件，SICC 同时聘任了来自普通法系和大陆法系的法官，[①] 增强了当事人对 SICC 法官中立性和专业度的信任。SICC 的法庭由来自不同领域的知名专家组成，[②] 截至 2022 年 4 月 6 日，SICC 共有 46 名法官，其中有 16 名国际法官，法官的选择涵盖了普通法系与大陆法系。[③] 首席法官可根据法官在外国法域或特定领域的经验而选择其审理特定案件。其中，"国际法官有效地为 SICC 提供外国商法方面的专门知识，有利于 SICC 行使管辖权而不是保留诉讼"[④]。

中国国际商事法庭法官的选任仍有很多地方性特色。虽然中国也于 2018 年成立中国国际商事法庭（CICC），致力于构建诉讼、仲裁、调解之间的"一站式"衔接机制，[⑤] 由此产生对大量优秀的在岗的国际商事法庭法官与相关人才储备的需求。然而，根据《最高人民法院关于设立国际商事法庭若干问题的规定》，CICC 的法官不包括外籍法官，在法官的选任上较 SICC 更为保守。《最高人民法院国际商事法庭程序规则（试行）》第 7 章规定了 CICC 对仲裁纠纷的支持和保障，由于 CICC 的法官较 SICC 更为保守，可能会引起外国当事人对 CICC 不信任，不利于构建中国的国际仲裁中心。

（五）不断提高国际仲裁能力建设水平

将上海打造成为具有国际影响力的仲裁中心必须提升中国国际仲裁的中立性、专业化和国际化水平，保障仲裁裁决得到及时有效的承认和执行，而这需要不断提高国际仲裁能力建设水平。所谓能力建设就是减负和赋能，是一个硬

---

① Gary F. Bell, Teaching More Civil Law at the National University of Singapore: A Necessity for Singapore as a Legal Hub for Asia, Asian Journal of Comparative Law 14, P. 173, 177 (2019).

② Andrew Godwin, Ian Ramsay & Miranda Webster, International Commercial Courts: The Singapore Experience, Melbourne Journal of International Law 18 P. 1, 6 (2017).

③ Judges, SICC, available at https://www.sicc.gov.sg/about-the-sicc/judges#45_ Judge (last visited 6 April 2022).

④ 沈伟：《国际商事法庭的趋势、逻辑和功能——以仲裁、金融和司法为研究维度》，载《国际法研究》2018 年第 5 期，第 102－128 页。

⑤ 《国际商事法庭常见问题》，载最高人民法院国际商事法庭网，http://cicc.court.gov.cn/html/1/218/19/154/index.html，最后访问时间：2022 年 4 月 6 日。

币的两面。就建设国际仲裁中心而言，减负就是减少争议当事人和仲裁机构（仲裁庭）的负担，减少合规成本，减少司法或者行政的过度干预；而赋能就是增加仲裁机构（仲裁庭）的能力，具备为当事人服务和解决争议的能力，适应国际商事争端市场的竞争和挑战，获得更多争端解决服务消费者（争端当事方）的信任和青睐，成为他们解决争议的首选。

中国试图打造国际仲裁中心不可避免地涉及如何在维护当事人意思自治与维护公正的裁决之间形成良好的平衡。建设国际仲裁中心的核心任务之一是提升国际社会对中国仲裁机构中立性和专业性的认可，这要求中国不断提高仲裁裁决的公正性和公信力，以满足当事人对仲裁的公正期望。对此，2019年中共中央办公厅、国务院办公厅印发了《关于完善仲裁制度提高仲裁公信力的若干意见》，重点强调了仲裁公信力，将其提升到前所未有的高度。仲裁公信力是中国特色的仲裁概念，在这一完全不同于西方仲裁实践的理论指导下，中国仲裁事业和相关法治建设实现了快速发展。[①] 对此，中国正积极主动推进与仲裁相关的法制建设，不断更新与仲裁有关的法律，在提升仲裁机构中立性、保障仲裁裁决能够得到及时充分的承认和执行上取得了一定的进展。

1. 强化规则制定以保障仲裁的中立性和独立地位

自2021年1月1日起实施的《民法典》是中国首部调整民商事法律关系的法典，其中涉及“仲裁”的条文有18条，规定了仲裁范围、仲裁员裁判权、仲裁时效等重要内容。不同于诉讼，仲裁同时具有当事人意思自治的契约性和国家授权性的司法性，《民法典》对于明确仲裁庭对特定的一些易产生分歧之问题的裁判权有助于厘清分歧，使司法机构和仲裁机构的权力得到平衡，也给当事人以自主选择仲裁还是诉讼手段维护自身合法权益的选择余地。在涉及重大误解、欺诈、胁迫、显失公平、情势变迁、合同解除、合同终止、违约金调整等争议处理中，仲裁机构和人民法院同样有对相应请求的确认权、裁判权的规定，体现了《民法典》对于司法机关和仲裁机关平等对待之精神，[②] 保障了仲裁相较于司法的独立地位和中立性。

提升上海仲裁机构的中立性和仲裁的质量也有赖于仲裁员队伍建设。2021年3月25日，上海仲裁协会理事会审议通过《仲裁员聘任与行为准则指引》，

---

① 郭峰：《提高仲裁公信，多元化解矛盾》，载《人民法院报》2019年6月29日，第2版。

② 王生长：《简述〈民法典〉有关仲裁的规定》，载石家庄仲裁委员会网站，http://sjzac.org.cn/index.php?c=show&id=1325，最后访问时间：2022年4月7日。

是上海仲裁协会首次发布行业规范性指引，也是中国仲裁界首个行业规则指引。[①] 该指引依据《仲裁法》，将不同仲裁机构的内部规范进行梳理与整合并提供参考，有利于各仲裁机构的规范完善。该指引确保仲裁机构的行为可溯源、有依据，建立起一个仲裁员履职行为的参考标准，使得仲裁员能够更好地进行行为自律，提升仲裁行业的公信力。在国际仲裁中，仲裁员可能来自不同国家、不同法律体系和文化，这就提出了对仲裁员道德守则的统一性的要求。订立仲裁行业规则指引，不仅有利于消弥约束仲裁员行为不同规则之间可能产生的冲突，也是提升国际仲裁透明度和公信力的题中应有之义；不仅是建立强化仲裁从业人员准入和退出管理制度，促进仲裁行业发展的必然要求，也是上海建设面向全球国际仲裁中心过程中制度建设的重要组成部分；不仅符合对案件裁判结果起决定性作用的仲裁员队伍的持续性建设与管理的需要，也对完善仲裁制度，进一步提高仲裁公信力，有着关键而深远的作用。

2. 国际仲裁能力水平建设的发展

提升国际仲裁能力水平，一是要借鉴英国仲裁发展的经验，认识到司法审查的重要性，通过明确司法审查中“公共利益”的适用标准以保障仲裁裁决的公正性；二是要促使仲裁裁决能够及时充分的承认和执行。

（1）明确司法审查中“公共利益”的适用标准

公共利益作为一国法律秩序的“安全阀”，在商事仲裁的司法审查中得到了普遍应用，几乎所有国内仲裁法都将违反“公共利益/公共政策（Public Policy）”作为撤销仲裁裁决的理由。在中国仲裁相关法律法规中，“违背社会公共利益”同样是撤销和不予执行仲裁裁决的事由之一。

《民事诉讼法》第244条将“违背社会公共利益”作为不予执行仲裁裁决的事由之一，并且与《纽约公约》相同，也将此种情形下的不予执行作为法院主动发现并适用的情形。《民事诉讼法》第281条第1款是关于涉外仲裁裁决不予执行的规定，该条同样将“违背社会公共利益”作为不予执行仲裁裁决的事由之一。《仲裁法》第58条是关于撤销仲裁裁决的规定。该条第3款将“违背社会公共利益”作为撤销仲裁裁决的事由之一。该款在条文结构上与前述《民事诉讼法》的规定相类似，将其规定为法院主动发现并适用的一种撤裁情形。在程序方面，《最高人民法院关于仲裁司法审查案件报核问题的有关规定》第3

---

① 张卓：《仲裁和替代性争议解决委员会通讯2021年第4期》，载中国国际商会网，2021年5月6日，http://www.ccoic.cn/cms/content/28754，最后访问时间：2022年4月7日。

条规定以违背社会公共利益为理由不予执行或者撤销中国内地仲裁机构的裁决的程序性规定。根据该条的规定，此类案件需要向最高人民法院报核，只有在最高人民法院审核后，审理法院才能够依据最高人民法院的审核意见作出裁定，而不能擅自作出裁定。

报核程序的规定与法院的自由裁量权紧密联系。“公共利益”这一概念虽然在中国各项立法中频繁出现，但却一直未形成清晰、明确的定义。因此，“公共利益”的内涵受政治、经济、社会、文化乃至社会不同发展阶段的影响较大，其本身的内涵和外延不易界定，这就给法院留下了较大的自由裁量空间。

在实践中，存在着大量当事人援引“违背社会公共利益”主张撤销或不予执行仲裁裁决的案件。其原因可能在于任何一项平等民事主体之间纠纷的解决，其背后都必然指向特定的法律价值，而是否触及“社会公共利益”可能只是程度问题，只是从结果上来看，往往差之毫厘，谬以千里。这就导致在仲裁结果中受有不利的当事方一旦认为仲裁裁决可能涉及公共利益，便有可能借助公共利益的相关规定阻碍仲裁裁决的执行。这一现实情况不仅给法官同样给仲裁员也提出了更高要求。① 因此，仲裁庭不仅关注案件基本事实和法律争议焦点，同时还应关注最新的法律法规变化、政策动向、监管态度、经济环境状况等社会因素，从更高的视野与更加全面的视角去思考仲裁裁决可能给整个社会带来的后果，以确保“社会公共利益”不受损害。“社会公共利益”概念本身具有模糊性，而法律又必须对涉及社会公共利益的社会关系进行具体调整，要想正确审查涉及社会公共利益的案件，就要统一司法适用标准，这样才能保证仲裁庭作出的裁决不会被法院撤销或不予执行。②

（2）强化仲裁裁决的承认与执行

建设国际仲裁中心的另一大任务在于仲裁裁决能够得到及时充分的承认和执行，当事人的意思自治得到充分尊重。中国内地与中国香港特别行政区在仲裁裁决的承认和执行上的实践对在上海建设国际仲裁中心有着借鉴作用。1999 年起至今，两地签署了《关于内地与香港特别行政区相互执行仲裁裁决的安排》等与仲裁有关的 3 项安排，建立起方便快捷的仲裁裁决认可执行机制。通

---

① 环中争端解决团队：《案例评析丨探析仲裁司法审查中“公共利益”的内涵与适用（深圳案例）》，2021 年 2 月 3 日，载微信公众号“环中商事仲裁”，最后访问时间：2022 年 7 月 4 日。

② 李梦圆、宋连斌：《论社会公共利益与商事仲裁的司法监督——对我国法院若干司法实践的分析》，载《北京仲裁》2006 年第 1 期，第 76 页。

过适用该安排，绝大多数仲裁裁决在另一地可以得到顺利执行。据统计，近5年仅有2件中国香港特别行政区仲裁裁决因法定事由被内地人民法院裁定不予执行；截至2020年，内地人民法院已批准17起香港特别行政区仲裁保全申请，并就总计87亿元人民币的资产作出保全措施。① 2020年11月27日，最高人民法院与香港特别行政区政府律政司签署了《关于内地与香港特别行政区相互执行仲裁裁决的补充安排》，基本实现了两地民商事司法协助全覆盖。该补充安排的生效与2019年生效的《关于内地与香港特别行政区法院就仲裁程序相互协助保全的安排》实现了涉港仲裁保全措施的全覆盖，意味着两地在仲裁领域的协助机制实现了更高水平的完善，达成了全方位多维度的相互协作。②

将上海打造成国际仲裁活动的中心也可借鉴内地与香港特别行政区的仲裁裁决认可机制，完善国际商事纠纷多元化解决机制，构筑仲裁和诉讼有机衔接的“一站式”纠纷解决平台。对此，2020年9月25日，最高人民法院发布《关于人民法院服务保障进一步扩大对外开放的指导意见》（法发〔2020〕37号），其中第9点“完善国际商事纠纷多元化解决机制”规定，为完善国际商事法庭制度，优化“一带一路”国际商事法律服务，提高多元性，中国国际商事法庭将在其仲裁体系中引入域外知名商事仲裁机构。根据已出台的国际商事法庭相关规则，国际商事法庭可处理仲裁协议、仲裁保全、国际商事仲裁裁决的撤销或强制执行申请案件。最高人民法院将符合条件的国际商事仲裁机构纳入国际商事法庭体系，集中处理仲裁有关的争议，有助于降低仲裁裁决承认和执行的成本，构筑仲裁和诉讼有机衔接的“一站式”纠纷解决平台。③ 上述举措有助于推动中国的国际仲裁中心的发展。

3. 政府支持仲裁的相关措施

政府支持措施是指各国政府为推进仲裁事业持续发展所采取的积极措施，广义上的政府支持措施包括立法、行政、司法对仲裁的扶持，通常和“优化营商环境”“建设服务型政府”联系紧密。

---

① 《〈关于内地与香港特别行政区相互执行仲裁裁决的补充安排〉签署活动暨新闻发布会》，载中国法院网，https://www.chinacourt.org/chat/chat/2020/11/id/52661.shtml，最后访问时间：2022年4月8日。

② 《内地与香港特区相互执行仲裁裁决的补充安排在两地全面施行》，载最高人民法院网，2021年5月18日，https://www.court.gov.cn/fabu-xiangqing-303281.html，最后访问时间：2022年7月5日。

③ 《最高人民法院办公厅关于确定首批纳入“一站式”国际商事纠纷多元化解决机制的国际商事仲裁及调解机构的通知》（法办〔2018〕212号）。

仲裁事业的持续发展依赖于仲裁机构的独立性，取决于仲裁服务的质量和效率。仲裁为国际通行的纠纷解决方式，亦是我国社会治理体系中多元化纠纷解决机制建设的重要组成部分。聚焦国际商事纠纷多元化解决机制建设，实现商事仲裁的法治化专业化国际化离不开政府对仲裁事业的支持。这要求理顺各仲裁机构与政府的关系，实现仲裁工作体制社会化和仲裁发展机制市场化。根据《2021 国际仲裁报告》，伦敦与新加坡并列第一，为投资者首选仲裁地，我国香港特别行政区则名列第三，巴黎排在第四位，再次是日内瓦，之后是北京、纽约、斯德哥尔摩和上海。本报告对排名前三仲裁地政府支持仲裁措施进行梳理，以期它山之石可以攻玉。

表 2　排名前三仲裁地政府支持仲裁措施梳理

仲裁地	政府支持措施
伦敦	1. 立法将仲裁作为促进商业发展手段之传统 1698 年制定了第一部仲裁法《洛克法案》。1854 年法案规定，对于仲裁协议涵盖的任何争议，法院均有权指令争议方提交仲裁。1889 年法案规定，仲裁协议不可撤销，无论是针对现有争议还是将来的争议，仲裁协议都受到法律保护。1950 年法案规定仲裁员有权给予临时救济。1979 年法案规定，争议方如果愿意，可以约定仲裁裁决中的法律错误不受司法审查。1996 年法案让争议方更难在英国法院挑战仲裁裁决。 2. 司法对仲裁呈信任态度 第一，英国法院和普通法传统上对当事人自治的尊重。秉持应推定商人最了解如何安排自己的事务和解决自己的纠纷这一理念，英国法院一直以来倾向于支持商事主体私下达成的争议解决安排的效力。第二，英国法院的实用主义，即英国法院将仲裁视为能有效减少法院案件数量的争议解决方式。
新加坡	1. 以国际化为目标 从国际化程度看，新加坡国际仲裁中心、国际商业法庭和国际调解中心更多是面向区域性、国际性的商事纠纷当事人，在人员构成上组建国际化的法官、仲裁员和调解员团队，在制度设计上高度对接国际规则和国际惯例。例如，新加坡国际商事仲裁规则以《国际商事仲裁示范法》为蓝本，兼顾大陆法和普通法两大法系的特点。多年来仲裁规则不断更新修订，吸收了很多为发达国家所认可的新型仲裁实践。 2. 强调仲裁、调解、司法“三位一体”一站式服务 从机制运行上看，新加坡在提供国际商事争端解决服务时注重调解、仲裁和诉讼程序的相互融合、协调、对接、互补，有意识地构建调解与仲裁、诉讼有效衔接的机制。特别是新加坡国际仲裁中心和国际调解中心合作

续表

仲裁地	政府支持措施
	建立了独特的“仲裁—调解—仲裁”机制，在实现二者无缝对接的同时也极大提升了调解协议的可执行率。新加坡法院给予国际调解、国际仲裁和国际诉讼最大化的支持和最小化的干预，当事人可以根据费用标准，准确预估争议解决的成本、时间进度和每个程序阶段的费用。 3. 各种政策扶持 为推动新加坡国际仲裁中心的发展，将新加坡打造成为国际仲裁中心，新加坡政府在财政资金、办公用房、税收政策、出入境政策等方面给予仲裁机构和仲裁从业人员极大的支持和便利。此外，为减轻争议当事方的现金流压力，新加坡还允许当事方在国际仲裁及相关程序中进行“第三方融资”。
我国香港特别行政区	1. 服务配套措施到位 仲裁有很多配套设施。除了政府为香港国际仲裁中心以1港币租赁一整层楼作为办公场所，更通过不断创新吸引交易者选择仲裁。如在线上争议解决方面，在鼓励我国香港特别行政区的仲裁机构成立网上争议解决服务之余，亦加入了《亚太经济合作组织网上争议解决合作框架》。另外，其与联合国国际贸易法委员会一并探讨并成立了“普惠全球法律创新平台”（iGLIP），主要探讨涉及网上争议的法律问题。 2. 仲裁人才储备 我国香港特别行政区有着深厚的仲裁文化，有着很多国际化的律师，懂得国家的情况，也懂得国际的习惯，所以他们在提供服务的时候，能够非常符合当事人的要求。其亦有非常多其他方面的专家人才可供提供专家意见。

总体而言，仲裁能力有多维度的面向，对仲裁机构、仲裁员、法院、政府都提出了不同的要求。仲裁机构和仲裁员要更加专业（包括积极打造智能仲裁设施），法院要更加支持仲裁机构和仲裁庭，政府要为仲裁和仲裁机构提供良好的外部环境。仲裁能力当然也涉及立法机关的立法活动，这在第六要素部分详述。

（六）不断更新与仲裁有关的法律

不断更新与仲裁有关的法律也是国际仲裁能力建设的重要方面。这里不妨参考英国仲裁的发展历程。

英国法院采取的路径是逐渐接近“自由放任”（laissez faire）原则，允许仲裁程序自治，不受司法干预拘束，这种变化趋势在1996年英国仲裁法之前就已经存在。迈克·柯尔（Michael Kerr）认为三种因素造成这种改变：一是务实的目标，吸引国际仲裁到英国，更加适合的对仲裁的态度能够吸引仲裁当事人选择在英国仲裁。二是英国法院控制仲裁裁决的权力被意识到太过强大以至于非常容易被滥用，因而不被当事人所接受。三是国家法律与《示范法》一致、统合。①

1. 英国仲裁法的历史演进

英国仲裁法经历了数次修订，其中具有代表性的是于1950年、1979年以及1996年进行的修订。传统上，英国对仲裁持绝对控制和强烈干预的态度。英国法上存在所谓的“法院的司法权不容剥夺原则”，不得通过协议排除法院对特定案件法律问题的管辖权。② 自1979年英国仲裁法修订后，司法监督的内在理性（rationale）逐渐发生转变：更多的是合作，而非冲突；更多的是辅助，而非监督。现在的英国法院干预更多的是为了鼓励求助于仲裁，而非对仲裁程序的目的和运行保持敌对态度。对仲裁的不信任，即相信仲裁没有能力形成法律决断，只能提供事实发现的功能，已经不再是英国实践的主流。英国仲裁法现在强调“有限干预原则”。

（1）1950年仲裁法的特征③

1950年仲裁法具有以下特征：法院干预仲裁实体问题不以公共政策为限，对一般的法律与事实问题亦可介入；对裁决的实体问题的干预不限于仲裁裁决作出以后，在仲裁程序进行过程中可因“特别案件陈述程序”的启动而介入；法院对仲裁实体问题的监督属于强行性规定，当事人不得协议排除；“特别案件陈述程序”，即对于仲裁审理中产生的任何法律问题及仲裁裁决或其中的任何部分，法院有权下令仲裁庭以所谓特殊案件的形式加以说明，由高等法院对其作出判决。

（2）1979年仲裁法的修订

20世纪60年代末70年代初，越来越多的国家大力参与国际商业活动，一旦发生纠纷，当事人出于中立性和便利性的考虑，一般不愿意去其他国家的法

① Michael Kerr, Arbitration and the Courts: The UNCITRAL Model Law, The International and Comparatively Law Quarterly 34, P.1, 1 (1985).

② 王德新：《仲裁司法监督的定位：过度干预抑或适度监督——以英、法两国为对象的分析》，载《河北青年管理干部学院学报》2011年第4期，第75-78页。

③ 余蕊桢：《英国法院对仲裁裁决的司法监督》，载《仲裁研究》2008年第4期，第93-101页。

院解决争议。在商事仲裁方面，虽然英国法律体系完备、法律人才和各种专业人才济济，但由于法院对仲裁监督过于宽泛且适用英国法，当事人不选择英国为仲裁地，保守估计令英国每年失去5亿英镑的收入。①

1979年修订的英国仲裁法废除了“特别案件”的做法；区别事实问题和法律问题，当事人仅可以向高等法院就仲裁裁决的法律问题进行上诉，但必须征得所有对方当事人的同意，或者征得法院的准许且高等法院只有在其认为考虑到所有的因素，对有关法律问题的认定会在实体上影响仲裁协议一方或更多方当事人的权利时，才准许上诉；允许当事人在除海事争议、保险合同和某些特殊商品合同争议之外的广泛的国际仲裁领域中预先约定排除司法复审，从而承认仲裁裁决的终局性。②

（3）1996年仲裁法的修订

1996年仲裁法进一步严格限制“对法律问题的上诉”实体审查权，包括以下四个方面的限制：

① 一般原则

本编之规定基于下述原则，并以其作为解释依据：

（a）仲裁之目的在于有公平的仲裁庭，在没有不必要的拖延和开支的情况下，使争议得以公正解决；

（b）当事人得自由约定争议解决方式（parties should be free to agree how their disputes are resolved），仅受制于充分保障公共利益之必须。

（c）除本编另有规定外，法院不得干预本编规定之事项。

② 当事人排除性协议

根据第69条的措辞可以推断，只要当事人之间存在排除法院管辖的协议，任何一方当事人即不可向法院就英国商事仲裁裁决的法律问题提出异议；若当事人约定仲裁庭作出不具理由的裁决书，则视为约定排除法院的实体审查权；英国法院还通过判例确认，只要双方选定的仲裁规则中规定英国商事仲裁裁决的终局性，则视为当事人以书面协议有效排除了法院的实体审查权（Sanghi Polyesters Ltd. v. The International Investor（KCFC）[2001]）。除此之外，虽然根据第87条的规定，在英国仲裁的情形下，排除法院管辖协议必须在仲裁开始后达成，但鉴于规定国际仲裁与本土仲裁区别的第85条存在与英国参加的《罗马

① 杨良宜：《国际商务仲裁》，中国政法大学出版社1997年版，第47页。
② 余蕊桢：《英国法院对仲裁裁决的司法监督》，载《仲裁研究》2008年第4期，第93－101页。

公约》发生冲突的可能性，英国国务大臣已根据第88条的规定以行政命令取消了这种区别，当事人在英国本土仲裁中签订排除法院管辖协议的时间限制已不复存在。[①]

③ 法院审查的内容

根据1996年仲裁法，英国法院可以受理就英国商事仲裁裁决的法律问题提出的上诉，但仅限于对英国法律问题的上诉。针对争议实体问题适用非英国法律的国际商事仲裁，英国法院无权对其进行实体审查。在2002年雅典诉国际篮球协会（AEK v. National Basket Association）一案中，由于仲裁员适用的是希腊法律，当事人对英国商事仲裁裁决的异议被驳回。

④程序性限制

A. 并非所有异议都将被受理

法院仅在认为符合下列条件时准许上诉：

（a）问题的决定将实质性地影响一方或多方当事人的权利，

（b）问题是仲裁庭被请求作出决定的，

（c）根据裁决书中认定的事实：（i）仲裁庭对问题的决定明显错误，或（ii）问题具有普遍的公共重要性，仲裁庭对此作出的决定至少存在重大疑问，以及

（d）尽管当事人约定通过仲裁解决争议，但在任何情况下由法院对该问题进行判决是公正和适当的。

B. 法院应尽可能避免撤销仲裁庭的裁决

法院有权确认、修改或者撤销裁决，亦有权将案件发回仲裁庭重审。除非法院认为将争议事项发回仲裁庭重审是不合适的，否则法院不应全部或部分撤销裁决。

C. 用尽救济

上诉权不得违背第70条第2款和第3款的限制

第2款　如申请人或上诉人未首先用尽下列救济则不得提出申请或上诉：

（a）任何可资利用的仲裁上诉或复审程序，以及

（b）根据第57条（裁决更正及补充裁决）可资利用的追诉。

第3款　申请或上诉必须自仲裁裁决作出之日起28天内提出，或如已经存在仲裁上诉或复审程序，则自申请人或上诉人接到该程序结果的通知之日起28

---

① David Fraser, English Arbitration Act 1996: Arbitration of International Commercial Disputes under English Law, American Review of International Arbitration 8, P.1, 1－19（1997）.

天内提出。

综上，三个版本的仲裁法主要不同体现在表3。

表3 英国仲裁法修订变化

内容	1950 年	1979 年	1996 年
审查范围	程序事项和实体事项（实体包括事实问题和法律问题）	程序事项和实体事项（实体限于法律问题，且有所限制）	程序事项和实体事项（实体限于法律问题，且条件要求极严格）
对实体问题审查的约定排除的规定	不能约定排除	可以，除了海事、保险、货物买卖合同争议	可以并且无特别限制

由此观之：

第一，法院对仲裁的监督范围逐步缩小，特别是最大限度地避免司法对仲裁裁决实体上的干预和监督。

第二，对当事人意思自治原则更加尊重，允许当事人通过协议排除法院的司法审查。

第三，法院对仲裁裁决进行审查的条件进行了严格的限制，几乎仅限定于只有当仲裁出现不公正时，法院方可介入和干预。法院介入仲裁的时间被推迟，要想就仲裁裁决向法院提出异议申请，一般需要先用尽仲裁程序中的所有救济措施，这实际上是将法院的干预作为最后一项救济措施加以援引。

2. 对英国实体审查权的评价

实际上，第69条“对法律问题的上诉”因其赋予法院对英国商事仲裁裁决进行实体审查的权力而备受争议，是英国仲裁的传统（tradition）和独特之处（因部分国家遵循《示范法》的理念绝对排除了实体审查权）。杨良宜在《国际商务游戏规则——伦敦仲裁》一书中提到，“笔者2004年5月在伦敦参加的一个大型会议，伦敦市长（原来是律师），上诉庭庭长（Master of Rolls）与首席贵族院法律勋爵（Senior Law Lord）异口同声赞成‘走回头路’。伦敦市长更是明确说，即使英国是世界上唯一不让裁决书‘说了算’的国家，而是可就法律观点向法院提出上诉，‘就让它去’（so be it）。”与之遥相呼应的是施米托夫教授早在1967年所著的《仲裁与法院的监督管辖权》一文中指出的：“尽管人们有时主张，不得剥夺法院对法律问题的管辖权是英国仲裁制度的一大缺陷，但英国商业界和法律界的一般看法则相反。”

综合来看，英国保留的严格限制的实体审查权在公正与当事人意思自治之间达成了一种微妙且精巧的平衡，貌似反而更有利于当事人利益的实现。

从仲裁庭的角度来看，司法审查权的存在和行使有助于提高仲裁的质量。法院的司法审查权很难受到仲裁庭的欢迎，在实践中仲裁员对此更是怨声载道，但这恰恰体现了司法审查的作用。作为提供法律服务的商业机构，司法审查无疑限制了仲裁庭的自由。更广泛和细致的司法审查必然给仲裁裁决带来更大的被撤销的危险，而任何一次仲裁裁决的被撤销都对仲裁庭的声誉带来打击。由于存在司法监督，为避免发生上述状况，仲裁庭必须勉励而为，提高服务质量，使仲裁案件的当事人满意。

寻求法院实体帮助的目标是给予当事人在例外情况下的救济，即在仲裁实体裁决很大程度牺牲当事人的权利，或仲裁程序的正当性，或法律的正当性本身时，第69条提供了选择司法帮助的权利，表明该规定的目标是防止或者修复根本不公的情形。对实体要求放入规制框架和要求仲裁庭对程序负责，都是为了修正例外情形下存在的令人厌恶的或者公然滥用裁判权力。所以这种司法监督的目标与其说是规制（regulatory），不如说是救济（remedial）。裁判，包括即使是私人意义上的裁判（也就是仲裁）的正当性与国家利益攸关，要求仲裁意思自治不代表对程序与实体方面的裁判彻底放弃让裁判服务达到最低标准的要求。事实上，尤其当争议金额巨大时，当事人对仲裁的公正期望显然高于对仲裁效率的要求。一裁终局机制下的错判、误判的风险是任何当事人都难以承受的。前几年一个对美国606家公司内部律师所做的调查显示，54.3%的律师在大型商事争议中宁愿选择诉讼而非仲裁，原因是其认为仲裁缺乏有效的上诉机制以保证裁决的公正性。[①] 彻底剥夺法院的司法审查权无疑意味着将天平彻底倾向于当事人自治，令法院在维护公平公正方面无能为力。以直接立法方式排除法院司法审查权意味着剥夺了当事人自主决定是否寻求法院帮助的权利，在尊重当事人意思自治方面赋予当事人选择权能够达成一种精巧的平衡。

在有关英国1996年《仲裁法》的评述中，一位国外学者的原话说明英国此种制度设计的巧妙之处："该法案的起草者正确地拒绝了示范法完全排除上诉选项的做法，这种做法暗示了一种不可反驳的推定，即仲裁当事人承担其仲裁裁决可能包含实质性错误的风险。这种推定并非基于任何表明仲裁当事人总是倾

---

① William H. Knull & III Noah D. Rubins, Betting the Farm on International Arbitration: Is it Time to Offer an Appeal Option?, The American Review of International Arbitration 11, PP. 531, 533 – 534 (2020).

向于终局性而非上诉权的经验证据，也不一定得到当事人的合法期望的支持。”

总而言之，英国 1996 年《仲裁法》在维护当事人意思自治与维护公正裁决方面实现了良好的平衡，为当事人提供寻求公正的途径同时实现其意思自治的最大化。从当事人角度来看，首先其享有意思自治的选择权，在当事人以协议的方式表明愿意承担一裁终局的风险时则尊重其处置其私权的自由，且法院的审查权受到了前述不同程度的掣肘。同时，追求争议的公正解决是任何争议解决机制的共同目标。将仲裁的意思自治完全凌驾于公正之上，臆断商人愿意无条件地接受错误的裁决来换取争议的快速解决是不科学的，所以英国 1996 年《仲裁法》仍然为法院介入确保公正裁决提供了很小的口子。英国仲裁的发展历程和对严格限制的实体审查权的保留对于中国国际仲裁中心的建设具有一定的借鉴意义。

三、上海建设国际仲裁中心的优势、劣势及其发展方向

对照上文分析的国际仲裁中心应具备的要素，在上海打造国际仲裁中心，可谓优势与劣势并举，机遇与挑战并存。只有根据建设国际仲裁中心六大要素来充分分析上海作为国家仲裁中心的优点与不足，明确与其他国际仲裁中心相较之下上海存在的阻碍，才能明晰未来在上海建设国际仲裁中心的发展方向，进而成功把上海打造成一个国际仲裁中心。

（一）优势

在上海打造国际仲裁中心，具有“天时、地利、人和”的优势。首先，上海仲裁得到了充沛的政策和资源。2015 年，国务院发文，明确要求上海“打造国际仲裁中心”。① 将上海打造为面向全球的亚太仲裁中心，自此成为国家层面的战略部署。2016 年 8 月 5 日，上海市人民政府发布的《“十三五”时期上海国际贸易中心建设规划》提出：“打造亚太国际商事争议解决中心、构建面向国际的商事争议解决平台”；② 2017 年 10 月 11 日，上海市推进“一带一路”建设工作领导小组办公室发布《上海服务国家“一带一路”建设发挥桥头堡作用

① 《国务院关于印发进一步深化中国（上海）自由贸易试验区改革开放方案的通知》（国发〔2015〕21 号）。

② 《“十三五”时期上海国际贸易中心建设规划》（沪府发〔2016〕60 号）。

行动方案》，明确提出建设“一带一路国际仲裁中心”；[①] 2019年1月2日，上海市委深改委通过《关于完善仲裁管理机制提高仲裁公信力加快打造面向全球的亚太仲裁中心的实施意见》；[②] 2019年5月27日，上海市司法局发布《打响“上海仲裁”服务品牌行动方案（2019—2021年）》；[③] 2019年11月8日，上海仲裁协会在上海国际仲裁高峰论坛上宣布成立，标志着“上海仲裁”走向世界。

其次，通过过去数十年的积累，位于上海的国际国内仲裁机构数量已达到了十家；同时聚集了大量的优质法律从业人员，本身已是中国仲裁高地之一。上海作为亚太仲裁中心，具有其独特的优势，那便是地处上海的十家仲裁机构，包括上海仲裁委员会（SHAC）、上海国际仲裁中心（SHIAC）、香港国际仲裁中心上海代表处（HKIAC）等。众多的仲裁机构必然带来优质的仲裁从业人员，发挥着人才的集聚效应，为商事争议的多元化纠纷解决（Alternative Dispute Resolution）提供更为优质专业的服务，这一点可从上海国际仲裁中心2021年的受案数量、争议金额和个案平均争议金额均创新高得到充分说明。同时，上海之所以成为这十家仲裁机构的选址，正是因为其深厚的仲裁底蕴以及其国际化定位。上海作为国际金融中心，吸引着更多的仲裁机构入驻。当然，这些仲裁机构也相应地为上海成为亚太仲裁中心提供了专业的优质资源支撑。2021年5月，上海被业界权威的《2021年国际仲裁调查报告》评为全球最受欢迎的十大仲裁地之一。[④] 上海仲裁在国际上的认可度和声誉与日俱增。这些都是上海打造国际仲裁中心所拥有的显著优势。

即使与作为亚洲乃至国际仲裁中心之一的新加坡相比，中国上海也有其特殊优势，主要体现为以下方面：

---

① 《上海服务国家“一带一路”建设发挥桥头堡作用行动方案》，载上海市人民政府网站，2017年10月11日，https：//www.shanghai.gov.cn/nw12344/20200814/0001-12344_53799.html，最后访问时间：2022年7月4日。

② 《中共中央办公厅 国务院办公厅印发〈关于完善仲裁制度提高仲裁公信力的若干意见〉》，载中国政府网，2019年4月16日，http：//www.gov.cn/zhengce/2019-04/16/content_5383424.htm，最后访问时间：2022年7月4日。

③ 《上海市司法局关于印发〈打响“上海仲裁”服务品牌行动方案（2019—2021年）〉的通知》（沪司发〔2019〕68号）。

④ 《2021年国际仲裁调查报告》（2021 International Arbitration Survey），载中国仲裁法学研究会网站，2021年5月12日，http：//caal.chinalaw.org.cn/portal/article/index/id/1187.html，最后访问时间：2022年7月4日。

一是，受理仲裁案件数量。仅以中国上海和新加坡的两个具有代表性的仲裁机构（即上海国际仲裁中心和新加坡国际仲裁中心）的数据为例，上海国际仲裁中心受案数量在2021年达到了新高，为1752件；[①] 而新加坡国际仲裁中心虽然在2020年受理案件数量达到历史新高1080件，[②] 但2021年受理案件数量锐减为469件，与2019年454件数量基本持平。[③] 总体来看，上海仲裁案件数量明显高于新加坡。

二是，个案平均案件争议金额。根据资料显示，上海国际仲裁中心在2021年个案平均争议金额达到了历史最高水平，即406.29亿元（人民币）。[④] 新加坡国际仲裁中心2021年个案平均争议金额为2181万元（美元），[⑤] 约合人民币1.41亿元。[⑥] 可以看出，上海所受理的案件平均争议金额远超于新加坡。

三是，当事人地区分布。根据新加坡国际仲裁中心发布的2021年度报告显示，[⑦] 在外国当事人中，涉案数量最高的仍然是印度，在2021年共涉及187个新案件。排名第二的是中国内地，共涉及94个新案件。这个数字本身已经代表了大规模的增长，而如果加入中国香港特别行政区当事人所涉及的案件（80个），则在2021年，涉及中国当事人的新案件共有174个。另外，涉及美国当事人的新案件在2021年达到创历史纪录的74个。根据2021年上海国际仲裁中

---

① 《2021年度仲裁业务报告》，载上海国际仲裁中心网站，2022年1月，http：//www. shiac. org/SHIAC/news_ detail. aspx? page = 12022&id = 1978，最后访问时间：2022年7月5日。

② Amada Lees & Patric McGonigal：《新加坡国际仲裁中心数据：案件数量大幅增长背后的意义》，载China Law Insignt，2021年6月17日，https：//www. chinalawinsight. com/2021/06/articles/dispute – resolution/新加坡国际仲裁中心数据：案件数量大幅增长背后/。

③ 《第二届中国—新加坡国际商事争议解决论坛成功举办》，2022年4月17日，载搜狐网，https：//www. sohu. com/a/538618897_ 121123723，最后访问时间：2022年7月5日。

④ 《2021年度仲裁业务报告》，载上海国际仲裁中心网站，2022年1月，http：//www. shiac. org/SHIAC/news_ detail. aspx? page = 12022&id = 1978，最后访问时间：2022年7月5日。上海国际仲裁中心：《2021年度仲裁业务报告》，2022年1月，载http：//www. shiac. org/SHIAC/news_ detail. aspx? page = 12022&id = 1978，最后访问时间：2022年7月5日。Amada Lees & Patric McGonigal：《新加坡国际仲裁中心数据：案件数量大幅增长背后的意义》，载China Law Insignt，2021年6月17日，https：//www. chinalawinsight. com/2021/06/articles/dispute – resolution/新加坡国际仲裁中心数据：案件数量大幅增长背后/，最后访问时间：2022年7月5日。参见新加坡国际仲裁中心2021年年度报告，https：//siac. org. sg/images/stories/articles/annual_ report/SIAC – AR2021 – FinalFA. pdf，最后访问时间：2022年7月5日。

⑤ 参见新加坡国际仲裁中心2021年年度报告，https：//siac. org. sg/images/stories/articles/annual_ report/SIAC – AR2021 – FinalFA. pdf，最后访问时间：2022年7月5日。

⑥ 根据国家外汇管理局的数据，2021年度平均汇率为1美元≈6.4515元人民币。

⑦ Amada Lees & Patric McGonigal：《新加坡国际仲裁中心数据：案件数量大幅增长背后的意义》，载China Law Insignt，2021年6月17日，https：//www. chinalawinsight. com/2021/06/articles/dispute – resolution/新加坡国际仲裁中心数据：案件数量大幅增长背后/，最后访问时间：2022年7月5日。

心的报告显示，2021年上海国际仲裁中心新受理的1752件仲裁案件中，国内案件1603件，涉外案件149件，其中双方当事人均为境外主体的案件14件。2021年新受理案件的当事人涉及28个国家和地区，包括14个“一带一路”国家和7个《区域全面经济伙伴关系协定》（Regional Comprehensive Economic Partnership，RCEP）参与国。除中国内地之外，有110个境外主体参与了上海国际仲裁的案件。除中国外，当事人来源排名前三的国家分别是美国、日本、德国。[①] 由此可见，上海国际仲裁中心受理案件当事人来源较之新加坡国际仲裁中心更为广阔，处理案件争端的范围也更广。

四是，不具可仲裁性的事项。中国《仲裁法》第2条规定：“平等主体的公民、法人和其他组织之间发生的合同纠纷和其他财产权益纠纷，可以仲裁。”《仲裁法》第3条规定了不可仲裁的事项，包括“婚姻、收养、监护、扶养、继承纠纷”以及“依法应当由行政机关处理的行政争议”。另外，《仲裁法》第77条规定，劳动争议和农业集体经济组织内部的农业承包合同纠纷的仲裁，另行规定，因而这类纠纷不能由商事仲裁机构受理。换言之，除了以上纠纷，其余纠纷均可在上海国际仲裁中心进行仲裁。根据新加坡《国际仲裁法》（International Arbitration Act）第11条第1款，除非违背公共政策，当事人在仲裁协议中约定提交仲裁的任何争议都可通过仲裁解决。尽管法律未明确规定何种事项不得提交仲裁，但在司法实践中，相关案例[②]表明破产、清算、公民身份、婚姻、专利等事项因公共政策原因会被认定为不具有可仲裁性。[③] 显然，上海国际仲裁中心所不具可仲裁性的事项在司法实践中少于新加坡国际仲裁中心。

综上，上海作为国际仲裁中心具有其得天独厚的优势。加之国家政策的倾斜支持以及上海作为国际金融中心和商业活动领先阵地的地位，专业化水平和国际化程度正在持续提升，上海自开埠以来，逐渐成为东西方商业往来、文化融合最充分的城市，讲法治、重契约、守规则日益融入城市商业文化基因，从而推动上海成为中国商事仲裁的重要发祥地之一，在未来，面向全球的亚太仲裁中心——上海将会继续发挥其国际仲裁中心的角色。

---

① 《2021年度仲裁业务报告》，载上海国际仲裁中心网站，2022年1月，http://www.shiac.org/SHIAC/news_ detail.aspx? page=12022&id=1978，最后访问时间：2022年7月5日。

② See, e.g., Larsen Oil and Gas Pte Ltd v. Petropord Ltd (2011) SGCA 21.

③ See International Arbitration Act 1994 (2020 Revised Edition) Article 11 (1).（注：参见新加坡《国际仲裁法（1994）》2020修订版第11条第1款。）

（二）劣势

上海打造国际仲裁中心较内地其他地区而言固然有着相对的巨大优势，但同时也存在一些问题。具体表现为：

第一，普适性政策难以满足上海的特殊需求。中国仲裁机构体量极其庞大，在发展阶段、发展水平等方面悬殊。而目前国家层面针对仲裁制定的各类政策多为普适性政策。上海作为国内仲裁的领先者，必然时常面临政策不完善的掣肘；急需的支持却难以从这些普适性政策中得到。比如，对于仲裁员名册的开放问题，中国《仲裁法》可能无法适应上海自贸区发展的要求，对自贸区的发展提供支持。中国《仲裁法》第13条规定了仲裁委员会设立仲裁员名册。根据这一规定，中国大多数仲裁委员会都采用了强制性的仲裁员名册制度，当事人必须从仲裁员名单中选择仲裁员。尽管这一规定为当事人提供了极大的便利，过滤了不合格的仲裁员，以尽可能保证仲裁程序的顺利进行和结果的公平，但也同样存在一些问题。首先，仲裁员名册不能完全涵盖所有领域的专业人员；其次，在没有仲裁机构指导的情况下，当事人可能更有能力选择仲裁员名册以外的专家担任仲裁员。这种做法限制了当事人选择仲裁员的范围，限制了仲裁员的多样性和公开性，不利于在仲裁过程中实现当事人意思自治。因此，仲裁员公开名册是国际商事仲裁发展的主流。对于上海自贸区，《自贸区仲裁规则》第27条规定，双方可以从仲裁员名册中选择仲裁员，也可以从仲裁员名册以外的人员中选择仲裁员。这一制度是中国仲裁员选拔工作的一大进步，但由于中国《仲裁法》缺乏配套规定，在中国推行公开的仲裁员名册存在一些问题。一是开放仲裁员名册的执行效率。对仲裁员资格的审查有两个主要困难：对仲裁员资格的审查和对仲裁员实际资格的审查。《仲裁法》和自由贸易区仲裁规则中没有关于选择仲裁员的特别规定，这可能导致双方在实际案件中就仲裁员的选择产生争议，导致仲裁效率低下。二是任命名册以外的仲裁员。根据《仲裁法》第13条规定，仲裁员应由仲裁委员会指定。[①] 如果当事人选择名册以外的仲裁员，名册以外的仲裁员需要首先由仲裁委员会任命。因此，名册外仲裁员

① 《仲裁法》第13条规定："仲裁委员会应当从公道正派的人员中聘任仲裁员。仲裁员应当符合下列条件之一：（一）从事仲裁工作满八年的；（二）从事律师工作满八年的；（三）曾任审判员满八年的；（四）从事法律研究、教学工作并具有高级职称的；（五）具有法律知识、从事经济贸易等专业工作并具有高级职称或者具有同等专业水平的。仲裁委员会按照不同专业设仲裁员名册。"

的确认可能会滞后。[①] 可见，由于普适性政策和规则有时难以适用于上海的特殊情况，将在一定程度上制约上海仲裁的发展。

第二，上海作为省级行政区，在立法权和司法权上存在局限性。这使得许多发展仲裁所需要的改革举措难以高效落实。通常，在仲裁改革的相关事务上，上海无法有效推行自身亟须的政策方针，而必须服从全国统一部署，并时常受制于全国发展不平衡带来的种种束缚。[②] 因此现阶段，上海的仲裁建设效率不足，这已成为上海参与区域竞争的一项劣势。

第三，国际上缺乏对上海仲裁的认识和认同。英美普通法深刻影响和塑造了国际商事仲裁的格局。世界上大部分国家和法域的仲裁机构也积极趋同，适用《示范法》等国际化规则。内地绝大多数仲裁机构的仲裁审理方式并不为国际商事仲裁界所熟悉，[③] 上海也不例外。在这样的情况下，上海仲裁自然难以赢得外界的广泛认同。

第四，上海建设国际仲裁中心的竞争日趋激烈。目前，国际商会仲裁院、新加坡国际仲裁中心等多家仲裁中心的代表机构先后入驻上海。这些机构都处于国际商事仲裁的第一梯队，给上海本地仲裁机构造成了巨大的压力，一定程度上造成仲裁案件的分流。这种压力还体现在，引入其他国家仲裁中心代表机构入驻上海虽然能够扩大中国对国内外纠纷解决的制度供给，但这种“单一仲裁中心”体现单边规则导向的性质可能易引起参与国内部竞争、参与度不高、无法有效解决文化和法律理念差异的困境。[④] 同时，亚太区域内诸如日本、韩国、马来西亚等多个地区正紧锣密鼓地打造新兴仲裁中心，这无疑进一步加剧了区域之间的竞争强度。[⑤] 2019年中共中央办公厅、国务院办公厅印发《关于完善仲裁制度提高仲裁公信力的若干意见》的意见，明确指出：“推进行业协

---

① 袁发强：《自贸区仲裁规则的冷静思考》，载《上海财经大学学报》2015年第2期，第95－96页。

② 牟笛：《上海建设面向全球的亚太仲裁中心的挑战与出路》，载《上海法学研究》集刊2019年第17卷，第16页。

③ 梁庭瑜：《国际商事仲裁快速程序之比较研究》，载《商事仲裁与调解》2021年第4期，第17－30页。

④ 初北平：《“一带一路”国际商事仲裁合作联盟的构建》，载《现代法学》2019年第3期，第181－194页。

⑤ 刘禹、王茜：《构建北京自贸试验区国际商事仲裁机制疏纾》，载《北方经贸》2022年第2期，第55－58页。

作和仲裁区域化发展。”① 具体而言，鼓励仲裁委员会之间条件成熟的可以在自愿基础上进行联合，整合资源，优势互补，建立区域性仲裁工作平台，共享资源，推动仲裁区域化发展。② 因此，在构建上海国际仲裁中心时，应通过参与国竞争优势的整合、合作互信关系的构建以及民间和政府层面的合力推进，减轻机构之间的竞争压力，促进仲裁的区域化发展。

第五，中国仲裁人才队伍短缺和市场需求不匹配。以上海仲裁委员会为例，2021 年委员会受案数量为 6017 件，自成立后已经裁处了超 45000 件案件，而最新一届仲裁员只有 1784 名，其中来自我国港澳台地区的仲裁员以及外籍仲裁员仅不到 400 名。③ 目前上海仲裁委员会的人数、体量还没有办法满足社会快速发展的需求。2021 年 10 月，上海仲裁委员会依据《上海仲裁委员会深化改革总体方案》面向全社会公开招聘部分中层管理人员及资深岗位工作人员，包括专家咨询委员会秘书长、立案部部长、专家咨询委员会秘书等 29 个岗位共计 33 人。④ 上海仲裁委员会之所以进行市场化的公开招聘，目的就是强化人才队伍建设，提升服务品质，解决目前仲裁服务供需不平衡的问题。

在实践中，立法往往误解了仲裁中“级别”的含义，并为仲裁员设定了很高的门槛。例如，《仲裁法》第 13 条规定了拟任仲裁员的五项可选条件，其中前三项要求其具备法律专业资格并已工作八年，后两项对职称和专业水平提出了更高的要求。仲裁员需要专业化，但人才的专业化并不意味着高阶化，高阶化也不能自然地实现专业化，法律专业人员和具有高级职称的专家可能并不精通所有领域的商业交易。一方面，因为在商事仲裁中找不到合适的仲裁员，一些行业被排除在商事仲裁之外，不利于矛盾纠纷的迅速解决和商事仲裁的发展。⑤ 另一方面，对仲裁员的高水平要求限制了仲裁人才队伍的选择，导致人才队伍短缺和市场需求不匹配。中国国际贸易促进委员会成立的贸仲于 2021 年

---

① 《中共中央办公厅、国务院办公厅印发〈关于完善仲裁制度提高仲裁公信力的若干意见〉》，载中国政府网，2019 年 4 月 16 日，http：//www. gov. cn/zhengce/2019 - 04/16/content_ 5383424. htm，最后访问时间：2022 年 7 月 5 日。

② 姚震乾、吴昊：《论区域商事仲裁平台协同机制——以粤港澳大湾区仲裁联盟为研究对象》，载《探求》2021 年第 1 期，第 69 - 77 页。

③ 载上海仲裁委员会官网，http：//www. accsh. org/，最后访问时间：2022 年 7 月 5 日。

④ 朱奕奕：《上海仲裁委员会发“英雄帖”，招聘立案部部长等 29 个岗位》，载澎湃新闻，2021 年 10 月 11 日，https：//www. thepaper. cn/newsDetail_ forward_ 14851517，最后访问时间：2022 年 7 月 5 日。

⑤ 吴如巧、李震：《从国家到社会：中国商事仲裁制度的反思与完善》，载《社会科学战线》2020 年第 7 期，第 189 - 196 页。

共受理了4071件新案件，其中包括636件涉外案件（包括中国香港、澳门和台湾地区）。[①] 随着经济全球化的发展，生产要素在世界范围内进一步流动，国际商事纠纷逐年增多，对国际仲裁市场的需求日益增加。经过多年的发展，中国已经形成了一支约5万人的仲裁从业人员队伍，但与巨大的国际市场需求相比，仍然面临"双短缺"：缺乏具有优秀政治素质和较强业务能力的专业人才，以及具有扎实外语技能、优秀法律知识的复合型人才，在国际仲裁领域更加缺乏有决断力的人才。[②] 与市场化、法制化、国际化的要求相比，中国仲裁队伍的整体发展还不完善。在培训渠道方面：中国仲裁员难以实质性参与国际仲裁机构的案件审理，总体缺乏国际舞台经验；企业商务谈判中对仲裁条款主导意识不强；在法学院，相关交叉学科的课程设置较少。在体制机制方面：海外影响力较大的仲裁机构起步较早，运作成熟，信誉度较高。虽然中国有一个巨大的仲裁市场和许多机构，但它们"多而不强"。大多数仲裁机构主要在本地区发展，这限制了人才的成长。在法律环境方面：目前，许多仲裁机构工作人员缺乏对仲裁文化概念的理解，缺乏支持和尊重仲裁的思想准备；《仲裁法》等法律法规有待完善，仲裁制度环境不足以吸引人才。[③]

第六，国内仲裁员的素质参差不齐。仲裁员作为仲裁的直接组织者和实施者，其素质直接关系到仲裁的水平。要以专业化的仲裁机构和仲裁员为抓手，提升仲裁的公信力。商事仲裁涉及直接经济利益。如果仲裁员的素质不能满足商事仲裁的要求，就会直接导致仲裁产生偏差，进而影响当事人的经济利益。仲裁员的素质主要包括两个方面：一是廉政素质。仲裁员作为仲裁机构的核心，直接影响着商事仲裁的进程。廉洁自律是公平公正仲裁的基础。二是专业素质。商事仲裁涉及大量的经济和法律专业知识，仲裁员的专业素质直接影响仲裁的水平。中国《仲裁法》规定的经济和法律专家在商事仲裁员组成中的比例已达到三分之二以上，但从现有仲裁机构的实际来看，这一指标尚未得到落实。[④]

---

① 《统计数据：贸仲委受案总量（涉外、国内）》，载中国国际经济贸易仲裁委员会官网，http://www.cietac.org.cn/index.php?m=Page&a=index&id=24，最后访问时间：2022年7月5日。

② 高燕：《打造国际商事仲裁目的地 加强涉外法律人才队伍建设》，载《国际法研究》2020年第3期，第5-7页。

③ 高燕：《打造国际商事仲裁目的地 加强涉外法律人才队伍建设》，载《国际法研究》2020年第3期，第5-7页。

④ 汪颖：《商事仲裁机构内部监督体系优化研究》，载《四川民族学院学报》2019年第1期，第50-53页。

虽然中国对仲裁员的聘任规定了基本条件，目前上海许多仲裁机构的仲裁员都是颇有威望的仲裁领域学者，但能熟练处理涉外仲裁案件的仲裁员并不多。上海的仲裁机构要实现国际化并成为仲裁服务的中心，专家型、复合型的仲裁员是不可或缺的。随着金融业的深入发展，金融新品种不断涌现，既懂得金融衍生产品、基金、期货、信用卡结付等知识，又熟悉法律、精通外语的人才更是凤毛麟角，这无疑成为上海仲裁机构进一步发展的重大障碍。另外，一个仲裁机构内的在册仲裁员往往背景各异，因而素质参差不齐。例如，有不少仲裁员是律所的律师，但这些律师所属的律所排名有高有低，律师的素质往往也有高有低。

（三）发展方向

综上所述，上海已基本具备国际仲裁中心应有的六大要素，但仍有不足之处。第一，加入《纽约公约》有助于提高仲裁的接受度，且《纽约公约》要求缔约国对仲裁司法减少干预。但从中国司法实践来看，仲裁的中立性有待提高。第二，中国在制定《仲裁法》时虽然也参考《示范法》，不过参考和吸收的程度有限，中国的仲裁立法和实践与国际仲裁界的主流做法还存在脱节，尤其在当事人意思自治的尊重等方面有较大改进空间。第三，上海基于丰富的案件量和众多仲裁机构，有成为国际仲裁中心的潜质，但有必要加快推动设立上海国际商事法院或者设立专门处理与仲裁相关案件的专设仲裁法庭。第四，上海虽然聚集了大量的优质法律从业人员，但是仍然存在仲裁相关人才队伍短缺和市场需求不匹配的情形。第五，上海目前国际仲裁能力建设水平处于全国前列，但仲裁队伍的国际化和专业化水平有待提高。第六，中国近年来与仲裁有关的法律法规不断推陈出新，但与国际高水平仲裁规则仍有较大差距，需要建立仲裁规则改革试点，丰富仲裁法律的工具箱。

有鉴于此，上海仲裁应当效仿其他国际仲裁中心的成功经验，采取以下措施来建设国际仲裁中心：

一是先行先试实施《示范法》。对上海而言，建设国际仲裁中心的最大障碍在于立法滞后。直接试行《示范法》，以《示范法》为蓝本，优化和完善与仲裁有关的基础性规则，在此基础上突破上海仲裁的发展障碍。

二是以仲裁保全为突破口，丰富上海本地法院为仲裁提供司法保障措施的内涵。由于仲裁争议解决的民间属性，其全过程都离不开司法机关以国家强制力作保障。上海能否建设成为亚太仲裁中心取决于法院对仲裁的支持，司法质量和司法保障水平能够达到的高度决定了仲裁的亲和力。

三是充分发掘上海仲裁机构的资源优势。在商事仲裁活动中，仲裁的各项资源要素都通过仲裁机构汇聚。一个仲裁地的各项评价指标也往往取决于当地仲裁机构的专业化、国际化水平。仲裁地的仲裁能力建设其实就是仲裁机构的能力建设。建立国际仲裁中心，就要以上海的各类仲裁机构为基础，既突出不同类型机构所面临的差异化问题，又提升不同机构的整体水平，使仲裁资源优势和仲裁要素能够充分转化为上海仲裁的竞争优势。

四是扩大上海的商事仲裁人才储备。从总体数量和质量看，上海从事涉外法律服务的律师、仲裁员、仲裁机构人员的总体状况已处于国内的领先水平。但和国际领先仲裁地相比，人才短板问题仍然非常突出，国际化水平不高。上海必须转变观念，开拓一条人才发展的新路径。①

五是要加强仲裁声望建设，提升上海在国际仲裁界的影响。伦敦玛丽女王大学2018年的国际商事仲裁调查报告显示，② 当事人在挑选仲裁地点时，一地"总体声誉和认可度"是首要考虑的因素，这项因素甚至超越了仲裁地中立性、法律制度等因素。仲裁声望在仲裁地建设中具有关键性的作用，主要是以仲裁地立法、司法、执法能力为核心的法治化水平和营商环境。上海作为中国最重要的经济城市享有较高的知名度，但上海仲裁的影响力却还无法与上海的城市影响力相提并论，需要全方位拉高上海仲裁的声望值和品牌影响力。③

代结论

国际仲裁中心通常是指一个拥有提供专业仲裁规则、管理、服务的仲裁机构，在国际当事人中极富竞争力、影响力、公信力，当事人愿意选择作为仲裁地的法域城市。打造具有国际影响力的国际仲裁中心取决于六大要素：该国为《纽约公约》缔约国；以《示范法》为当地仲裁法的蓝本；具有国际商事法院

---

① 王利明：《中国商事仲裁国际化水平亟待提升》，载《中国对外贸易》2016年第10期，第15页。

② Queen Mary University of London, White & Case LLP, 2018 International Arbitration Survey: The Evolution of International Arbitration, https://arbitration.qmul.ac.uk/research/2018/. 自2006年起，伦敦玛丽女王大学（Queen Mary University of London）每一年至两年均就国际商事仲裁发布一份调查报告，对国际商事仲裁的新进展、新问题进行全面的梳理和分析，迄今为止已总计发布八份报告。该报告被广泛认为是国际商事仲裁领域最权威、最具影响力的文献之一。

③ 牟笛：《上海建设面向全球的亚太仲裁中心的挑战与出路》，载《上海法学研究》集刊2019年第17卷，第18页。

和国际的仲裁中心；具备熟悉仲裁实践的法官队伍；不断提高国际仲裁能力建设水平并不断更新与仲裁有关的法律和法院对仲裁的支持。

在优化营商环境、接轨国际经贸规则的背景下，中国尤其有必要分析上述六要素的相关性，并以此为路径完善仲裁中心的要素健身，将上海等地打造成为具有国际影响力的国际仲裁中心。

上海作为中国仲裁资源和仲裁要素最集中、最丰富的城市，围绕六要素持续推进体制机制创新，有助于促进上海成为面向全球的亚太仲裁中心，向国际仲裁之都不断迈进。深圳、青岛、南宁、杭州等城市也可以以六要素为核心，建设各有特色的国际仲裁中心，将中国打造成仲裁友好型的法域。

（责任编委：梁意①）

① 梁意，中国国际经济贸易仲裁委员会仲裁研究所职员。

我国反垄断争议可仲裁之理论证成

任　力*

摘　要： 反垄断争议是否可仲裁，一直是国内外关注的热点问题。当前，我国法院对反垄断争议的可仲裁性持有不同看法，甚至出现“同案不同判”的情况。从《仲裁法》《反垄断法》以及国际条约的具体规定看，现行法对反垄断争议是否具可仲裁性的态度尚不明朗。当前，法院大都以反垄断法涉及公共利益为由否定反垄断争议可仲裁，但从裁判目的、裁判依据和裁判能力三个维度进行分析，便能发现仲裁可实现反垄断法蕴含的公共利益，且具一定的制度优势。实际上，鉴于我国执法资源禀赋相对匮乏、民事诉讼因举证规则而裹足不前，在反垄断争议的可仲裁性已成国际主流趋势的背景下，仲裁应作为反垄断行政执法和民事诉讼的有力补充。

关键词： 反垄断争议　可仲裁　仲裁法　反垄断法

反垄断法作为规范市场竞争秩序的基本法，又被称为经济宪法，具有很强的公法色彩。故此，反垄断争议传统上也被认为是不可被仲裁的事项。近些年，西方国家尤其是美国逐渐改变上述观点和做法，试图将反垄断争议纳入可仲裁事项的范畴，甚至延伸至垄断行为人与执法机构之间的反垄断争议。① 相比之

---

* 北京德和衡律师事务所高级合伙人，对外经济贸易大学法学博士。

① 2019年9月4日，美国司法部反托拉斯局正式向美国俄亥俄北区联邦地区法院提起针对Novelis公司收购Aleris公司的反托拉斯民事诉讼。同日，美国司法部公开披露本案当事各方（包括Novelis公司、Aleris公司以及反托拉斯局）已同意将本案核心争议——产品市场界定（product market definition）提交至仲裁，这标志着美国反托拉斯局将第一次通过仲裁机构解决反垄断争议。See Department of Justice: Justice Department Sues to Block Novelis's Acquisition of Aleris, https://www.justice.gov/opa/pr/justice - department - sues - block - noveliss - acquisition - aleris - 1, last visited on July 25, 2022.

下，我国《反垄断法》未明确反垄断争议是否可仲裁，且《仲裁法》对此未作明确规定，这使得在司法实践中，反垄断争议是否具有可仲裁性成为一个备受争议的问题，甚至出现“同案不同判”的情况，当前反垄断已步入常态化的阶段，反垄断争议呈不断增加的趋势，有关部门正考虑利用《仲裁法》的修订契机，将反垄断争议纳入仲裁范围。① 值此之际，有必要对反垄断争议纳入仲裁的必要性和合理性进行分析，进一步探明其实践意义。

一、我国反垄断争议的可仲裁性充满争议

在现代社会，仲裁作为一种以非诉讼的途径解决民事、经济纠纷的方式，正以其快捷、经济、灵活的特点而成为最受青睐的争议解决程序，在商事活动中，经营者之间约定将与合同有关的一切争端提交仲裁解决，其中就包含反垄断争议。然而，不管是《仲裁法》还是《反垄断法》，乃至《关于我国加入〈承认及执行外国仲裁裁决公约〉的决定》均未对反垄断争议是否属于仲裁事项予以规定，由此导致当事人之间发生反垄断争议时，该等争议是否具可仲裁性便成为争议焦点之一，落入司法审查的范围。从已有裁判结果看，最高人民法院对该问题持有不同的态度，这在已发生的两起“壳牌案”的矛盾裁判中得到集中体现。

在昌林公司与壳牌公司滥用市场支配地位纠纷案中，昌林公司认为，壳牌公司在中国大陆地区的工业润滑油经销服务市场具有支配地位，并实施了一系列滥用市场支配地位的行为。壳牌公司在一审法院提出管辖权异议，一审法院没有支持壳牌公司的主张。壳牌在上诉中主张：由于昌林公司与壳牌公司之间存在合法有效的仲裁约定，本案争议不属于人民法院受理范围，应裁定驳回昌林公司起诉。对此，北京高院二审裁定昌林公司与壳牌公司因履行《经销商协议》而产生的争议，仍应适用该协议中约定的有效仲裁条款，故对于昌林公司的起诉，人民法院不应予以受理。质言之，北京高院认定反垄断争议具有可仲裁性。② 上述观点在该案的再审裁定中得到最高人民法院的肯认，其指出“双方纠纷实质仍属于因履行《经销商协议》而产生的争议。昌林公司与壳牌公司

---

① 参见《全国政协召开双周协商座谈会围绕“仲裁法的修订”协商议政汪洋主持》，载全国政协官网，http：//www. cppcc. gov. cn/zxww/2022/05/31/ARTI1653958157259119. shtml，最后访问时间：2022年6月25日。

② 参见北京市高级人民法院（2019）京民辖终44号民事裁定书。

签订的《经销商协议》第22条约定的仲裁事项为‘因本协议引起的任何争议’，该约定有效，据此，无论壳牌公司在履行《经销商协议》中是否存在昌林公司所主张的垄断行为，双方纠纷均应受该仲裁条款的约束。”①

与此不同，在汇力公司与壳牌公司横向垄断协议纠纷案中，最高人民法院认定反垄断争议不可仲裁。具体来说，最高人民法院指出，本案中双方的争议属于垄断民事纠纷，故不属于合同纠纷及其他财产权益纠纷，仲裁机构对此类争议不具有管辖权。同时，最高人民法院认为，尽管双方在原始合同中约定了仲裁条款，但因反垄断法具有明显的公法性质，是否存在垄断行为的认定不属于合同相对人之间的权利和义务，理应由公权力机关进行确认。因此，即使存在仲裁条款，在我国法律未明确规定垄断纠纷可通过仲裁途径解决的情形下，双方原本的约定不可以排除法院的管辖权。②

从上述两个案件的裁判可以看出，对于反垄断争议是否具可仲裁性，最高人民法院的裁判观点尚不统一。从总体情况及最新裁判观点看，我国法院对反垄断争议的可仲裁性持否定看法。首先，除了前述案件外，上海③、江苏④等地的法院在相关案件中均否定了反垄断争议可仲裁。其次，在“壳牌案”之后，最高人民法院在VISCAS株式会社与国网上海市电力公司垄断协议纠纷案⑤中，再次否定垄断协议纠纷可仲裁。特别是，在“白城市鑫牛乳业有限责任公司与伊利集团滥用市场支配地位纠纷案”中，最高人民法院推翻了一审法院作出的“该案应适用涉案合同约定的仲裁管辖”的裁定，重申其在“壳牌案”裁定中的观点，认为“反垄断法具有明显的公法性质。在垄断行为的认定与处理完全超出了合同相对人之间的权利义务关系的情况下，本案当事人在合同中约定的仲裁条款不能成为排除人民法院管辖垄断纠纷的当然和绝对依据。”⑥

与此形成鲜明对比的是，不管是理论探讨还是域外实践，均认可反垄断争议具可仲裁性。一方面，从既有研究看，国内理论界的观点几乎呈“一边倒”的趋势，认为不管是基于纠纷可仲裁性的审查标准还是比较法经验的考察，我

---

① 参见最高人民法院（2019）最高法民申6242号民事裁定书。

② 参见最高人民法院（2019）最高法知民辖终47号民事裁定书。

③ 参见上海知识产权法院（2018）沪73民初813号民事裁定书。

④ 参见南京中院（2014）宁知民辖初字第44号民事裁定书；江苏高院（2015）苏知民辖终字第00072号民事裁定书。

⑤ 参见最高人民法院（2019）最高法知民辖终356号民事裁定书。

⑥ 参见最高人民法院（2021）最高法知民终924号民事裁定书。

国无疑都具有确立反垄断争议可仲裁的必要性和可行性。[①] 另一方面，自美国最高法院1985年判决的Mitsubishi案认可国际反垄断争议可仲裁后，国际反垄断争议的可仲裁性已为包括美国、欧盟等大部分国家与地区的仲裁及司法实践所认可。[②] 应当说，反垄断法在国际商事仲裁中的适用已成常态，而非例外。[③] 再者，有的国家通过直接立法或间接立法的方式认可反垄断争议可仲裁。[④]

在上述背景下，两个值得追问的问题是：从实然法和应然法角度看，反垄断争议是否具有可仲裁性，前者解决的是反垄断争议的可仲裁性有无法律依据或法律障碍，即我国现行法是否允许当事人选择仲裁的方式解决反垄断争议，而后者关注的是确立反垄断争议具可仲裁性的合理性，即建立反垄断争议仲裁解决机制的制度优势。除此之外，还需关注我国确立反垄断争议可仲裁的现实意义。

二、我国反垄断争议适用仲裁的可行性

反垄断争议是否具可仲裁性，从根本上来说，将受当事人所选择的仲裁地国法的支配。也就是说，这取决于仲裁地国法关于反垄断争议的可仲裁性的规定。在我国，与反垄断争议可仲裁性有关的法律规范主要体现在仲裁法、反垄断法及国际条约中，其成为判定反垄断争议是否可仲裁的条文依据。总的来说，从《仲裁法》《反垄断法》《关于我国加入〈承认及执行外国仲裁裁决公约〉的决定》的相关规定看，我国现行法既没有直接肯定反垄断争议可仲裁，也未

---

① 参见童肖安图：《社会公共利益视角下垄断纠纷可仲裁性研究》，载《华东政法大学学报》2021年第3期；邓志松：《反垄断争议的可仲裁性实务研究：欧盟与英国》，载《商事仲裁与调解》2021年第4期；吴佩乘：《论作为私人实施方式的反垄断民事纠纷仲裁》，载《北京仲裁》第114辑；林燕萍：《反垄断争议的仲裁解决路径》，法律出版社2016年版；孙晋、王贵：《论反垄断纠纷可仲裁性的司法考量——兼评某垄断纠纷管辖权异议案》，载《法律适用》2017年第7期；曹志勋：《论可仲裁性的司法审查标准——基于美国反垄断仲裁经验的考察》，载《华东政法大学学报》2012年第4期；杜新丽：《从比较法的角度论我国反垄断争议的可仲裁性》，载《比较法研究》2008年第5期；张艾清：《反垄断争议的可仲裁性研究——兼论欧美国家的立法与司法实践及其对我国的启示》，载《法商研究》2006年第4期。

② 有研究对1964—2010年国际商会仲裁院裁决的反垄断争议情况作了统计分析，发现除了保密的案件外，国际商会仲裁院处理的普通反垄断争议仲裁案件数量高达55例，其中涉及欧盟竞争法以及美国、法国、德国和匈牙利等国的反垄断法。See Gordon Blanke, Antitrust Arbitration under the ICC Rules, EU and US Antitrust Arbitration: A Handbook for Practitioners, Kluwer Law International, 2011, pp. 134 - 159.

③ 参见魏增产、陈丽娟：《仲裁员依职权适用反垄断法义务的来源探析》，载《北京科技大学学报(社会科学版)》2014年第2期，第94页。

④ 例如，瑞典1999年修订的《仲裁法》直接规定反垄断争议可仲裁。瑞士1996年修订的《反限制竞争法》、德国1998年修订的《反限制竞争法》删除了有关反垄断争议不可仲裁的规定。

明确否定反垄断争议的可仲裁性，由此我国反垄断争议适用仲裁无法律障碍，易言之，由仲裁机构对反垄断争议进行裁决具有可行性。

（一）《仲裁法》关于反垄断争议可仲裁性的规定

我国《仲裁法》对纠纷的可仲裁性作了概括和列举式规定。《仲裁法》第2条规定了纠纷的可仲裁性标准，即平等主体的公民、法人和其他组织之间发生的合同纠纷和其他财产权益纠纷，可以仲裁。《仲裁法》第3条列举了两类不可仲裁的纠纷类型，一类是婚姻、收养、监护、扶养、继承纠纷，另一类是依法应当由行政机关处理的行政争议。据此可知，《仲裁法》对反垄断争议是否具有可仲裁性未作明确规定，该问题需诉诸上述两个条文的理解和适用。具体来说，纠纷可仲裁须具备以下三个要件：一是该纠纷的当事人是平等主体的公民、法人和其他组织，二是该纠纷属于合同纠纷和其他财产权益纠纷，三是该纠纷不属于法律明文禁止的不可仲裁的纠纷类型。就反垄断争议而言，除了特殊行政垄断外，经营者之间因经济垄断而引起的反垄断争议往往满足纠纷可仲裁的三个要件，因而完全具备提交仲裁解决的法律基础。具体分析如下：

首先，在我国《反垄断法》明确禁止的四类垄断行为中，除了行政垄断的主体为行政机关和具有公共事务管理职能的组织外，垄断协议、滥用市场支配地位和经营者集中三类垄断行为的行为主体均为经营者，这决定了绝大多数反垄断争议是在平等主体的自然人、法人或者其他组织之间发生的。

其次，除了特殊的行政垄断外，其他反垄断争议大多发生于市场主体争夺交易机会或削弱竞争对手势力的经营活动中，其或者体现为以合同的形式固定销售价格、限定商品产量、分割销售市场等，或者体现为经营者滥用市场势力从事不公平、不合理的反竞争行为，或者体现为经营者之间的合并、兼并行为，尽管表现形式多样，但反垄断争议的实质大体相同，即市场主体之间因一方实施垄断行为而导致另一方利益受损，争议所体现的正是追求经济利益的财产属性与私权属性，[①] 由此意味着可将其划归为合同纠纷和其他财产权益纠纷的范畴。

最后，从反垄断争议类型看，依据涉案主体的不同，可将其分为两类：一类是行政争议，即因反垄断执法机构依法对涉嫌违法经营者或行政主体实施调查和处罚而引起的行政机关和经营者或行政主体之间的争议；另一类是民事纠

① 参见林燕萍：《反垄断争议的仲裁解决路径》，法律出版社2016年版，第173页。

纷，即因垄断行为给经营者造成损失或合同纠纷而引发的民事纠纷。就反垄断争议的可仲裁性而言，除了因行政垄断、经营者集中[①]而引起的反垄断争议可能属于由行政机关处理的行政争议外，经营者之间因垄断协议、滥用市场支配地位而引起的反垄断争议属于平等主体之间的合同纠纷和其他财产权益纠纷，并非不可仲裁的情况。

（二）《反垄断法》关于反垄断争议可仲裁性的规定

反垄断法实施的基本方式包括公共执行与私人实施两种，前者主要体现为行政执法，而后者则以民事诉讼为主。我国《反垄断法》确立了行政主导型的实施体制，除了将有关垄断行为的兜底条款的解释适用权力排他性地赋予执法机构外，还以专章的形式规定了对涉嫌垄断行为的调查程序。我国《反垄断法》第60条确立了反垄断法私人实施的法律依据和基础，即“经营者实施垄断行为，给他人造成损失的，依法承担民事责任”。一般而言，仲裁和诉讼是解决民事纠纷的两种主要途径和方式，是为了解决当事人之间对具体问题的争议而设置的程序性规则，相应地，民事责任的认定和追究可通过诉讼途径或仲裁途径，在反垄断争议满足纠纷可仲裁标准，且《反垄断法》未排除其可仲裁性的情况下，反垄断争议提请仲裁机构仲裁具有可行性。

需指出的是，根据最高人民法院出台的《关于审理因垄断行为引发的民事纠纷案件应用法律若干问题的规定》，垄断民事纠纷案件，是指因垄断行为受到损失以及因合同内容、行业协会的章程等违反反垄断法而发生争议的自然人、法人或者其他组织，向人民法院提起的民事诉讼案件。[②] 如果依照该标准，除了行政垄断外，因其他类型垄断行为而引起的反垄断争议皆可落入可仲裁的纠纷范围。

（三）《关于我国加入〈承认及执行外国仲裁裁决公约〉的决定》

在全国人民代表大会常务委员会关于我国加入《承认及执行外国仲裁裁决公约》的决定中，我国对承认及执行外国仲裁裁决附加了限制性条件，一个是

---

① 《反垄断法》第65条规定：“对反垄断执法机构依据本法第三十四条、第三十五条作出的决定不服的，可以先依法申请行政复议；对行政复议决定不服的，可以依法提起行政诉讼。对反垄断执法机构作出的前款规定以外的决定不服的，可以依法申请行政复议或者提起行政诉讼。”依此规定，因经营者集中而引起的反垄断争议需遵循行政复议前置程序，即须先向法定的行政复议机关申请复议，对复议决定不服再向人民法院提起行政诉讼，这在一定程度上否定了因经营者集中而引起的反垄断争议的可仲裁性。

② 参见《最高人民法院关于审理因垄断行为引发的民事纠纷案件应用法律若干问题的规定》第1条。

遵循互惠原则，即只在互惠的基础上对在另一缔约国领土内作出的仲裁裁决的承认和执行适用该公约；另一个是所涉争议须是根据我国法律认定为属于契约性和非契约性商事法律关系所引起的争议。其中，第一个限制性条件的内容是明确具体的，而第二个限制性条件的内容则存在一定的解释空间，对此，最高人民法院作了进一步说明，指出“所谓‘契约性和非契约性商事法律关系’，具体的是指由于合同、侵权或者根据有关法律规定而产生的经济上的权利义务关系，例如货物买卖、财产租赁、工程承包、加工承揽、技术转让、合资经营、合作经营、勘探开发自然资源、保险、信贷、劳务、代理、咨询服务和海上、民用航空、铁路、公路的客货运输以及产品责任、环境污染、海上事故和所有权争议等，但不包括外国投资者与东道国政府之间的争端”①。显然，反垄断争议属于“由于合同、侵权或者根据有关法律规定而产生的经济上的权利义务关系所引起的争议”，我国具有承认和执行外国反垄断争议仲裁裁决的法律基础。

透过前述分析可知，我国反垄断争议提请仲裁机构裁决或请求我国法院承认和执行外国反垄断争议仲裁裁决皆无法律障碍。令人费解的是，在现有司法实践中，法院在否定反垄断争议可仲裁时，将现行法没有明确规定反垄断争议可仲裁作为裁判的依据和理由之一。可是问题在于，在法无明文规定的情况下，对于反垄断争议是否可仲裁属于民事审判中法官行使自由裁量权的事项，其结果或者是“法无明文禁止即可为”，或者是“法无明文规定不可为”，不管是哪一种选择，其背后实际上体现的都是裁判者的政策倾向和价值偏好，裁判文书的释法说理应当围绕其作出“法无明文规定不可为”这一选择的理由进行。值得一提的是，最高人民法院曾明确指出“只要不属于我国仲裁法第三条规定的不能仲裁的争议，我国法院不会以可仲裁性的理由否定该仲裁裁决”②。由是观之，以法律未明确规定来否定反垄断争议的可仲裁性与上述声明存在矛盾。

再者，在以“法无明文规定不可为”为由否定反垄断争议可仲裁时，判决书中的部分观点也值得商榷。在汇力公司与壳牌公司横向垄断协议纠纷案中，最高法院指出，“对是否构成垄断的认定和处理，反垄断法明确规定了行政执法和民事诉讼两种方式，并未明确规定仲裁的方式”。但如前所述，《反垄断法》第 50 条只是规定了垄断行为的民事责任，而未将民事责任的追究和认定方式限

---

① 参见《最高人民法院关于执行我国加入的〈承认及执行外国仲裁裁决公约〉的通知》。

② 参见罗东川、高晓力：《实现涉外仲裁有效支持 促进国际仲裁事业发展》，载《法制日报》2013 年 6 月 28 日。

定为民事诉讼。此外，最高人民法院指出，当垄断民事纠纷不属于仲裁法覆盖的纠纷类型时，明确论述了垄断民事纠纷不属于《仲裁法》第 2 条规定的合同纠纷，但未论述垄断民事纠纷与《仲裁法》第 2 条中的“其他财产权益纠纷”之间的关系，而从反垄断争议的实质看，其更多地体现为因垄断行为受到损失而引发的侵权纠纷。

三、我国反垄断争议适用仲裁的合理性

依现行法观之，我国反垄断争议适用仲裁并无法律障碍抑或说具有法律基础，由此，我国反垄断争议是否适用仲裁就落入法官行使自由裁量权的范围，也即它属于政策选择问题，其结论取决于主审法官对通过仲裁途径来解决反垄断争议合理性的认识。

在以往的司法实践中，法院之所以主张反垄断争议不适用仲裁，其中一个重要理由是：作为规范市场竞争秩序的法律，反垄断法具有明显的公法性质，垄断的认定超出合同项下的权利义务范围，反垄断争议与公共利益密切相关，因此应受法院的管辖。[①] 换句话说，法院认为仲裁机构的私有属性使得仲裁机构尚不具备审理垄断案件的条件，故而无法确保仲裁审理的公正性，以及维护反垄断法实施所蕴含的公共利益。颇为遗憾的是，法院只是给出了这一论断，而并未详尽说明。若是仔细研判，便能发现从裁判目的、裁判依据、裁判能力三个维度上分析，无法得出仲裁机构不适宜处理涉及公共利益的反垄断争议这样的结论，抑或说法院相比于仲裁机构在处理反垄断争议上更具优势。

（一）民事诉讼和仲裁的根本目的是一致的

不管是通过诉讼还是仲裁来实施反垄断法，其核心功能均在于定分止争，不同于行政执法以维护公共利益为直接目的，两者对公共利益的维护和增进具有间接性，只要真正做到公正裁判，在实际效果上并无差别。反垄断法实施包括公共执行和私人执行，前者以维护公共利益或市场秩序为根本目的，带有一定的行政管理和监督性质，垄断行为可能会面临行政管理方面的处罚，甚至刑事处罚，而后者以定分止争为价值追求，私人主体的目的是维护其自身利益，裁判机关在审理过程中适用反垄断法的基础在于合同关系或侵权关系。相比于

---

① 参见最高人民法院（2019）最高法知民辖终 47 号民事裁定书；上海知识产权法院（2018）沪 73 民初 813 号民事裁定书；江苏高院（2015）苏知民辖终字第 00072 号民事裁定书。

公共执行，尽管反垄断法私人执行在一定程度上可以起到维护公共利益的实效，但这主要是通过公正裁判来间接实现的，也就是说不管是法院还是仲裁机构只要能够有效实施反垄断法，其在维护反垄断法蕴含的公共利益这一问题上并无明显的优劣之分。再者，我国《反垄断法》未规定惩罚性赔偿责任制度，通过诉讼途径来实施反垄断法的主要功能仍在于补偿而非威慑，因而法院和仲裁机构的裁判目的并无二致。值得一提的是，虽然美国现行联邦反托拉斯法规定了三倍赔偿的惩罚性赔偿责任制度，这使其反垄断法私人实施成为兼具保护私益和公益功能的救济方式，但美国法院并未以此为由否定反垄断争议的可仲裁性。①

另需指出的是，新修正的《反垄断法》第60条第2款规定："经营者实施垄断行为，损害社会公共利益的，设区的市级以上人民检察院可以依法向人民法院提起民事公益诉讼。"该规定明确当垄断行为损害公共利益时，可能触发反垄断民事公益诉讼，从其条文表达可反面推导出并非所有垄断行为都会损害公共利益，由此在以往的司法实践中，法院以涉公共利益为由全盘否定反垄断争议可仲裁的观点过于武断。

（二）仲裁能保障反垄断法公共利益的实现

"以事实为依据，以法律为准绳"是诉讼法和仲裁法共同遵循的基本原则之一，② 不管是法院还是仲裁机构，在反垄断争议解决过程中均扮演中立裁决者的角色，法律和事实构成了两者裁判的主要依据，两者对公共利益的考量都需诉诸反垄断法的解释适用。由此，纵使公共利益是反垄断法私人实施所追求的重要目标，只要仲裁员能够依据法律条文对反垄断争议作出裁决，同样能够实现蕴含于反垄断条文之中的公共利益。就此而言，在裁判依据这一比较维度，法官与仲裁员均应依据法律作出裁决，二者在此方面优劣相当，任何一方均不存在优势。③ 值得注意的是，有观点认为，"仲裁机构的私有属性使得仲裁机构

---

① 参见张潇剑：《反垄断请求的可仲裁性问题研究——以美国为视角》，载《仲裁研究》2005年第1期。

② 我国《仲裁法》第7条规定："仲裁应当根据事实，符合法律规定，公平合理地解决纠纷。"

③ 潘志成：《讲真，垄断民事纠纷不适合仲裁吗?》，http：//www. huiyelaw. com/news－732. html，最后访问时间：2021年7月21日。

尚不具备审理垄断案件的条件，故无法确保仲裁审理的公正性”，[①] 在笔者看来，这样的观点是站不住脚的，因为法官和仲裁员均负有实施反垄断法的义务，尤其是后者具有这方面的内生动力，首先，仲裁员具有尽可能地确保其作出的仲裁裁决被承认和执行的内生动力，这也被视为仲裁员所承担的首要义务。其次，如果仲裁员不依法实施反垄断法，很可能导致其作出的仲裁裁决在执行阶段被撤销或者不予执行，而这意味着该仲裁员没有履行其尽力义务。[②]

退一步而言，依据《仲裁法》第58条的规定，即便出现有悖于公共利益的涉反垄断争议的仲裁裁决，当事人也能够向仲裁委员会所在地的中级人民法院申请撤销该裁决，这在一定程度上可以倒逼仲裁员依法对反垄断争议作出裁决。例如，在 Shearson/American Express v. McMahon 案中，美国最高法院指出“以往的司法实践已表明，没有理由在一开始就认为仲裁员不会遵守法律，虽然仲裁裁决的司法审查有限，但这种审查足以确保仲裁员遵守相关法律法规的要求”[③]。

（三）仲裁员有能力对反垄断争议进行裁决

反垄断法具有较强的专业性和技术性，不管是反垄断法的制度设计还是具体实施均高度依赖于经济法学理论和方法，反垄断法的实施需充分发挥专家特别是经济学专家的作用。正因如此，我国司法解释对反垄断民事诉讼引入专家证人制度作了详尽规定，[④] 尽管专家证人的介入有助于帮助法官查明案件事实和正确适用法律，但鉴于原被告都有着各自的利益诉求和利益考量，如何在纷繁复杂的信息中作出正确的选择和判断仍取决于法官的裁判能力。例如，在我国第一起纵向垄断协议民事诉讼案件——锐邦诉强生转售价格维持纠纷案中，原被告委托的经济学家就本案相关市场范围的界定、市场集中度的测算、所涉垄断行为对市场竞争的影响等给出了截然不同的专家意见。[⑤]

---

① 参见《全国首例：刚刚最高院裁定确认“垄断纠纷不可仲裁”观点，本所华洪群执行主任5年前就已在类案中向在江苏法院提出并被采纳》，http：//www. gdlaw. org/news/297. html，最后访问时间：2021年7月22日。

② See Gordon Blanke & R. Nazzini, Arbitration and ADR of Global Competition Disputes: Taking Stock of (Part Ⅱ), Global Competition Litigation Review, Vol. 2, No. 1, 2008, p. 341.

③ See Shearson/American Express v. McMahon, 482 U. S. 220 (1987).

④ 参见《最高人民法院关于审理因垄断行为引发的民事纠纷案件应用法律若干问题的规定》第12条、第13条。

⑤ 上海市高级人民法院（2012）沪高民三（知）终字第63号民事判决书。

由此提出的一个问题便是：如果反垄断争议适用仲裁，则仲裁员是否具备裁判反垄断争议的能力？对此，笔者认为相比于法官，仲裁员实际上可能更加能够胜任这一职责，理由有三：一是依据现行法官选任制度，法官通常只是由具有法学专业背景、对理工科或者经管文等专业知识并不熟悉的人员担任，而仲裁委员会所聘任的仲裁员不仅包括法律专家，还包括来自商界和科学技术领域的专业人士，仲裁员自身具备的专业知识使其能够完全契合解决反垄断争议所需的裁判能力。① 二是仲裁员由当事人自主确定，这在一定程度上可以确保仲裁员有能力对反垄断争议作出公正裁判，相比之下，尽管最高人民法院提升了第一审垄断民事纠纷案件的管辖层级，即由知识产权法院，省、自治区、直辖市人民政府所在地的中级人民法院和最高人民法院确定的中级人民法院管辖，② 但受限于不同地区的法官的认知和水平差异，主审法官是否真正具有反垄断争议的裁判能力仍然存在很大的疑问。三是从域外经验看，仲裁机构有能力处理反垄断争议。在 Shearson/American Express v. McMahon 案、Nghiem v. Nec Electronic Inc. 案中，美国法院明确指出："反垄断案件的复杂性，并不能绝对地排斥仲裁手段。根据'三菱案'③ 的经验，仲裁具有适应性和专业性，能够很好地处理类似于反垄断案件等专业性很高的纠纷。"④

值得关注的是，有学者指出，现行知识产权审判和民事审判格局难以涵盖所有竞争案件和有效满足司法审判实践需求，设立竞争法庭实现专业审判势在必行。⑤ 上述观点在目前的司法体制改革中也得到了实践，如北京知识产权法院在院级专业法官会议制度中新设了"竞争垄断委员会"，并配备了竞争垄断

---

① 《仲裁法》第13条规定："仲裁委员会应当从公道正派的人员中聘任仲裁员。仲裁员应当符合下列条件之一：（一）通过国家统一法律职业资格考试取得法律职业资格，从事仲裁工作满八年的；（二）从事律师工作满八年的；（三）曾任法官满八年的；（四）从事法律研究、教学工作并具有高级职称的；（五）具有法律知识、从事经济贸易等专业工作并具有高级职称或者具有同等专业水平的。仲裁委员会按照不同专业设仲裁员名册。"第67条规定："涉外仲裁委员会可以从具有法律、经济贸易、科学技术等专门知识的外籍人士中聘任仲裁员。"

② 参见《最高人民法院关于第一审知识产权民事、行政案件管辖的若干规定》（法释〔2022〕13号）。

③ 在该案中，美国联邦最高法院第一次确立了国际领域中的反托拉斯争议具有可仲裁性。See Mitsubishi v. Soler Chrysler - Plymouth, 473 U. S. 614 (1985).

④ See Nghiem v. Nec Electronic Inc., 25 F3d 1437 (1994); Shearson/American Express v. McMahon, 482 U. S. 220 (1987).

⑤ 孙晋：《〈反垄断法〉修订背景下设立竞争法庭的理据和进路》，载《法律科学（西北政法大学学报）》2022年第3期。

专业审判团队，旨在提高竞争垄断案件专业化审判水平。[①] 诚然，上述举措在一定程度上能缓解法院在解决反垄断争议问题时裁判能力不足的问题，但归根结底，它只是一种内部调适，且为“小修小补”，无法从根本上扭转审判人员知识结构单一的问题，反倒是折射出以仲裁解决反垄断争议的制度优势。

四、确立反垄断争议可仲裁的现实意义

由前述分析可知，通过仲裁途径解决反垄断争议具可行性和合理性。事实上，根据我国反垄断法实施的现实情况、商事仲裁的现有水平和发展条件，以及参考反垄断争议的可仲裁性这一国际主流趋势，我国确立反垄断争议的可仲裁性具有现实必要性。

（一）确立反垄断争议可仲裁符合本土国情

我国《反垄断法》实施以来，反垄断行政执法和民事诉讼得到了快速发展，取得了引人注目的成就，已与美欧并列成为全球三大反垄断司法辖区。但同时应当看到，我国反垄断法实施仍旧面临不少挑战，尤其是行政执法和民事诉讼都存在难以克服的缺陷和弊端。

一方面，反垄断案件的调查除了知识能力要求之外，还需要大量的人力、物力投入，这和反垄断法中经济学工具的应用有关，也和反垄断案件涉及具有很强资源动员能力的企业有关。但在中国现有的行政体制结构下，反垄断执法机关却存在“先天不足”，在科层体制中处于较低的位置，限制了其能够获取的权力资源。这方面，一个典型的例子就是，美国、欧盟和中国经济体量类似，美国联邦层面的机构即司法部反垄断局和联邦贸易委员会人数之和是我国部、局层面人员的约14倍，欧盟也远远超过我国。[②] 2018年，我国对现行反垄断执法机构的设置进行了较大调整，将多年来分散在商务部、发改委、原工商总局的反垄断执法机构合并，统一归属到国家市场监管总局。尽管反垄断执法机构“三合一”有助于提升反垄断效率、权威与稳定，但从长远来看，受制于国务院关于严格控制中央和国家机关各部委编制总量的总体要求，[③] 要想增加执法

---

① 参见《北京知识产权法院竞争垄断委员会及专业审判团队设立情况通报》，载公平竞争网，http：//www. zggpjz. com/keji/shuma/8574. html，最后访问日期：2022年6月25日。

② 参见李剑：《中国反垄断执法机构间的竞争——行为模式、执法效果与刚性权威的克服》，载《法学家》2018年第1期，第88-89页。

③ 参见《中共中央办公厅、国务院办公厅关于严格控制机构编制的通知》（厅字〔2011〕22号）。

机构的人员规模或者通过机构改革来扩充执法力量均不现实。

另一方面，《反垄断法》实施以来，我国的反垄断民事诉讼呈现出逐年持续增长的态势。据统计，自2008年至2015年，我国法院受理反垄断民事诉讼案件430件，审结了366件。① 在此期间，诞生了奇虎诉腾讯滥用市场支配地位案、锐邦诉强生纵向垄断协议案、华为诉IDC滥用市场支配地位案等一批在国际上有重大影响的标杆性判决，不断提升中国法院在反垄断领域的公信力和吸引力。但应当看到，我国的反垄断民事诉讼依然存在一些薄弱环节，尤其是举证难和证明难仍然是制约中国反垄断诉讼的瓶颈。依据现行反垄断民事诉讼规则，除了横向垄断协议纠纷外，其他垄断纠纷均适用"谁主张、谁举证"的基本原则。② 然而，在司法实践中，由于证明垄断行为的证据大多由被诉垄断行为人持有，即存在严重的"证据偏在"问题，在既有民事诉讼"谁主张、谁举证"的举证责任分配框架内，原告的较高败诉率几乎不可避免。③ 据目前的统计数据，由于原告举证不足或者举证困难，诉讼能力比较弱，导致在绝大多数的反垄断民事诉讼案件中，原告处于败诉的状态。除了胜诉率偏低外，我国反垄断法未规定惩罚性赔偿责任制度，这使得原告方所负担的诉讼成本过高，而诉讼收益却过低，这种成本与产出之间的巨大差异使得原告缺少提起民事诉讼的内生动力，以至反垄断民事诉讼一直裹足不前，无法实现跨越式发展。

在我国执法资源相对不足，民事诉讼深受举证责任规则掣肘的情势下，跳出反垄断争议的解决只能诉诸行政执法和民事诉讼的思维定式，确立反垄断争议可仲裁无疑将成为进一步推动反垄断法实施的突破口。进一步而言，建立与健全包括仲裁在内的反垄断私人执行制度，对于克服政府失灵、弥补反垄断执法和司法资源的有限性具有不可估量的意义，且迎合了目前正在大力推行的"小政府、大市场"的政府机构改革目标模式。④

需指出的是，随着我国仲裁制度的不断完善和仲裁人员素质的不断提高，通过仲裁途径解决反垄断争议已经具有客观基础。事实上，市场主体对通过仲

① 参见王闯：《中国反垄断民事诉讼概况及展望》，载《竞争政策研究》2016年第2期，第6页。

② 参见《最高人民法院关于审理因垄断行为引发的民事纠纷案件应用法律若干问题的规定》第7条、第8条、第9条。

③ 朱理：《反垄断民事诉讼十年：回顾与展望》，载《中国知识产权报》2018年8月24日，第8版。

④ 杜新丽：《从比较法的角度论我国反垄断争议的可仲裁性》，载《比较法研究》2008年第5期，第72页。

裁途径解决反垄断争议充满信心，据上海国际经济贸易仲裁委员会相关工作人员介绍，该机构受理的案件中，有部分案件涉及分销协议中约定最低转售价格，而这可能涉及《反垄断法》的适用问题。① 当前，国家积极支持仲裁事业发展，这为反垄断争议纳入仲裁机制解决营造了良好外部条件。最高人民法院表示，全国各级人民法院按照党的十八届四中全会“完善仲裁制度，提高仲裁公信力”的整体部署，通过发布多项司法解释和规范性文件，审查和执行仲裁裁决案件等，加大支持监督仲裁力度，规范人民法院行使仲裁司法审查权，努力营造支持仲裁的司法环境，保障和促进仲裁公信力的提升。②

（二）确立反垄断争议可仲裁契合国际潮流

反垄断争议的可仲裁性在西方国家逐步得到承认，外国仲裁庭在裁决反垄断争议方面也积累了一些成功的案例。近些年，从发展趋势上看，发达国家和地区直接确立或者间接承认反垄断争议的可仲裁性，可以说目前认可反垄断争议可仲裁已经是国际主流趋势。在此背景下，在反垄断争议解决方面，与国际通行做法保持一致，将有助于反垄断争议的高效解决，打消外企对中国反垄断审查疑虑，③ 更好服务国家全面对外开放、优化营商环境、更好利用外资的总体战略。

值得注意的是，以美国和欧洲为例，这两大经济体对反垄断争议的可仲裁性的态度经历了从“否定”向“肯定”的转变过程，这意味着我国建立反垄断争议仲裁机制不可能一蹴而就，这一过程是循序渐进的，甚至需要通过间接的方式推进。

在美国，虽然同样没有成文法规定反垄断争议可以通过仲裁解决，但美国法院在逐步认可仲裁作为有效解决平等主体之间垄断争议的方式，并将可仲裁的纠纷范围从“国际反垄断争议”扩展到“国内反垄断争议”。1968 年，美国联邦巡回上诉法院在 American Safety 案中确立了反垄断纠纷不具有可仲裁性的观点，主要理由是反垄断法涉及国家利益与反垄断案件不适宜由仲裁员裁决。随着商事仲裁的不断发展，美国司法界在反垄断争议的可仲裁性问题上的态度逐渐发生了转变。在 1975 年的 Mitsubishi Motors v. Soler Chrysler – Plymouth 案

① 林燕萍：《反垄断争议的仲裁解决路径》，法律出版社 2016 年版，第 175 页。

② 罗东川：《最高院将积极支持仲裁事业发展》，载《法制日报》2019 年 4 月 16 日。

③ 《外媒：李克强打消外企对中国反垄断审查疑虑》，载环球网，https：//world. huanqiu. com/article/9CaKrnJFxvx，最后访问时间：2021 年 7 月 25 日。

中，美国最高法院推翻了第二巡回上诉法院作出的反托拉斯争议不可仲裁的判决，[①] 认为不存在任何公共政策上的缘由妨碍通过仲裁途径解决国际反托拉斯争议，换句话说，国际经贸领域的反托拉斯争议具有可仲裁性。[②] 1994 年，在 Nghiem v. Nec Electronic Inc. 案中，第二巡回上诉法院指出："无论是国内的反垄断争议或是涉外的反垄断争议，争议的本质并没有什么重大的不同，因此，国内的反垄断争议同样可以根据双方的约定适用仲裁的方式。"[③] 也就是说，国内反托拉斯争议亦可以通过仲裁途径解决。

尤其值得关注的是，除了法院认可反垄断争议可仲裁外，执法部门在反托拉斯实践中开始引入仲裁机制，以此解决一些争议性问题。例如，2019 年，美国司法部起诉诺贝利丝公司（Novelis）收购阿里瑞斯铝业（Aleris）违反反托拉斯法一案标志着执法部门第一次通过仲裁机构解决反垄断争议。具而言之，在提起反托拉斯诉讼以阻止合并之前，执法部门已与 Novelis 和 Aleris 达成协议，如果 Novelis 和 Aleris 无法解决美国司法部在该交易中的竞争关切，则会将此事提交具有约束力的仲裁。根据仲裁条款，如果美国在仲裁中获胜，Novelis 同意剥离 Aleris 在北美的铝制汽车车身板业务。最终，仲裁员裁定司法部胜诉，认为铝制汽车车身板构成反托拉斯法意义上的相关产品市场。[④] 对此，执法官员表示替代性争端解决可以成为执法部门在适当情况下使用的一种重要工具，它可以在最大程度上使其执法资源最大化，进而节省税金支出、保护美国消费者。

欧盟法没有明确规定反垄断争议可仲裁，也没有对此表示反对，而是在立法上给反垄断争议的可仲裁性保留了一定的法律空间。到目前为止，欧盟法院没有对反垄断争议是否可以提请仲裁直接表明态度，但其在 Eco Swiss 案[⑤]的先决裁决中间接地传达了对这一问题的立场。在该案中，欧盟法院指出，欧盟竞争法是欧洲社会和统一内部市场的基础，《罗马条约》第 85 条应当被认为是

---

① 在 American Safety Equipment Corp. v. J. P. Maguire & Co. 案中，美国联邦第二巡回上诉法院指出，反托拉斯法项下的争议不同于一般私人纠纷，《谢尔曼法》旨在保护国家在自由的市场竞争中的潜在利益，因而不能将反托拉斯争议提交给民商事领域的仲裁员裁决。See AmericanSafety Equipment-Corp. v. J. P. Maguire & Co. , 391 F. 2d 821 (1968).

② See Mitsubishi v. Soler Chrysler – Plymouth, 473 U. S. 614 (1985).

③ See Nghiem v. Nec Electronic Inc. , 25 F3d 1437 (1994).

④ See US proposes Novelis to divest automotive body sheet biz in North America, available at https://economictimes. indiatimes. com/industry/indl – goods/svs/steel/us – proposes – novelis – to – divest – automotive – body – sheet – biz – in – north – america/articleshow/75707565. cms, last visited on July 25, 2022.

⑤ Case C – 126/97, Eco Swiss China Time Ltd. v. Benetton International.

《纽约公约》项下的公共政策。同时，欧盟法院指出在符合成员国国内程序法要求的情形时，成员国法院有权对违背国内公共政策的裁决予以撤销。多数欧盟学者都认为该案间接反映即使竞争法具有公共政策属性，竞争法案件也是可仲裁的。在此之后，瑞典、瑞士、德国等国家或者通过立法的方式确立反垄断争议可仲裁，或者取消了原有法律对反垄断争议不可仲裁的禁止性规定。[①]

近些年，一些欧洲国家的法院在个案裁判中也认可了反垄断争议可仲裁。例如，英国高等法院在 Microsoft Mobile OY（Ltd）v. Sony Europe Limited & Ors 一案中认为，仲裁条款的管辖范围（适用英国法律）包括私人卡特尔侵害行为（作为关于供应合同中的条款解释问题）。[②] 在一起关于铁路行业卡特尔损害赔偿诉讼案件中，多特蒙德地区法院作出了与英国高等法院在上述案件中相同的裁决，即认为仲裁条款有效。[③]

五、结语

我国《反垄断法》确立了行政主导型的实施体制，大多数条文调整的是垄断行为人与行政机关之间的关系，仅有《反垄断法》第50条概括性地规定了民事责任，尽管该规定对垄断纠纷是否具有可仲裁性未作明确，但依据《仲裁法》第2条、第3条以及《关于我国加入〈承认及执行外国仲裁裁决公约〉的决定》，结合反垄断争议的类型和特点，可以推导出反垄断争议具有纳入仲裁解决机制的可能性。在以往司法实践中，法院大都认为反垄断法属于公法，反垄断纠纷因涉及公共利益而不适宜交由仲裁机构解决。可是问题在于，从裁判目的、裁判依据、裁判能力三个角度进行分析，可以发现不管是通过诉讼还是仲裁解决反垄断争议都能够实现公共利益，因而上述裁判理由显然站不住脚。首先，作为反垄断法私人实施的组成部分，诉讼和仲裁的目的均在于定分止争，由此其对公共利益的维护和增进是通过在个案中的依法裁判来实现的。其次，在裁判依据上，诉讼和仲裁都遵循“以事实为依据、以法律为准绳”的基本原则，且仲裁人员和法官一样均负有适用反垄断法的内生动力和义务。最后，由于仲裁员成分多元化的特点和仲裁庭组成方式的自主性，其更加能够胜任裁判

---

① 参见林燕萍：《反垄断争议的仲裁解决路径》，法律出版社2016年版，第179页。

② See Microsoft Mobile OY（Ltd）v. Sony Europe Limited & Ors［2017］EWHC 374（Ch）.

③ 参见《反垄断争议的可仲裁性（德国案例）》，http：//www. ccpit. org/Contents/Channel_ 3466/2018/0129/957424/content_ 957424. htm，最后访问时间：2021年7月25日。

反垄断争议这一职责。事实上，不管是出于本土反垄断实践情况的考量还是参考域外经验做法，我国都有必要建立反垄断争议仲裁解决机制，这不仅有助于强化和优化反垄断法的有效实施，而且还能够服务于国家优化营商环境、扩大改革开放、吸引外商投资的战略目标。

诚然，最高法院在个案裁判中否定反垄断争议可仲裁，但在未来依然会有反垄断争议提交仲裁的可能，因为法院对于反垄断纠纷可仲裁性的司法审查难以做到一蹴而就。在美国也有同样的阶段，经过了诸多的案件判决及长达几十年的理念争论与实践变迁，最终以从国际扩展到国内渐进式的方式确立了反垄断纠纷的可仲裁性。本文虽然肯定了反垄断争议的可仲裁性，但并非任何垄断案件都可以提交仲裁解决，只有部分垄断协议案件和滥用市场支配地位案件以及和垄断纠纷相关的合同争议可以申请仲裁。通过对可仲裁范围的限定，可在一定程度上缓解法院对仲裁可能会危及反垄断法公共利益的担忧。例如，虽然欧盟已全面认可反垄断纠纷可仲裁性，但欧盟法院在 2015 年 CDC 案的裁定中指出仲裁条款必须明确包含反垄断纠纷，如相关违反竞争法行为是一方当事人秘密参与的卡特尔，另一方当事人的损害赔偿诉讼请求权不受双方协议仲裁条款的制约。① 实践中，若出现涉反垄断争议的仲裁裁决违背公共利益的情况，法院能对此进行司法审查，执法机构对于仲裁中可能出现的限制竞争问题也可展开反垄断调查，由此保障反垄断法的公益性。②

（责任编委：粟撒③）

① 邓志松：《反垄断争议的可仲裁性实务研究：欧盟与英国》，载《商事仲裁与调解》2021 年第 4 期，第 152 页。

② 吴佩乘：《论作为私人实施方式的反垄断民事纠纷仲裁》，载《北京仲裁》第 114 辑，第 46 页。

③ 粟撒，中国国际经济贸易仲裁委员会仲裁研究所副主任。

实务探析

案例精析

——自然人A与中国B基金管理公司、C银行基金协议争议仲裁案

关 键 词： 私募投资基金　法律适用　证券投资基金法　信托法

焦点问题： 处理私募投资基金当事人之间的纠纷，应结合基金管理人的性质、基金的类型，依法确定裁判的直接依据和参照依据。

第一部分：裁决书选摘

中国国际经济贸易仲裁委员会（以下简称贸仲）根据申请人自然人A（以下简称申请人）与第一被申请人中国B基金管理公司（以下简称第一被申请人或B公司）及第二被申请人C银行（以下简称第二被申请人，与第一被申请人合称被申请人）于2017年8月3日签订的《基金合同》中仲裁条款的约定，以及申请人于2018年12月向仲裁委员会提交的书面仲裁申请，受理了双方当事人之间因上述合同产生的本争议案。

本案仲裁程序适用自2015年1月1日起施行的《中国国际经济贸易仲裁委员会仲裁规则》（以下简称《仲裁规则》）。

由于申请人和被申请人未在《仲裁规则》规定的期限内共同选定或者共同委托仲裁委员会主任指定一名独任仲裁员，仲裁委员会主任根据《仲裁规则》的规定指定X担任本案独任仲裁员。上述独任仲裁员在签署接受指定的《声明书》后，于2019年4月成立仲裁庭，审理本案。仲裁庭经商仲裁院决定于2019年5月对本案进行开庭审理。

仲裁庭如期对本案进行了开庭审理。申请人和第二被申请人均委派仲裁代理人参加了庭审。经有效通知，第一被申请人既未出席庭审，亦未向仲裁庭说

明理由，根据《仲裁规则》第 39 条第 2 款的规定，仲裁庭对本案进行了缺席审理。庭审中，申请人、第二被申请人对本案所涉事实进行了陈述，出示了证据原件，并由对方进行了质证，就相关事实及法律问题进行了辩论，并回答了仲裁庭的提问。庭审结束前，经征求申请人、第二被申请人的意见，仲裁庭对庭后程序作了相应的安排。

本案已审理完毕。仲裁庭根据庭审情况和现有相关证据材料，依法作出缺席裁决。现将本案案情、仲裁庭意见和裁决结果分述如下：

一、案情

（一）申请人的仲裁请求、事实和理由

经当庭确认，申请人提出如下仲裁请求：

1. 第一被申请人向申请人支付基金赎回款人民币约 110 万元（本案所涉币种均为人民币——仲裁庭注）；

2. 第一被申请人向申请人支付逾期付款利息，以约 110 万元为基数，按中国人民银行同期贷款利率，自 2018 年 10 月起计算至被申请人支付完毕第一项仲裁请求款项之日止；

3. 第二被申请人对前述款项的支付承担连带责任；

4. 本案仲裁费用等由被申请人承担。

事实和理由如下：

2017 年 8 月，申请人与被申请人签订《基金合同》，就 E 号基金的投资、运营管理、托管等事项进行详细约定。

《基金合同》约定，E 号基金为封闭运作定期开放型，存续期限为两年，成立满 12 个月后的 30 日为基金赎回开放日，第一被申请人应在合理时间内对赎回申请予以确认，并指令托管人及时支付赎回款项。《基金合同》还对申请人、被申请人的权利义务进行了具体约定，具体包括款项的支付、基金的管理、基金的赎回、基金信息的披露、监督管理、争议解决、违约责任等。

《基金合同》签订后，申请人履行了合同项下的各项义务，按约支付了申购份额对应的所有款项。但自 2018 年 1 月后，第一被申请人并未按约履行基金管理人信息披露及报告的义务，未按期向申请人发送基金财务会计报告，其指定联系人及管理人无法取得联系，同时，第二被申请人也未按合同约定，严格履行基金托管人的信息复核、披露、监督等义务。

2018 年 8 月，申请人按约在基金赎回开放日向第一被申请人提出了赎回申请，但第一被申请人未在约定的合理期限内予以确认、指令托管人支付赎回款项，第一被申请人办公场所亦人去楼空。自申请人提出赎回申请以来，申请人多次上门、致电、致函给第二被申请人，要求提供基金托管账户余额、基金托管账户往来明细账以及第一被申请人与“被投企业”的相关合同等资料，并要求监督基金募集账户及托管账户，以避免委托人面临投资款项挪作他用且后期无法收回的巨大风险，但第二被申请人置之不理，亦未对基金管理人作出必要的风险核查。

《基金合同》合法、有效，合同各方享有合同约定的各项权利，亦应按约履行各项义务。被申请人怠于履行合同义务行为，违背诚信原则、构成违约，也给申请人造成了实际经济损失，侵犯了申请人的合法权益。

（二）第二被申请人的答辩意见

第二被申请人作为托管银行与第一被申请人、申请人签署了《基金合同》。第二被申请人已严格按照《证券投资基金法》《商业银行托管业务指引》《证券投资基金托管业务管理办法》及《基金合同》的约定，谨守托管人职责，严格按照管理人指令进行划款，保证了私募基金募集结算资金划转的安全，也按照《基金合同》约定履行了托管义务。根据相关法律规定及《基金合同》约定，托管人不负责基金的投资和风险，不承担对基金所投项目的审核义务，对基金管理人的任何投资行为及投资回报不承担任何责任。

申请人作为具有民事行为能力的成年人，作为合格投资者应清楚地了解基金投资的风险收益特征，对于基金托管人职责应按法律法规及《基金合同》约定来确认，不能因为基金投资风险或管理人的投资、管理行为要求第二被申请人承担连带责任。因此，申请人的仲裁请求不能成立。

（三）双方举证、质证情况

1. 申请人举证、第二被申请人质证情况（略）

2. 第二被申请人举证、申请人质证的情况（略）

二、仲裁庭意见

根据前述证据，结合当事人陈述，仲裁庭认定本案相关事实并形成裁决意见如下。

(一) 关于《基金合同》的签订、相关约定及合同效力

申请人作为委托人，第一被申请人作为基金管理人，第二被申请人作为基金托管人，于2017年8月签订《基金合同》。该《基金合同》约定：

E号基金封闭运作定期开放，存续期限为2年；第二被申请人为托管人，权利和义务以《基金合同》约定为准。

基金份额分为优先级、劣后级两类；在初始销售时，两类份额将按一定比例分别募集，优先级、劣后级份额的募集比例初始设定为3:1。

赎回开放日为基金成立满12个月后的30日；赎回款在自受理基金份额持有人有效赎回申请之日起不超过7个工作日的时间内划往基金份额持有人银行账户。

基金管理人应当按照诚实信用、勤勉尽责的原则履行受托人义务，管理和运用基金财产；按照基金合同约定负责基金会计核算并编制基金财务会计报告；按照基金合同约定计算并向投资者报告基金份额净值；根据法律法规与基金合同的约定，对投资者进行必要的信息披露，揭示私募基金资产运作情况，包括编制和向投资者提供基金定期报告等。基金托管人负责安全保管基金财产；复核基金份额净值；办理与基金托管业务有关的信息披露事项；根据相关法律法规和基金合同约定复核基金管理人编制的基金定期报告；监督基金管理人的投资运作，发现投资指令违反法律法规的规定及基金合同约定的，应当拒绝执行，立即通知基金管理人；发现基金管理人依据交易程序已经生效的投资指令违反法律法规的规定及《基金合同》约定的，应当立即通知基金管理人。

基金主要投资于列级名庄及其他海外产地的期酒、现酒（2015年份、2016年份酒）、基金管理人认可的标的企业销售收益权等；存续期间为实现流动性管理，剩余闲置资金可投资于银行存款、银行理财产品、货币基金等。

投资经理为H。

优先级份额持有满12个月后的开放期内赎回的，优先分配10%的固定收益及本金；持有24个月到期清算的优先分配13%的收益，并分配超出13%收益部分扣除基金管理人业绩保守后的20%，收益不足时，按照优先级份额持有比例分配。

基金管理人应当在每年度结束后4个月内，编制完成基金财产年度报告并经基金托管人复核后，向基金委托人披露；基金管理人应当在每季度结束之日起10日以内向基金委托人披露托管人复核的基金净值、主要财务指标以及投资

组合情况等信息；发生本合同约定的、可能影响基金委托人利益的重大事项时，基金管理人应当根据法律或《基金合同》的约定，及时通知基金委托人。基金管理人、托管人应根据法律和金融监管部门（包括但不限于基金业协会）的要求履行报告义务。基金管理人向基金份额持有人提供的报告，应通过邮寄、传真或电子邮件等至少一种方式送达。

当事人违反本合同，应当承担违约责任，给其他当事人造成损失的，应当承担赔偿责任；如属合同当事人双方或多方当事人违约，根据实际情况，由违约方分别承担各自应负的违约责任。一方依据本合同向另一方赔偿的损失，仅限于直接损失。

仲裁庭认为，《基金合同》系各方当事人基于真实意思表示一致而订立，不存在损害社会公共利益以及违反法律、行政法规的强制性规定等情形，亦未发现其他导致合同无效的情形，应认定为合法有效，各方当事人应依约、全面履行义务。

（二）关于《基金合同》的履行情况

结合申请人证据4以及第二被申请人证据3、证据6，足以认定申请人于2017年7月认购E号基金份额约100万元，该基金于2017年8月成立。

2017年8月，第二被申请人根据第一被申请人指令，将约100万元由E号基金的募集账户转至托管账户。2017年11月，第二被申请人根据第一被申请人指令，将约100万元由E号基金托管账户转至中国I国际贸易有限公司（以下简称I公司）账户，用于支付投资款。

申请人于2018年12月向第一被申请人位于D市、J市的地址分别寄出《赎回申请书》，均被退回。

第二被申请人于2018年10月出具《关于B公司情况的报告》（以下简称《情况报告》）。根据该报告，第一被申请人私募基金产品的产品运作人已离职；第一被申请人法定代表人为“挂靠”，并不参与经营与管理；第一被申请人在基金业协会备案的办公地址异常；第一被申请人无人出面与第二被申请人对接。

关于申请人认购的基金份额是否为优先级，申请人主张其认购了优先级份额，理由如下：其一，其证据相结合，能够证明此事实；其二，其证据关于基金管理人等认购劣后级份额的记载，《基金合同》关于优先级、劣后级份额募集比例的约定，两者相结合能够证明申请人为普通投资者，认购的份额为优先级；其三，《基金合同》约定优先级客户才能在满一年后赎回，申请人多次提交赎回申请的事实，也表明其认购的份额为优先级。

关于申请人是否按照《基金合同》的约定提交了赎回申请，申请人主张，F公司为第一被申请人的代理机构，申请人认购基金份额前后，均与F公司直接联系。购买基金份额时，F公司员工就告知申请人，F公司与第一被申请人为同一家公司。认购基金份额后，申请人也是通过F公司了解E号基金有关情况。E号基金满一年后的开放期内，申请人按照F公司的要求，通过F公司向第一被申请人提交了赎回申请，该等赎回申请实际已经到达第一被申请人。2018年12月，在赎回款迟迟未到账且无法联系第一被申请人有关人员的情况下，申请人再次向第一被申请人工商登记地址及《基金合同》记载的住所邮寄了赎回申请。申请人已通过多种途径提交赎回申请，应认定申请人已按照《基金合同》的约定履行赎回申请的提交义务。

仲裁庭注意到，《基金合同》中确有关于基金份额分级的相关约定，但《基金合同》《认购确认函》均未明确记载申请人认购的基金份额为优先级；申请人证据中确有关于申请人提出赎回基金份额的记载，确有关于E号基金分级以及相关方认购劣后级的记载，但在无其他证据相互印证的情况下，尚不足以充分确定证人G为F公司员工、F公司与第一被申请人之间存在代销关系、申请人证据系第一被申请人制作的基金宣传推介材料等事实。

仲裁庭认为，申请人上述证据虽不具备完整的证明力，但与申请人、第二被申请人提供的其他证据并不矛盾，且第一被申请人在仲裁院送达仲裁申请书等材料后，未提交书面答辩意见，经仲裁院书面通知，亦无正当理由未到庭参加仲裁，应视为其已放弃针对申请人主张的事实进行举证、质证以及提出反驳意见等权利。参照《最高人民法院关于适用〈中华人民共和国民事诉讼法〉的解释》（法释〔2015〕5号）第108条，仲裁庭认为，经审查本案现有证据，结合申请人向第一被申请人邮寄的《赎回申请书》被退回、第二被申请人调查发现第一被申请人存在异常情况等相关事实，可确信申请人认购的基金份额为优先级、申请人已按照《基金合同》约定在满一年后的赎回开放期内提交赎回申请等两项事实的存在具有高度可能性，仲裁庭予以认定。

（三）关于第一被申请人是否应承担违约责任

鉴于申请人已按照《基金合同》约定在基金成立满12个月后的赎回开放期内提交赎回申请，第一被申请人未依约支付赎回款，已构成违约，应承担违约责任。

（四）关于第二被申请人是否应承担违约责任

申请人主张，根据《基金合同》以及《证券投资基金法》《证券投资基金托管业务管理办法》《私募投资基金监督管理暂行办法》等，托管人除负有保管基金财产及办理清算、交割等义务外，还负有如下三方面义务：一是信息披露义务，披露与基金托管业务有关的信息，包括但不限于披露基金托管协议，对基金定期报告等信息披露文件中有关基金财务报告等信息及时进行复核、审查等；二是监督提示义务，监督、提示管理人履行职责、定期核对资产净值等数据；三是上报义务，对管理人的违规行为及时报告国务院证券监督管理部门。第二被申请人从未披露与基金托管业务有关的任何信息，也从未履行监督、提示义务（包括未督促、提示基金管理人依法履行披露基金定期报告等披露义务，未定期核对资产净值等数据等），更未就基金管理人的违规行为及时上报国务院证券监督管理部门。因此，第二被申请人未尽托管义务，导致申请人至今无法取得基金赎回款，第二被申请人应当承担连带赔偿责任。

第二被申请人主张，在基金存续期间，其严格按照《基金合同》及相关法律法规履行托管义务，不存在申请人所述未按合同约定履行托管人的信息复核、披露、监督义务情况：其已审核基金管理人及基金备案；信息披露与报告义务责任人为第一被申请人，第一被申请人未向第二被申请人提供基金定期报告等，第二被申请人无法进行复核；第二被申请人已履行对基金托管账户及资金使用的监管义务；第二被申请人已向申请人说明申请调阅基金业务资料的流程，并向涉案基金投资人提交了相关资料。此外，法律法规并未规定基金托管人与管理人承担共同受托责任，两者的职责在《证券投资基金法》中均有明确界定，不应构成共同受托人关系，不应承担连带责任。

仲裁庭认为，在《基金合同》的签订及履行过程中，第二被申请人存在若干未充分履行审慎注意、提示报告义务的情形。具体分析如下：

其一，对第一被申请人依法合规经营的基本情况，未保持应有的审慎注意。第一被申请人作为基金管理人，第二被申请人作为基金托管人，均应当依照《证券投资基金法》等法规以及《基金合同》约定，切实履行受托职责。第二被申请人签订《基金合同》前，应当从保护基金份额持有人角度，评估第一被申请人是否具备诚实信用、勤勉尽责履行受托人义务的能力，进行必要的尽职调查。然而，第二被申请人并未举证证明其履行了上述尽职调查的程序。相反，根据第二被申请人出具的《情况报告》，在 2018 年 9 月底，部分投资者向第二被申请人反馈赎回款未到账的情况时，第二被申请人才展开调查，了解到第一被申请人法定代表人为“挂靠”，并不参与第一被申请人经营与管理，以及第一被申请人在基金业协会备案的办公地址异常等情况。

其二，对第一被申请人未依法依约履行信息披露义务的情况，未保持应有的审慎注意，未进行必要的提示、监督。信息披露是投资者知情权的重要保障，《基金合同》明确规定了年度报告、季度报告、临时报告、监管报告等报告的形式、内容以及报告时限、提供方式。第一被申请人作为基金管理人是该等信息披露义务的第一责任人，但第二被申请人作为基金托管人，应依法依约在托管人职责范围内对上述信息披露进行复核。第一被申请人并未举证证明其在E号基金成立后履行了信息披露义务。对于第一被申请人从未向其提供信息披露文件以便进行复核的异常现象，第二被申请人理应保持应有的关注和警惕，及时向第一被申请人进行提示，并采取补充尽职调查、及时告知投资者、及时向监管机构报告等风险处置措施。

其三，对E号基金投资运作过程中的异常情况，未保持应有的审慎注意，未进行必要的提示、监督。仲裁庭注意到，第二被申请人主张，其在对托管账户划款前，已审查E号基金的投资合同，即第一被申请人与I公司签订的《投资框架协议书》，而根据《投资框架协议书》，投资结算期为两次，第一次为2018年8月，为期一个月，其间，I公司应配合第一被申请人完成当期投资清算工作，并于清算结束后3个工作日内划拨相应款项。仲裁庭认为，E号基金托管账户未在上述《投资框架协议书》约定的期限内收到I公司的划款，基金投资运作出现异常现象，第二被申请人亦应保持应有的关注和警惕，及时向第一被申请人进行提示。

（五）关于第一、第二被申请人之间的责任关系

仲裁庭认为，第一被申请人、第二被申请人的违约情形不同，并不存在共同违约行为，故申请人主张第二被申请人与第一被申请人承担连带清偿责任，依据不足，仲裁庭不予认可。此外，第一被申请人未依约向申请人支付基金赎回款是造成申请人投资损失的主要原因，第二被申请人未充分履行审慎注意、提示报告义务的过错并不是造成申请人投资损失的直接原因。并且，在部分投资者向第二被申请人反馈赎回款未到账的情况后，第二被申请人对第一被申请人的相关情况进行了调查，向基金业协会提交了《情况报告》，后又对E号基金的托管账户采取冻结、止付等措施，具有一定的减轻过错情节。

综合上述情况，仲裁庭酌情裁决第一被申请人、第二被申请人对支付申请人基金赎回款约 110 万元分别承担 90% 、10% 的责任。

关于是否应支付逾期付款利息，仲裁庭注意到，《基金合同》约定，一方依据本合同向另一方赔偿的损失，仅限于直接损失。鉴于逾期付款利息不属于直接损失，仲裁庭对申请人要求被申请人支付逾期付款利息的仲裁请求不予支持。

（六）关于仲裁费

根据《仲裁规则》第 52 条，结合仲裁庭前述意见，仲裁庭裁决本案仲裁费由第一被申请人承担 90% ，第二被申请人承担 10% 。

三、裁决

综上，仲裁庭裁决如下：

（一）第一被申请人向申请人支付基金赎回款人民币约 100 万元；

（二）第二被申请人向申请人支付基金赎回款人民币约 10 万元；

（三）驳回申请人的其他仲裁请求；

（四）本案仲裁费第一被申请人承担 90% ，第二被申请人承担 10% 。鉴于本案仲裁费已由申请人向仲裁委员会预交的等额仲裁预付金全部冲抵，故第一被申请人、第二被申请人应向申请人分别支付相应费用，以补偿申请人代其垫付的仲裁费。

以上裁决被申请人应支付的款项，被申请人应自本裁决作出之日起 30 日内支付完毕。

本裁决为终局裁决，自作出之日起生效。

第二部分：焦点评析

刘　铁*

本案的基本案情是，申请人作为委托人，第一被申请人作为基金管理人，第二被申请人作为基金托管人，三方签订了《基金合同》，约定申请人认购E号基金。该合同中，与本案争议有关的约定如下：

E号基金封闭运作定期开放，存续期限为2年。

赎回开放日为基金成立满12个月后的30日；赎回款在自受理基金份额持有人有效赎回申请之日起不超过7个工作日的时间内划往基金份额持有人银行账户。

基金管理人应当按照诚实信用、勤勉尽责的原则履行受托人义务，管理和运用基金财产；按照基金合同约定负责基金会计核算并编制基金财务会计报告；按照基金合同约定计算并向投资者报告基金份额净值；根据法律法规与基金合同的约定，对投资者进行必要的信息披露，揭示私募基金资产运作情况，包括编制和向投资者提供基金定期报告等。基金托管人负责安全保管基金财产；复核基金份额净值；办理与基金托管业务有关的信息披露事项；根据相关法律法规和基金合同约定复核基金管理人编制的基金定期报告；监督基金管理人的投资运作，发现投资指令违反法律法规的规定及基金合同约定的，应当拒绝执行，立即通知基金管理人；发现基金管理人依据交易程序已经生效的投资指令违反法律法规的规定及《基金合同》约定的，应当立即通知基金管理人。

基金主要投资于列级名庄及其他海外产地的期酒、现酒（2015年份、2016年份酒）、基金管理人认可的标的企业销售收益权等。

优先级份额持有满12个月后的开放期内赎回的，优先分配10%的固定收益及本金；持有24个月到期清算的优先分配13%的收益，并分配超出13%收益部分扣除基金管理人业绩保守后的20%，收益不足时，按照优先级份额持有比

---

* 泰达投资控股有限公司副总经理。

例分配。

基金管理人应当在每年度结束后 4 个月内，编制完成基金财产年度报告并经基金托管人复核后，向基金委托人披露；基金管理人应当在每季度结束之日起 10 日以内向基金委托人披露托管人复核的基金净值、主要财务指标以及投资组合情况等信息；发生本合同约定的、可能影响基金委托人利益的重大事项时，基金管理人应当根据法律或《基金合同》的约定，及时通知基金委托人。基金管理人、托管人应根据法律和金融监管部门（包括但不限于基金业协会）的要求履行报告义务。基金管理人向基金份额持有人提供的报告，应通过邮寄、传真或电子邮件等至少一种方式送达。

当事人违反本合同，应当承担违约责任，给其他当事人造成损失的，应当承担赔偿责任；如属合同当事人双方或多方当事人违约，根据实际情况，由违约方分别承担各自应负的违约责任。一方依据本合同向另一方赔偿的损失，仅限于直接损失。

在《基金合同》履行中，双方当事人产生争议，申请人遂向仲裁委员会提出本案仲裁申请。

现结合本案案情及法律适用焦点问题，评述如下：

一、应根据私募投资基金的类型确定其“准据法”。私募证券投资基金受《证券投资基金法》的调整，私募股权投资基金、创业投资基金以及其他私募投资基金不受《证券投资基金法》调整

根据中国基金业协会关于私募基金管理人机构类型以及私募基金类型业务/基金类型的划分，前者包括三大类：私募证券投资基金管理人；私募股权、创业投资基金管理人；其他私募基金管理人。后者包括八小类：私募证券投资基金；私募证券类 FOF 基金；私募股权投资基金；私募股权投资类 FOF 基金；创业投资基金；创业投资类 FOF 基金；其他私募投资基金；其他私募投资基金类 FOF。本案中，第一被申请人在中国基金业协会登记为“其他私募基金管理人”，E 号基金备案为“其他私募投资基金”。

对于本案法律关系是否适用《证券投资基金法》，特别是在基金托管人责任的法律依据方面，双方存在不同意见。申请人主张，应依据《证券投资基金法》等法规规定确定托管人的职责。第二被申请人主张，已严格按照《证券投资基金法》等法规规定以及基金合同约定履行托管义务，且《证券投资基金

法》对基金管理人、基金托管人的职责有明确界定，二者不构成共同受托人关系，不应承担连带责任。

实际上，《证券投资基金法》立法中，其调整范围是逐步扩大的。2004 年 6 月 1 日起施行的《证券投资基金法》仅适用于公开募集的证券投资基金，其通过公开发售基金份额进行募集，由基金管理人管理，基金托管人托管，为基金份额持有人的利益，以资产组合方式进行证券投资活动。该法于 2012 年修订时，为规范基金业，特别是非公开募集基金的设立与投资运作，遏制各种名目的非法集资，加强基金业监管，加大投资者权益保护力度，将非公开募集基金纳入调整范围，规定公开或者非公开募集资金设立证券投资基金等行为，均适用《证券投资基金法》。证券投资基金的投资方向也从仅限于上市证券，扩大至未上市的股份有限公司股票等其他证券。此外，该法对非公开募集的证券投资基金作了原则规定，确立了基金管理人的注册和登记、合格投资者、基金产品的事后报备等制度，规范了托管和基金合同必备条款。2015 年修改该法时，不涉及上述内容的修改。可见，私募股权投资基金、创业投资基金以及投资除证券及其衍生品和股权以外领域的其他私募投资基金，并不属于《证券投资基金法》的调整范围。尽管如此，该法第 31 条授权国务院金融监督管理机构，依照第 2 章“基金管理人”的原则制定对非公开募集基金的基金管理人进行规范的具体办法。

2014 年，中国证监会根据上述授权制定了《私募投资基金监督管理暂行办法》（证监会令第 105 号，以下简称《私募基金办法》），将各类非公开募集基金均作为“私募基金”纳入调整范围。该规章第 2 条规定：“本办法所称私募投资基金（以下简称私募基金），是指在中华人民共和国境内，以非公开方式向投资者募集资金设立的投资基金。私募基金财产的投资包括买卖股票、股权、债券、期货、期权、基金份额及投资合同约定的其他投资标的。非公开募集资金，以进行投资活动为目的设立的公司或者合伙企业，资产由基金管理人或者普通合伙人管理的，其登记备案、资金募集和投资运作适用本办法……”

关于私募基金当事人的权利义务，《私募基金办法》第 20 条区分私募证券基金、其他种类私募基金，分别作了规定：“募集私募证券基金，应当制定并签订基金合同、公司章程或者合伙协议（以下统称基金合同）。基金合同应当符合《证券投资基金法》第九十三条、第九十四条规定。募集其他种类私募基金，基金合同应当参照《证券投资基金法》第九十三条、第九十四条规定，明确约定各方当事人的权利、义务和相关事宜。”

基于《证券投资基金法》的上述调整范围，中国证监会、原中国银监会于2013年公布的《证券投资基金托管业务管理办法》（中国证监会、中国银监会令第92号，以下简称《托管管理办法》）也仅调整证券投资基金的托管业务，并不调整私募股权投资基金、创业投资基金以及其他私募投资基金的托管业务。

鉴于私募股权投资基金、创业投资基金以及其他私募投资基金不受《证券投资基金法》调整，处理当事人之间的纠纷，不宜直接援引该法作为裁判依据。对于私募证券投资基金，鉴于其属于《证券投资基金法》的调整范围，可直接援引该法作为裁判依据。《私募基金办法》《托管管理办法》为行政规章，位阶低于法律、行政法规，无论调整范围包含哪类私募投资基金，均应以基金合同为主要裁判依据，对于上述行政规章以合理参照为宜，不宜直接援引为裁判依据。

二、契约型私募基金关系实质上是信托关系，金融机构开展资产管理业务构成信托关系的，当事人之间的纠纷可适用《信托法》处理；非金融机构的私募基金管理人从事契约型私募基金业务，实质上也具备信托关系的基本属性，处理当事人之间的纠纷可考虑参照适用《信托法》

《信托法》于2001年公布施行，受当时严格分业经营、分业监管观念的影响，只有依法设立的信托业金融机构才能够从事营业性信托业务。该法第2条规定：“本法所称信托，是指委托人基于对受托人的信任，将其财产权委托给受托人，由受托人按委托人的意愿以自己的名义，为受益人的利益或者特定目的，进行管理或者处分的行为。”2001年12月29日《国务院办公厅关于〈中华人民共和国信托法〉公布执行后有关问题的通知》（国办发〔2001〕101号）明确，在国务院制定《信托机构管理条例》之前，按人民银行、证监会依据《信托法》制定的有关管理办法执行；人民银行、证监会分别负责对信托投资公司、证券投资基金管理公司等机构从事营业性信托活动的监督管理；未经人民银行、证监会批准，任何法人机构一律不得以各种形式从事营业性信托活动，任何自然人一律不得以任何名义从事各种形式的营业性信托活动。原中国银监会《信托公司管理办法》（银监会令2007年第2号）第2条规定：“本办法所称信托公司，是指依照《中华人民共和国公司法》和本办法设立的主要经营信托业务的金融机构。本办法所称信托业务，是指信托公司以营业和收取报酬为目的，以受托人身份承诺信托和处理信托事务的经营行为。”

2004年公布施行的《证券投资基金法》首次明确了证券投资基金的信托属性。该法第2条规定：“在中华人民共和国境内，公开或者非公开募集资金设立证券投资基金（以下简称基金），由基金管理人管理，基金托管人托管，为基金份额持有人的利益，进行证券投资活动，适用本法；本法未规定的，适用《中华人民共和国信托法》、《中华人民共和国证券法》和其他有关法律、行政法规的规定。”就上述两部法律的衔接关系而言，应理解为《证券投资基金法》是《信托法》的特别法，前者针对证券投资基金信托这一特殊的信托行为，确立了基金份额持有人（投资人）、基金管理人、基金托管人的信托法律关系，分别对应信托关系的当事人，基金份额持有人为信托受益人兼委托人，基金管理人、基金托管人为受托人。根据自益信托原理，委托人可以是受益人，故证券投资基金法律关系实质上是自益信托法律关系。

2019年11月14日最高人民法院发布的《全国法院民商事审判工作会议纪要》（法〔2019〕254号）将《信托法》的调整范围作了扩大解释，使更多具有信托性质的资产管理关系“实至名归”，能够适用《信托法》。该文件第88条规定：“……根据《关于规范金融机构资产管理业务的指导意见》的规定，其他金融机构开展的资产管理业务构成信托关系的，当事人之间的纠纷适用信托法及其他有关规定处理。”

值得注意的是，《关于规范金融机构资产管理业务的指导意见》（银发〔2018〕106号）所称资产管理业务，仅指银行、信托、证券、基金、期货、保险资产管理机构、金融资产投资公司等金融机构接受投资者委托，对受托的投资者财产进行投资和管理的金融服务。尽管如此，对于非金融机构的私募基金管理人设立的契约型私募股权投资基金、创业投资金及其他私募投资基金，在组织形式和运作方式上具备自益信托法律关系的基本属性，处理当事人之间的纠纷虽不宜直接援引《信托法》为依据，但可考虑参照适用《信托法》。

三、结语

资管计划法律性质的争议与我国资管业20多年的发展相伴相随，确定社会关系的法律性质，前提是统一法律概念的内涵。处理合同争议案件，既要准确界定双方当事人关系的法律性质，又要正确适用法律，如什么是直接适用的裁判依据、什么是参照适用的裁判依据，梳理清楚后，就会水到渠成，形成裁决意见。当前，私募非证券类投资基金关系的定性尚未形成充分共识，法律也缺乏明文规定，本案裁决意见全部围绕基金合同展开，但更多的功夫下在了裁决书之外。总之，这份裁决书语言简明精练，逻辑完整连贯，对法律问题的拿捏恰到火候。

（责任编委：栗撒[①]）

① 栗撒，中国国际经济贸易仲裁委员会仲裁研究所副主任。

《纽约公约》项下正当程序条款在我国的适用

元昱文*

摘　要：我国法院在适用《纽约公约》项下正当程序条款时，除个别案例外，普遍能够区别诉讼与仲裁的不同，注意尊重当事人意思自治，将仲裁规则作为正当程序抗辩的主要审查标准。考察既往司法实践，总结正当程序条款应遵循的适用原则，即尊重当事人意思自治、适用放弃异议原则、考察仲裁各方过错、注意瑕疵影响程度。

关键词：《纽约公约》　正当程序条款　适当通知　陈述申辩

一、研究背景：正当程序条款基本特征

（一）商事仲裁重要基石

正当程序原则，可以上溯至1215年英国《自由大宪章》，其中第39条规定[①]：非经审判，自由民的人身和财产权利不应被随意剥夺。正当程序理念在其中初见端倪，可视为正当程序原则的雏形[②]。在商事仲裁领域，实体公正同样需要程序公正来保障[③]，正当程序原则是国际商事仲裁的基石之一，仲裁裁决是否基于正当程序作出，是仲裁司法审查中当事人提出的重要抗辩，是法院判断仲裁裁决能否获得承认与执行的重要依据。

---

* 中国北方工业有限公司法务。

① 该条款内容为："凡自由民，如未经其同级贵族之依法裁判，或经国法判决，皆不得被逮捕，监禁，没收财产，剥夺法律保护权，流放，或加以任何其它损害。"

② Charles Nairac，Due Process Considerations in the Constitution of Arbitral Tribunals，International Arbitration and the Rule of Law：Contribution and Conformity（Menaker（ed.）；Jan 2017）.

③ 王珺：《论仲裁中的正当法律程序——兼评我国仲裁法的完善》，载《理论月刊》2008年第4期。

广义的正当程序原则表现为：仲裁庭的组成必须适当，仲裁程序必须符合当事人之间的协议及强行性法律；当事人应当被给予选任仲裁员和参加庭审的适当通知；当事人应当获得陈述申辩的机会。狭义的正当程序原则被进一步提炼为两项核心内容：适当通知和陈述申辩，这两项核心内容被《纽约公约》第5条第1款b项①所规定，该条款被称为商事仲裁正当程序条款。

《纽约公约》第5条第1款b项规定，仲裁程序存在“未能收到适当通知”和“当事人未能陈述申辩”情形时，当事人可以据此主张不予执行仲裁裁决。具体而言，其一，当事人未被给予选任仲裁员的通知时，其将无法参与仲裁员选任过程，这与商事仲裁中一般情况下由当事人指定仲裁员的基本规则不符合，尤其当只有一方当事人参与选任仲裁员时，更有悖于公正理念；其二，当仲裁程序相关通知未送达时，以开庭通知为例，当事人将无从知晓开庭时间、地点等安排，导致其无法如期出席庭审，无法与对方当事人进行辩论，亦有悖于公平原则；其三，除此之外，当事人若因其他原因无法陈述意见，其意欲主张的诉求和原因将因此丧失表达渠道，造成仲裁双方当事人权利失衡局面，此时，如果仲裁庭偏听偏信，将会造成严重不公正结果。基于上述分析，可以认为，《纽约公约》项下正当程序条款提出的这两种情形，确实会损害仲裁程序适当性，属于重大不公正情形②，确有必要成为不予承认与执行仲裁裁决的事由。

（二）法律适用存在争议

在司法实践中，《纽约公约》项下正当程序条款首先面临法律适用问题，即究竟选择哪国法律作为判定正当程序的准据法。有观点认为，在确定《纽约公约》下的正当程序标准时，适用仲裁地法更为恰当。首先，仲裁程序受仲裁地法支配，已经成为冲突法的一项基本原则③；其次，如果适用法院地法，则对仲裁庭要求过苛，因为仲裁庭在管理仲裁程序时很难预料其所作出的仲裁裁

---

① 该条内容为：“受裁决援用之一造未接获关于指派仲裁员或仲裁程序之适当通知，或因他故，致未能申辩者。”

② 杨良宜、莫世杰、杨大明：《仲裁法：从开庭审理到裁决书的作出与执行》，法律出版社2010年版，第689页。

③ ［英］莫里斯著，李双元等译：《戴西和莫里斯论冲突法》，中国大百科全书出版社1998年版，第105页。

决将会在哪个法域被申请承认和执行[①]；最后，《纽约公约》第5条第1款d项与《纽约公约》第5条第1款第b项这两个条款，同为不予承认与执行仲裁裁决事由，且均是针对仲裁程序事宜而制定，鉴于《纽约公约》第5条第1款d项明确将仲裁地法律作为审查标准[②]，基于对《纽约公约》体系性的考量，推定第5条第1款b项下正当程序条款亦应适用仲裁地法律进行审查[③]。

实践中，在适用《纽约公约》项下正当程序条款时，有些国家的法院适用本国法律进行司法审查。对此，有观点认为，各国法院基于本国国内立场，对是否符合正当程序进行认定，这种做法本身值得理解，实际上亦难以避免[④]。

将法院地法作为判断标准，以美国法院最为典型。美国第二巡回法院在其审理的一个外国仲裁裁决执行案件中，认为应当采用法院地法作为判定依据，由于本案仲裁庭并未侵犯当事人依据美国法律享有的正当程序权利，故对其抗辩不予支持。除此之外，美国法院在适用《纽约公约》项下正当程序条款时，经常参考因违反正当程序原则被撤销的国内仲裁裁决，在某些个案中，甚至出现直接援引美国宪法修正案中正当程序条款进行审查的情形[⑤]。

（三）司法认定缺乏指引

此外，正当程序条款两项核心内容：未能收到适当通知及当事人未能陈述申辩，看似简单，实则包含很大的模糊性：何为适当通知？哪些情形属于未能陈述申辩？正当程序条款本身并未就此提出明确指引，需要法院在司法实践中进行具体认定。以“适当通知”为例，在《纽约公约》设立过程中，起草人曾考虑就通知形式作出专门规定，因此，正当程序条款的制定草稿中曾包括“适当形式”一词，其后，德国代表对确定“适当形式”所适用的标准提出质疑，建议删除“适

---

① 环中商事仲裁：《案例评析丨承认和执行外国仲裁裁决时，如何认定仲裁庭进行了〈纽约公约〉中“正当程序条款”项下的“适当通知”?》，https：//mp. weixin. qq. com/s/P_ Z_ E6gF256MIH6_ NDs3LA，最后访问时间：2020年4月1日。

② 该项规定原文为：“裁决仅在受裁决援用的一方当事人向申请承认及执行地的主管机关提出证据证明有下列情形之一时，才可以根据该当事人的请求拒绝承认和执行：……仲裁庭的组成或仲裁程序不符合当事人之间的协议，或者无协议时，不符合裁决地国家的法律……”

③ Wolfgang Kühn, Current Issues on the Application of the New York Convention, Journal of International Arbitration (2008, Volume 25 Issue 6).

④ 艾伦·雷德芬、马丁·亨特等：《国际商事仲裁法律与实践（第四版）》，林一飞、宋连斌译，北京大学出版社2005年版，第443页。

⑤ Gary B. Born, International Commercial Arbitration (Second Edition), Kluwer Law International 2014, p. 2673.

当形式”，认为在实务中难以确定什么是“适当形式”。英国代表和苏联代表建议直接将“适当形式的通知”改为“书面通知”。由于争议较大，“适当形式”最终被删除，《纽约公约》的起草者并未规定通知应为书面形式或其他任何特定形式①。因此，究竟何为适当的通知形式，留待法院在具体案件中进行判定。

有鉴于此，有必要对正当程序条款在我国仲裁司法审查中的适用展开研究，这有利于明晰正当程序条款中两大基本内容，即“未能收到适当通知”中的通知主体、通知内容、通知方式等具体要素在司法审查中的认定，以及“因其他原因未能陈述申辩”在我国司法实践中的适用情况，呈现我国法院对于正当程序条款的具体认定标准及特征，在此基础上，形成具有普遍意义的适用原则指导司法审查、统一裁判尺度。

二、宏观考察：正当程序条款适用概况

（一）司法判例分布

在我国法院审理的外国仲裁裁决承认与执行案件中，相较于其他条款，《纽约公约》第 5 条第 1 款 b 项被援引频次最高，未能收到适当通知或因其他原因未能陈述申辩是当事人提出最多的抗辩事由②。具体而言，当事人依据《纽约公约》第 5 条第 1 款 b 项提出正当程序抗辩的案例达 45 个，其中，最高人民法院复函案例有 12 个③。

在 12 个复函案例中，最高人民法院对其中 4 个案例所涉正当程序抗辩予以支持；在 7 个案例中，正当程序抗辩被不予支持；在 1 个案例中，最高人民法院认为需进一步查明案件事实后再作判定。除上述 12 份最高人民法院复函外，另检索到同类案例裁判文书共计 33 份④，在其中 2 个案例中，当事人提出的正当程序抗辩得到法院支持⑤；在其中 30 个案例中，法院对正当程序抗辩未予认可；在其中 1 个案例中，虽当事人明确提出正当程序抗辩，法院却未在裁判文书中予以回应。

---

① Report by the Secretary - General, Recognition and Enforcement of Foreign Arbitral Awards, 31 January 1956, E/2822, Annex I, p. 23.

② 杨弘磊：《中国内地司法实践视角下〈纽约公约〉问题研究》，法律出版社 2006 年版，第 250 页。

③ 检索日期截至 2020 年 5 月。

④ 为避免重复计算，12 份最高人民法院复函案例对应裁判文书已作剔除。

⑤ 从理论上讲，法院在该两个案例中认可当事人提出的正当程序抗辩，并据此作出不予承认和执行裁定，均应事先通过报核制度层报最高人民法院并获得复函，受资料限制，暂时无法检索得到最高人民法院就这两个案例所作复函。

综上，上述案例认定结果分布如表1所示：

表1

认定结果		频数	频率
予以支持		6	13.3%
未予支持		37	82.2%
其他	需进一步查明案件事实	2	4.5%
	未予回应		
合计		45	100%

（二）当事人抗辩事由

在司法实践中，相较于“因其他原因未能陈述申辩”，因“未能收到适当通知”引发的正当程序抗辩更为多见。具体而言，“未能收到适当通知”类案件又分为两种情形：其一，当事人径直否认收到适当通知，在对方当事人举证证明通知事实后，未能就其适当性提出具体异议，该类案件达13个；其二，在其余30个案例中，当事人能够结合具体通知事实，从通知对象、通知内容、通知方式、通知地址等角度切入，就通知行为的适当性提出抗辩。相比之下，当事人抗辩“因其他原因未能陈述申辩”的案例较少，仅限于以下情形：仲裁庭批准变更仲裁申请之前未听取当事人意见、仲裁庭驳回延期提交证据申请、当事人庭审陈述时间不充分等。当事人具体抗辩事由分布如表2所示：

表2

抗辩事由		频数	频率
未能收到适当通知	1. 通知对象不适当	5	84.3%
	2. 通知方式不适当	8	
	3. 通知内容不适当	8	
	4. 通知地址不适当	6	
因其他原因未能陈述申辩	1. 仲裁裁决超出仲裁申请范围	2	15.7%
	2. 延期提交证据和答辩申请被仲裁庭拒绝	2	
	3. 庭审未给予当事人平等及充分答辩时间	1	
合计		32①	100%

① 有些案例中，当事人只是泛泛主张从未收到仲裁通知，并提出实质性的抗辩意见，且后经法院查证有充分证据表明已进行送达，故，当事人抗辩事由总数少于案件总数。

（三）审查标准适用

考察我国司法实践可知，针对当事人提出的正当程序抗辩，法院在审查标准适用上呈现以下三个特征：

1. 排除适用诉讼法律

诉讼中的通知方式均为法定，受国内民事诉讼法律及相关国际条约约束，与此不同，仲裁通知方式本质上以当事人合意为准，当事人既可以在协议中直接约定具体的送达方式，又可以通过选择仲裁规则间接对通知方式作出约定。由此观之，在通知问题上，不能将相关诉讼规则照搬适用至仲裁领域。然而，在司法实践中，确有部分当事人混淆诉讼与仲裁的关系，以仲裁中的通知方式不符合诉讼法律为由，提出正当程序抗辩，某些法院对此也曾作出错误认定。

在博而通株式会社申请执行外国仲裁裁决案[①]中，当事人辩称，仲裁庭采用邮寄方式送达，违反了我国加入《海牙送达公约》时所作保留，应当认定其为无效送达；北京市第二中级人民法院审查后，另行依据《中华人民共和国和大韩民国关于民事和商事司法协助的条约》进行审查，认为案涉送达不符合该条约的相关规定，不能被认定为适当通知，北京市高级人民法院对此亦予以认可。后经层报最高人民法院，在该案复函中认定：不应适用双边司法互助条约、《海牙送达公约》对案涉仲裁程序中的送达进行审查。

即便最高人民法院已通过上述复函对该问题予以明确，仍有同类争议在司法实践中出现。在昂佛化品公司申请承认并执行白俄罗斯工商会国际仲裁院仲裁裁决案[②]中，郑州市中级人民法院考虑到仲裁机构具有民间性，对被申请人提出的适用双边司法互助条约、《海牙送达公约》进行审查持保留意见，河南省高级人民法院则直接依据《海牙送达公约》、案涉双边司法互助条约对仲裁送达程序进行审查，最终，最高人民法院通过复函对此予以回应：仲裁程序中的送达，不应适用《海牙送达公约》或双边司法互助条约中的规定。

由此观之，最高人民法院严格排除《海牙送达公约》、双边司法互助条约等诉讼法律在仲裁正当程序审查中的适用，厘清了仲裁与诉讼的区别，尊重了

① 参见《最高人民法院关于博而通株式会社申请承认外国仲裁裁决一案的请示的复函》（〔2006〕民四他字第36号）。

② 《最高人民法院关于“昂佛化品”合资有限责任公司申请承认并执行白俄罗斯工商会国际仲裁院仲裁裁决一案的请示的复函》（〔2012〕民四他字第42号）。

仲裁的特性。

2. 尊重当事人意思自治

对于《纽约公约》第5条第1款第b项在我国的适用，曾有观点指出：总体上讲，通知及陈述问题属于程序范畴，作为程序性问题，其审查标准应当是当事人合意、仲裁规则及仲裁地法律，具体而言，当事人具体约定优先适用，若无具体约定，就依仲裁规则进行审查①。反观我国相关司法实践，在正当程序审查标准的选择上，确实体现了对当事人意思自治的尊重，主要体现在以下两个方面。

其一，在有关复函中，最高人民法院明确认定应当适用当事人约定或约定适用的仲裁规则作为适当通知的审查标准。例如，在前述博而通株式会社申请执行外国仲裁裁决案②中，最高人民法院指出：仲裁程序中的送达应当依据仲裁规则确定是否适当；在昂佛化品公司申请承认并执行白俄罗斯工商会国际仲裁院仲裁裁决案③中，最高人民法院认为：是否构成适当通知，审查标准应是当事人的约定，无具体约定时，适用约定适用的仲裁规则。

其二，在更多案例中，法院虽未专门针对审查标准发表意见，却在实际审查中自觉适用当事人约定的法律或仲裁规则。据考察，在机构仲裁情形下，当事人未作特殊约定时，法院直接将案涉仲裁机构的仲裁规则作为审查标准，在临时仲裁情形下，法院依据当事人约定的仲裁法律或仲裁规则进行审查，例如，在世界海运管理公司申请执行外国仲裁裁决案④中，当事人对电子邮件送达方式的合法性提出异议，法院认为该种送达方式符合当事人约定适用的英国仲裁法，应当被认定为有效。

3. 倾向于适用仲裁地法审查

虽然在我国当前外国仲裁裁决承认与执行案件中，正当程序条款准据法问题并未实际出现，法院在判例中亦未给出明确意见，但却有迹象表明，法院倾

---

① 刘贵祥、沈红雨：《我国承认和执行外国仲裁裁决的司法实践述评》，载《2011年“国际私法全球论坛”论文集》。

② 参见《最高人民法院关于博而通株式会社申请承认外国仲裁裁决一案的请示的复函》（〔2006〕民四他字第36号）。

③ 参见《最高人民法院关于“昂佛化品”合资有限责任公司申请承认并执行白俄罗斯工商会国际仲裁院仲裁裁决一案的请示的复函》（〔2012〕民四他字第42号）。

④ 参见《最高人民法院关于是否裁定不予承认和执行英国伦敦“ABRA轮2004年12月28日租约”仲裁裁决的请示的复函》（〔2006〕民四他字第34号）。

向于适用仲裁地法作为审查依据。首先，曾有司法领域权威观点明确指出：仲裁通知及申辩问题，如仲裁规则没有约定的，则依仲裁地法律的规定[①]；其次，在（株）TS 海码路申请承认并执行大韩商事仲裁院仲裁裁决案[②]、杰西公司等申请承认和执行外国仲裁裁决案[③]等案件中，法院将仲裁地法律与约定适用的仲裁规则并列，共同作为正当程序的审查标准。

（四）举证责任事项

1. 举证责任分配

因未能收到适当通知导致未能陈述申辩，首先是一个事实问题，即“是否存在通知”，然后才涉及法律问题，即“通知是否适当”。为此，在申请执行人举出证据证明存在通知事实后，根据《纽约公约》第 5 条的规定，被申请执行人若请求拒绝承认与执行仲裁裁决，则需就通知事实中的“不适当”情形进行举证。

司法实践中，一些法院对举证责任分配存在误区，不适当地加重了申请执行人的举证负担。例如，在昂佛化品公司申请承认并执行白俄罗斯工商会国际仲裁院仲裁裁决案[④]中，申请执行人昂佛化品公司提交证据证明存在通知事实后，郑州中院及河南高院先后以申请执行人无法证明通知适当性为由，认定被申请执行人浩丰化工提出的正当程序抗辩成立。最终层报至最高人民法院，在该案复函中对举证责任问题予以澄清:《纽约公约》第 5 条第 1 款项下规定的不予承认与执行事由，其举证责任在被申请执行人一方，本案被申请执行人所举证据，无法证明仲裁通知存在不适当情形，故该项抗辩不能成立。因此，在被申请执行人举证不能的情形下，法院依据举证责任分配原则就可做出认定，并无必要对通知行为的适当性进行具体讨论。

2. 域外证据采信

在外国仲裁裁决承认与执行案件中，仲裁通知通常系由境外仲裁机构或仲裁庭发出，根据 2001 年《最高人民法院关于民事诉讼证据的若干规定》（已失

---

① 刘贵祥、沈红雨:《我国承认和执行外国仲裁裁决的司法实践述评》，载《2011 年“国际私法全球论坛”论文集》。

② 参见《最高人民法院关于是否承认和执行大韩商事仲裁院仲裁裁决的请示的复函》（〔2005〕民四他字第 46 号）。

③ 参见（2014）鄂孝感中民外初字第 00001 号裁决书。

④ 参见《最高人民法院关于“昂佛化品”合资有限责任公司申请承认并执行白俄罗斯工商会国际仲裁院仲裁裁决一案的请示的复函》（〔2012〕民四他字第 42 号）。

效）第 11 条，只有在办理公证认证手续后，来源于境外的仲裁通知证据才具有效力。实践中，存在申请执行人举出的通知事实未经公证认证的情形，被申请执行人会据此请求法院否定其证据效力，对此，法院一般不会直接予以否定，通常要求当事人补办公证认证手续即可。在另一些案件中，法院依据最高人民法院《第二次全国涉外商事海事审判工作会议纪要》第 39 条①的规定，认为办理公证认证手续并非绝对必要，例如，在瑞士邦基有限公司申请执行外国仲裁裁决案②中，广东省高级人民法院认为，通知证据虽未经公证认证，但根据其他已查明事实，其真实性可获证实，故案涉境外证据可以采信。

值得注意的是，2019 年修正的《最高人民法院关于民事诉讼证据的若干规定》（以下简称《新证据规定》）于 2020 年 5 月 1 日起实施。对于域外证据的公证认证，《新证据规定》第 16 条作出重大调整③，删除了域外证据应当公证认证的一般性规定：除公文书证以及身份关系证据之外的证据，公证认证不再是强制性要求。举例来说，通常情况下，用以证明通知事实的证据多为邮寄底单或回执等，并不涉及公文书证和身份关系，依据《新证据规定》，该类证据将无需履行公证认证手续；反之，如果某些证据涉及公文书证和身份关系，例如当事人的身份证明文件以及域外形成的授权委托书等，则仍需办理公证认证。

三、要点剖析：正当程序条款司法认定

（一）未能收到适当通知

1. 通知对象

在仲裁程序中，通知涉及的主体包括通知主体和通知对象。实践中，鲜有

---

① 该条款内容为：“对当事人提供的在我国境外形成的证据，人民法院应根据不同情况分别作如下处理：（1）对证明诉讼主体资格的证据，应履行相关的公证、认证或者其他证明手续；（2）对其他证据，由提供证据的一方当事人选择是否办理相关的公证、认证或者其他证明手续，但人民法院认为确需办理的除外。对在我国境外形成的证据，不论是否已办理公证、认证或者其他证明手续，人民法院均应组织当事人进行质证，并结合当事人的质证意见进行审核认定。”

② 参见《最高人民法院关于申请人瑞士邦基有限公司申请承认和执行英国仲裁裁决一案的请示的复函》（〔2006〕民四他字第 47 号）。

③ 该条款内容为：“当事人提供的公文书证系在中华人民共和国领域外形成的，该证据应当经所在国公证机关证明，或者履行中华人民共和国与该所在国订立的有关条约中规定的证明手续。中华人民共和国领域外形成的涉及身份关系的证据，应当经所在国公证机关证明并经中华人民共和国驻该国使领馆认证，或者履行中华人民共和国与该所在国订立的有关条约中规定的证明手续。当事人向人民法院提供的证据是在香港、澳门、台湾地区形成的，应当履行相关的证明手续。”

围绕仲裁通知主体产生的争议，我国相关司法实践更是如此，未见有抗辩通知主体不适当的情形。相比之下，通知对象的适当性更易成为正当程序抗辩焦点，争议情形集中于以下方面。

在授权律师或公司内部员工代理参与仲裁时，接收仲裁通知通常是主要代理事项之一，代理人可以作为仲裁通知的对象。然而，如若当事人以未经授权为由，从根本上否认代理人身份，则仲裁案件中的所谓“代理人”将丧失代为处理相关仲裁事项的权利基础，其中就包括接收仲裁通知，所谓“代理人”便成为不适当的通知对象。司法实践中，时有当事人循此事由主张未能收到适当通知，但经法院审查，代理人确无任何权利基础的情形极少，典型案例如荷兰国际运输合同管理公司申请执行英国劳氏委员会仲裁裁决案[①]。该案中，申请人提起仲裁，要求货主支付海难救助费用，香港英士行在得到货物保险人委托后，代表货主参与仲裁，实际并未取得货主的任何授权，货主对香港英士行代理其参加仲裁毫不知情，直至仲裁程序结束，未收到任何仲裁通知，未能作出任何陈述申辩，法院据此认定违反《纽约公约》项下正当程序条款。

在有些案例中，虽然代理人未获明确授权，却在前期基础交易中，代表当事人与对方当事人进行谈判或缔约。例如，在联合轧花埃及棉出口公司申请执行外国仲裁裁决案中[②]，陈某作为仲裁被申请人母公司副总裁，曾代表被申请人与申请人通过电子邮件方式签订案涉买卖合同，其后，申请人提起仲裁，向仲裁机构提供陈某的电子邮箱作为送达地址，仲裁机构据此进行仲裁文书送达，陈某收件后亦通过电子邮件方式发表应诉意见。在仲裁裁决申请承认与执行过程中，被申请人抗辩称陈某并非其代理人，仲裁庭向陈某个人邮箱发送的相关仲裁文件，并未送达被申请人，不发生法律效力。法院经审理后认为，在案涉合同订立过程中，始终是陈某通过其个人邮箱代表被申请人与申请人沟通并最终签约，在仲裁程序开始后，陈某亦通过其邮箱向仲裁庭提交应诉材料并进行沟通，虽然陈某系被申请人母公司副总裁，但足以认定陈某有权代理被申请人接收有关仲裁文件。由此观之，我国法院倾向于认为，明示授权并非判断代理权成立与否的唯一依据，代理人与当事人的特定关系及其对相关基础交易的参与事实，亦是重要考量因素。

---

① 参见（1997）广海商字第53号裁决书。

② 参见（2003）锡商外仲审字第0005号裁决书。

2. 通知方式

鉴于国际商事仲裁的特殊性，即双方当事人、仲裁机构通常分处不同国家和地区，采取直接送达的方式进行通知，既不现实，又不经济，在此背景之下，依托专业邮政机构送达仲裁文书，因其高效便捷的优势，在仲裁实践中被广泛采用。

邮寄送达情形下，邮政机构出具的送达回执通常被视作送达效果的证据，司法实践中，若无法提供相应回执证明仲裁通知已被签收，法院很可能因此认定构成未适当通知。例如，在邦基农贸新加坡私人有限公司申请承认和执行外国仲裁裁决案中①，申请人提出相关仲裁文件系通过邮寄方式送达，然而，其不能提供相应快递回执证明邮件已被签收，法院据此否定了案涉仲裁送达的效力，支持了被申请人的正当程序抗辩。

送达回执作为直接证据，具有较强的证明力，是法院判定邮寄送达成功与否的重要依据。但法院并非全然依据送达回执作出认定，即便缺少送达回执，也可能在综合考虑其他事实后对邮寄送达的效果予以认可。例如，在舒乐达公司申请承认和执行德国汉堡交易所商品协会仲裁裁决案②中，在被申请人主张未收到相关仲裁通知时，申请人举出邮政公司的证明：有关仲裁文书已经投递成功，只是未获得送达回执。对此，丹东市中级人民法院和辽宁省高级人民法院审查后认为，申请人仅能证明仲裁庭向被申请人寄出了相关邮件，但由于缺乏送达回执，无法证明被申请人已收到邮件，该情形属于《纽约公约》规定的“未能收到适当通知”情形。该案后经辽宁省高级人民法院呈报最高人民法院，最高人民法院在复函中指出，根据邮政公司证明，就应推定案涉仲裁通知已经完成，被申请人须另行举证证明存在“不适当”情形。由此观之，在缺少送达回执的情形下，最高人民法院并未径直否认邮寄送达的效力，而是结合邮政公司提供的相关证据推定案涉仲裁已进行通知。

相较于传统邮寄送达方式，电子送达具有更加精准、快捷的送达特点，更利于保障当事人的程序利益、确保送达的适当性，因此，包括传真及电子邮件在内的电子送达方式在仲裁实践中得以广泛适用。

---

① 参见《最高人民法院关于申请人瑞士邦基有限公司申请承认和执行英国仲裁裁决一案的请示的复函》（〔2006〕民四他字第 47 号）。

② 参见《最高人民法院关于辽宁省高级人民法院就不予承认及执行德国汉堡交易所商品协会仲裁法庭 2/11 号仲裁裁决请示一案的答复》（〔2014〕民四他字第 31 号）。

在世界海运管理公司申请执行外国仲裁裁决案中[1]，我国法院对于电子送达方式的主要态度得以体现。在该案中，世界海运管理公司申请仲裁后，通过案外人给被申请人天津凯强公司发出电子邮件，向天津凯强公司通知仲裁员选任事宜，但天津凯强公司均未予以回应。其后，在申请承认与执行仲裁裁决阶段，天津凯强公司主张未能收到适当通知，并对电子邮件送达方式的合法性提出质疑，该案后层报至最高人民法院，最高人民法院在复函中指出，电子邮件送达方式符合应当适用的英国仲裁法中的相关规定，且并未被我国禁止，只要有证据证明包含有仲裁文件的电子邮件被当事人收到，就应认定符合适当通知要求。最高人民法院的意见包含两个要点：其一，通过电子邮件进行仲裁通知，该方式本身在我国合法；其二，须有证据证明当事人收到电子邮件，该送达才能被认定为有效。

3. 通知内容

仲裁裁决书作为整个仲裁程序的最终成果，记载着争议解决结果，影响当事人实体权利义务变动，其送达必要性自不待言，本不应该产生争议，实践中却也出现相关案例。在杰西公司等申请承认和执行外国仲裁裁决案中[2]，仲裁机构作出裁决后，未向被申请人送达仲裁裁决书，被申请人就此提出异议，申请人辩称：根据仲裁地法，即英国仲裁法中的相关规定，当被申请人未付清仲裁费用时，仲裁庭有权扣留其仲裁裁决书，案涉仲裁规则中亦有相同规定。有鉴于此，法院审理后认为，仲裁机构未送达仲裁裁决符合应适用的仲裁法及仲裁规则的规定，不构成对正当程序的违反。

相比之下，在日本信越化学工业株式会社申请承认与执行日本商事仲裁协会东京 04－05 号仲裁裁决案[3]中涉及的仲裁通知内容，并不及仲裁裁决书重要。被申请人中天公司抗辩称，根据案涉仲裁规则，仲裁庭应将裁决期限告知当事人，然而，该案仲裁庭未依照仲裁规则进行通知，构成对《纽约公约》项下正当程序条款的违反。法院审理后对被申请人的抗辩予以支持，认为仲裁庭未通知裁决期限确系违反正当程序，后经层报，该裁判结果亦获得最高人民法院的认同。亦有观点对此持不同看法，认为大多数仲裁规则都包含作出仲裁裁决的

---

① 参见《最高人民法院关于是否裁定不予承认和执行英国伦敦“ABRA 轮 2004 年 12 月 28 日租约”仲裁裁决的请示的复函》（〔2006〕民四他字第 34 号）。

② 参见（2014）鄂孝感中民外初字第 00001 号裁决书。

③ 参见《最高人民法院关于不予承认日本商事仲裁协会东京 04－05 号仲裁裁决的报告的复函》（〔2007〕民四他字第 26 号）。

期限，一般来说，这些期限是指导性的而非强制性的，此外，仅仅因为仲裁庭没有通知当事人需要延期作出裁决而拒绝执行，似乎有些过于严苛①。

除上述特定通知事项或材料引发的争议外，与通知内容相关的重要问题还有通知语言问题。在（株）TS 海码路申请承认并执行大韩商事仲裁院仲裁裁决案②中，被申请人就以仲裁通知未附译本为由提出抗辩，法院在审理过程中，对此存在意见分歧，多数观点认为，判断未附译本是否符合正当程序，应当依据案涉仲裁规则和仲裁法，在本案中，仲裁机构使用韩文进行仲裁通知，并不违反约定适用的仲裁规则及应当适用的仲裁法，因此，不能以未附中文译本为由认定其不适当，仲裁被申请人在接收送达时不够谨慎致使其没能知悉仲裁通知，对此应当自担责任；另有观点认为，仲裁机构明知被申请人为中国法人，且送达地址位于中国境内，考虑到被申请人语言习惯问题，本应附带中文译本便于被申请人获悉仲裁事宜，仲裁机构实际上未附中文译本，属于仲裁通知不适当情形，有悖于正当程序的要求。后经层报，最高人民法院在该案复函中对第一种观点予以支持，认为应以仲裁规则及应当适用的仲裁法律作为适当通知判定标准，未附译本不违反案涉仲裁规则及仲裁法，故不属于通知不适当情形。

在格罗莉娅琼丝公司申请承认与执行外国仲裁裁决案③中，被申请人同样以仲裁通知未附中文译本为由提出抗辩，法院经审理后指出，根据案涉仲裁规则，仲裁程序应以俄语进行，鉴于当事人未就仲裁语言作出特殊约定，使用俄语进行通知且未附中文译本不属于通知不适当情形。该裁判与（株）TS 海码路申请承认并执行大韩商事仲裁院仲裁裁决案中多数观点及最高人民法院意见秉持相同观点。

4. 通知地址

与通知地址相关的争议之一，即为基础交易中的通知地址能否直接适用于仲裁程序中。在韦斯顿瓦克公司申请承认与执行外国仲裁裁决案④中，涉案

---

① James Allsop, International Arbitration and Conformity with International Standards of Due Process and the Rule of Law, International Arbitration and the Rule of Law: Contribution and Conformity, ICCA Congress Series, Volume 19 (ICCA & Kluwer Law International 2017).

② 参见《最高人民法院关于是否承认和执行大韩商事仲裁院仲裁裁决的请示的复函》（〔2005〕民四他字第 46 号）。

③ 参见（2014）锡商外仲审字第 0004 号裁决书。

④ 参见《最高人民法院关于韦斯顿瓦克公司申请承认与执行英国仲裁裁决案的请示的复函》（〔2012〕民四他字第 12 号）。

《航运合同》“通知”条款约定了该合同履行过程中，双方当事人相互通知应使用的通讯地址，申请人提起仲裁后，仲裁机构即依照该通讯地址进行送达。其后，在申请承认与执行仲裁裁决过程中，被申请人认为，《航运合同》中约定的通讯地址并未注明适用于仲裁程序，且《航运合同》中的仲裁条款中亦未专门约定送达地址，应当认定双方未就仲裁通知地址进行约定。在此情况下，根据应适用的英国仲裁法，仲裁庭应将仲裁文件送至被申请人的登记地或主要营业地。天津海事法院、天津市高级人民法院审理后，对被申请人的抗辩予以支持，认为该案中仲裁通知地址并不适当，后经层报至最高人民法院，最高人民法院作出不同认定，肯定了《航运合同》约定的通讯地址在仲裁通知程序中的适用效力。

除此之外，约定地址发生变更是另一个值得讨论的问题。在俄罗斯季节公司申请承认与执行外国仲裁裁决案[①]中，涉案合同中约定被申请人的法定地址为×××，如果变更法定地址或银行信息，双方应在两天内通知对方新的法定地址、电话号码、传真号码及银行信息。仲裁程序开始后，仲裁机构依据申请人提供的约定地址送达仲裁通知，仲裁裁决承认与执行过程中，被申请人以约定地址发生变更、通知地址与实际地址不符为由，主张未能收到适当通知。法院对此不予支持，认为被申请人无证据证明向申请人或仲裁机构告知其通讯地址变更，因此仲裁机构向约定地址送达，符合案涉仲裁规则规定，也符合双方签订的合同约定，应视为有效送达，被申请人应为无法送达自行承担不利后果。

（二）因其他原因未能陈述申辩

除适当通知之外，另有当事人基于其他原因主张未能陈述申辩，其中一些亦获得法院支持，从我国相关司法实践观之，这些抗辩主要分布在陈述时间、程序请求、裁决范围等事项上。

1. 庭审陈述时间不足

以庭审中发言时长作为陈述申辩权利是否充分行使的判定标准，可能会失之于主观和片面，司法实践中，以此为由提出的抗辩一般不会得到支持。例如，在镇江华润燃气有限公司申请撤销仲裁裁决案[②]中，当事人认为，庭审仅几个小时，未给予申请人镇江公司充分发表陈述及辩论意见的机会，法院审理后认

---

① 参见（2016）浙07协外认3号裁决书。

② 参见（2016）京04民特34号裁决书。

为，当事人发表陈述、辩论意见充分与否是相对的，不是绝对的，不能简单地用开庭时长来衡量，不能以此为由主张陈述和辩论权利被剥夺。

然而，类似的抗辩原因，在日本信越化学工业株式会社申请承认与执行日本商事仲裁协会东京 04 -05 号仲裁裁决案中[①]却被法院予以支持。在该案中，被申请人中天公司主张其陈述时间不足，未能充分行使陈述申辩权利，南通市中级人民法院经审查认为，仲裁庭在庭审过程中，在陈述时间分配上未遵循公平原则，偏向性地单独对被申请人发言时间作出限制，使得被申请人陈述时间显著少于申请人，未能充分进行陈述申辩，有违正当程序原则。江苏省高级人民法院亦持相同观点，认为仲裁庭在庭审中对被申请人发言时间的限制，致使被申请人陈述权利未得到保障。该案后经层报，最高人民法院基于其他原因作出不予承认与执行认定，未对庭审陈述时间不足抗辩作出回应。

2. 程序请求未获支持

在 KSENJAPTE. LTD 申请承认与执行外国仲裁裁决案[②]中，被申请人管某主张，其在仲裁程序中多次提出延期提交证据及答辩的申请，并提交了充分的事实和理由，但均被仲裁庭拒绝，仲裁庭对其程序请求的不当驳回直接剥夺了其进行申辩的机会，使得案件事实未能经各方充分辩论。法院审理后认为，是否同意延期提交证据及答辩系仲裁庭有权决定的事项，且仲裁庭事实上已经对管某的延期举证和申辩的申请进行了充分考虑和回复，仲裁庭的处理符合案涉仲裁规则，并未剥夺管某的申辩机会。由此可见，法院认定仲裁庭在仲裁规则允许的范围享有充分裁处权，当事人在仲裁程序中行使陈述答辩权利亦应服从于仲裁庭的合理安排和指引。

3. 裁决超出申请范围

仲裁裁决存在“超裁”情形，本就可单独成为抗辩原因，实践中，亦有当事人以“未能陈述申辩”为由，对疑似“超裁”情形提出异议。在大宝产业株式会社申请承认与执行外国仲裁裁决案[③]中，被申请人提出，仲裁庭裁决被申请人以其他付款方式支付合同价款，并不在申请人的仲裁请求范围内，仲裁庭超出请求范围进行裁决，导致被申请人没有机会对超裁事项发表意见，损害了

---

① 参见《最高人民法院关于不予承认日本商事仲裁协会东京 04 -05 号仲裁裁决的报告的复函》（〔2007〕民四他字第 26 号）。

② 参见（2014）深中法涉外初字第 119 号。

③ 参见（2018）鲁 11 协外认 3 号裁决书。

被申请人的申辩权利。法院审理后认为，仲裁庭的裁决与申请人的原仲裁请求相比，并未超出其支付数额及请求内容，并未加重被申请人的付款义务，因此对被申请人抗辩不予支持。在本案中，法院从实体角度进行考量，认为仲裁庭虽未给予当事人陈述机会，但实质上并不构成“超裁”，鉴于未对当事人造成不利影响，故其抗辩不应得到支持。试想，如若仲裁裁决确实存在“超裁”现象，且仲裁庭未就“超裁”事项给予当事人申辩机会，应当认定此种情形亦属于“未能陈述申辩”。

四、规则建构：正当程序条款适用原则

如果作出“术”与“道”的划分，则前述对具体司法认定的评析，在正当程序条款适用中，当属于“术”的层面，通过区分司法实践中出现的不同情形，将正当程序条款置于具体情境之下加以解析；然而，实践具有无穷的生命力，在考察具体司法认定之外，亦需要在“道”的层面，从宏观上对正当程序条款的适用进行检视，以期形成具有普遍意义的适用原则指导司法审查、统一裁判尺度，此即本章讨论的首要内容。

（一）尊重当事人意思自治

国际商事仲裁的根本属性是契约性，法律之所以介入仲裁，其目的主要是确保当事人的意思表示不违背法律基本准则、社会公共利益[①]。有鉴于此，正当程序的核心要素为当事人意思自治，在此基础上，旨在确保最低限度的程序公正[②]。因此，各方主体在仲裁程序中依照选择适用的仲裁规则行事，就是正当程序的应有之义，当事人约定或约定适用的仲裁规则应是判定是否满足正当程序的首要依据[③]。

诚如前文所言，在我国相关司法实践中，法院普遍将当事人约定适用的仲裁规则作为审查标准，具体到“适当通知”认定上，最高人民法院在其发布的相关复函中多次明确以仲裁规则作为判定依据。针对“因其他原因未能陈述申辩”抗辩，法院亦主要依据仲裁规则，对证据采信存在问题、程序请求未获同意等抗辩事由能否成立进行认定。总体上，法院在司法实践中体现了尊重当事人意思自治的倾向，值得肯定。

---

① 宋连斌：《国际商事仲裁管辖权研究》，法律出版社2000年版，第43页。

② 王珺：《论仲裁中的正当法律程序——兼评我国仲裁法的完善》，载《理论月刊》2008年第4期。

③ 林一飞：《仲裁裁决抗辩的法律与实务》，武汉大学出版社2008年版，第143页。

尊重当事人意思自治，从另外一个侧面解读，则是谨慎适用其他依据作为审查标准，将例外情形限制在较为狭窄空间内，其一为仲裁规则违反强行性法律规则或社会公共利益，依其作为审查标准将有损最低限度公正，我国司法实践中未见此类情形；其二为仲裁规则本身对某种特定情形未作规定或规定过于空泛，需要法官基于主观经验或理念，对能否符合正当程序要求作出认定，日本信越化学工业株式会社申请承认与执行日本商事仲裁协会东京04－05号仲裁裁决案[①]即为此例，在该案中，对于当事人抗辩所称“庭审陈述时间不充分导致陈述申辩权利未获保障”，案涉仲裁规则中并无关于陈述时间分配的具体规定，在此情形下，法官结合相关事实，基于自身经验和公正理念作出认定。

（二）适用放弃异议原则

实践中，当事人出于投机心理，在仲裁程序存在不规范的情况下“引而不发”，一面积极参与仲裁程序，一面又准备在裁决不利于己方时挑战仲裁裁决。这种“留一手”的行为明显违反了诚实信用原则，使得当事人的权利义务处于高度的不确定状态，必须予以禁止[②]。正因如此，在国际商事仲裁中，放弃异议原则被普遍接受[③]，该原则包含以下基本内容：（1）当事人知道或应当知道仲裁程序中存在不规范；（2）当事人在知道的情况下，并未在合理时间内提出异议且继续参与仲裁程序；（3）当事人由此丧失了嗣后提出异议的权利。

放弃异议原则的理论根基仍在于仲裁意思自治，商事仲裁是当事人自行选择、制定纠纷解决程序的机制，当事人合意变更仲裁程序系此中应有之义，当事人的合意，既可以通过明示变更，也可以通过默示变更。因此，在一方明知存在和仲裁规则规定不同的情况，仍不提出异议而继续进行仲裁，说明其以行为接受了这种变更，因此，看似违规的仲裁程序瑕疵亦应当事人默示许可而正当化。放弃异议原则最大的价值在于在仲裁程序终结后，保证仲裁程序的稳定

---

① 参见《最高人民法院关于不予承认日本商事仲裁协会东京04－05号仲裁裁决的报告的复函》（〔2007〕民四他字第26号）。

② 广州仲裁委员会：《从四年司法解释看仲裁中的放弃异议》，https://mp.weixin.qq.com/s/6Voi4GqK7aNinRMee16KSQ，最后访问时间：2020年4月1日。

③ 《国际商事仲裁示范法》第4条明确规定：当事人知道存在任何本法中任何可以背离（parties may derogate）的条款或者仲裁协议没有被遵守的情况，但未在不过分迟延（without undue delay）或者指定的时间内提出该情况，应视为其放弃了异议。

性以及仲裁裁决的可执行性①。

放弃异议原则在我国正当程序司法审查中得到广泛适用，据统计，在多个相关案例②中，法院适用放弃异议原则，主要针对当事人提出的仲裁通知不适当抗辩，基本情形为当事人实质上参与了仲裁活动，且在仲裁程序中从未对通知程序提出异议，但是仲裁裁决作出后，却基于送达方式不合法、送达内容不完整、送达时间有迟延等事由，援引正当程序条款提出抗辩。在查明存在放弃异议情形后，有些法院不再具体审查程序瑕疵的实质影响，径直作出不予认可认定；有些法院则是经实质审查，认定案涉通知满足正当程序要求后，适用放弃异议原则作为驳回抗辩的补强依据。

（三）考察仲裁各方过错

有一类程序瑕疵较为直观，即仲裁机构或仲裁庭明显存在过错，例如，在送达程序中，将被申请人的地址书写错误，导致仲裁通知未能实际送达③，在此类情形下，责任明显归于仲裁机构和仲裁庭一方，无需结合仲裁规则进行审查，即可对其适当性进行否定；另有其他程序瑕疵较为隐性，无法直接认定仲裁机构或仲裁庭是否存在过错，需要依据仲裁规则中的相关规定进行审查，如果确实存在违反仲裁规则情形，例如不符合视为送达标准、未满足合理查询要求等，亦构成对正当程序条款的违反。

仲裁机构或仲裁庭是仲裁程序的组织者和推动者，需要在仲裁程序中承担主要的注意义务，但仲裁当事人亦需尽到相应的谨慎义务，如果因自己的过错或疏忽，导致未能妥收仲裁文件、进行陈述申辩，其嗣后提出的正当程序抗辩将难以获得支持。实践中常见情形为，被申请人拒不提供准确送达地址，或在地址发生变更后，未及时通知仲裁申请人或仲裁机构，由此产生的送达不能后果应由被申请人自行承担④。

---

① 董萧：《花开堪折直须折，莫待无花空折枝——关于商事仲裁中的异议权放弃》，https：//mp. weixin. qq. com/s/9CyVWGNLFtc6oineD6VNxA，最后访问时间：2020 年 4 月 1 日。

② 参见（2006）民四他字第 47 号案裁决书；（2013）锡商外仲审第 0005 号案裁决书；（2013）青海法海商初字第 1032 号案裁决书；（2016）沪 01 协外认 12 号案裁决书；（2019）津 72 协外认 1 号之一案裁决书；（2005）民四他字第 54 号案裁决书；（2015）沪海法特字第 8 号案裁决书；（2015）四中民（商）特字第 00224 号案裁决书；（2017）京 04 民特 31 号案裁决书。

③ 参见《最高人民法院关于朱裕华与上海海船厨房设备金属制品厂申请撤销仲裁裁决再审一案的请示报告的复函》（〔2007〕民四他字第 7 号）。

④ 安晨曦：《我国商事仲裁送达制度的完善——以 109 个仲裁规则为对象》，载《福建农林大学学报（哲学社会科学版）》2017 年 1 月。

（四）注意瑕疵影响程度

针对申请撤销仲裁裁决案件，曾有学者主张，若法院依据法律规定，以存在可撤销情形为由径直撤销裁决，只能被认为是做了“对的事情”，然而，如果法院能在此基础上，从促进纠纷解决和节约司法资源角度进行考量，便可以实现“将事情做对”的效果①。虽然该论断系针对国内仲裁裁决撤销问题，但其中蕴含旨意，即避免司法审查过于机械、应结合效益价值进行考量的建议，在涉外仲裁司法审查领域亦极具启发价值。具体到正当程序司法审查中，法院应注意考察程序瑕疵的影响程度，而非一律裁定不予执行或予以撤销。

对待轻微的程序瑕疵，应当采取宽松态度②，即便存在与仲裁规则不相符合之处，只要未对当事人权利造成实质性损害，就不应径直作出否定性认定。在此问题上，法院在日本信越化学工业株式会社申请承认与执行日本商事仲裁协会东京04－05号仲裁裁决案③中的裁判意见值得反思：在该案中，法院以仲裁庭违反仲裁规则，未通知当事人延期作出裁决为由，认定构成对正当程序条款的违反，并裁定不予执行仲裁裁决。实际上，延期裁决通知并非重大程序事项，与当事人的实质利益并无太深牵连，即便未收到延期裁决通知，当事人并不能因此遭受实质损害，法院以此为由裁定不予执行仲裁裁决，并不合理。与此不同，我国司法实践中亦有相关案例，注意考察程序瑕疵影响程度，例如，在大宝产业株式会社申请承认与执行外国仲裁裁决案④中，法院认为，仲裁庭虽未就变更仲裁申请给予被申请人陈述机会，但变更后的仲裁请求并未加重被申请人义务，并未对其造成不利影响，故对其抗辩不予支持。

（责任编委：陈宓⑤）

---

① 宋连斌、颜杰雄：《申请撤销仲裁裁决：现状·问题·建言》，载《法学评论》2013年第6期。

② 林一飞：《瑕不掩瑜：对仲裁程序瑕疵的司法审查标准》，https://mp.weixin.qq.com/s/Au2MLxhljwcA9DAwJ9kASg，最后访问时间：2020年4月1日。

③ 参见《最高人民法院关于不予承认日本商事仲裁协会东京04－05号仲裁裁决的报告的复函》（〔2007〕民四他字第26号）。

④ 参见（2018）鲁11协外认3号案裁决书。

⑤ 陈宓，中国国际经济贸易仲裁委员会监督协调处职员。

专论争鸣

在线仲裁背景下虚假仲裁的表现、成因及其规制

陈建华*

摘　要：当前，在线仲裁越来越得到社会关注，尤其是在新冠肺炎疫情防控常态化的背景之下，在线仲裁具有更加重要的现实意义。但是就目前存在的虚假仲裁现状来看，在线仲裁中对证人面部表情的观察无法像现场仲裁那样清晰全面，同时对当事人存在虚假陈述等症结难以区分。导致此种虚假在线仲裁的现象存在的原因是多种多样的，首先是诚实信用意识日益淡薄，其次是现有在线仲裁制度供给不足，再次是规制虚假在线仲裁法律缺位，最后是现有在线仲裁技术层面存在不足。因此，基于在线仲裁背景下的虚假仲裁现状、产生原因与规制对策进行探讨，构建在线仲裁辨识规则以及在线仲裁监督救济体系、完善在线仲裁的基础设施，以期对在线仲裁视野下虚假仲裁进行识别和防范有所裨益。

关键词：在线仲裁　虚假仲裁　识别　规制

引言

近年来我国数字经济发展迅速，取得了巨大的成就。2022 年初公布的第 49 次《中国互联网络发展状况统计报告》显示，截至 2021 年 12 月，我国网民规模已达 10.32 亿，较 2020 年 12 月增长 4296 万，互联网普及率达 73.0%。我国网络支付用户规模达 9.04 亿，较 2020 年 12 月增长 4929 万，占网民整体的

* 湖南省宁远人，法学博士，湘南学院教授、湖南师范大学硕士研究生导师，湖南省郴州市中级人民法院执行局副局长。

87.6%。[①] 伴随着数字科技的飞速发展和互联网的广泛运用，加上新冠肺炎疫情防控常态化，法院更加注重在线诉讼的发展。2021年5月18日，最高人民法院审判委员会第1838次会议审议通过了《人民法院在线诉讼规则》，该规则于2021年8月1日正式施行。[②] 在线诉讼发展的同时，在线仲裁（online arbitration）成为一种新型纠纷解决方式，并且即将迎来蓬勃发展的新时代。根据《中国国际商事仲裁年度报告（2020—2021）》显示，2020年全国259家仲裁委员会受理案件总数是400711件，其中，传统的商务仲裁案件是261047件，相比2019年减少了20364件。2020年全国仲裁案件总标的额达到7187亿元，比2019年减少了411亿元。其中有61家仲裁委员会受理涉外、涉我国港澳台地区的案件一共是2180件。[③] 为此，2019年4月中共中央办公厅、国务院办公厅联合发布的《关于完善仲裁制度　提高仲裁公信力的若干意见》，要求研究探索建立线上仲裁、智能仲裁，实现线上线下仲裁协同发展。这为今后在线仲裁的发展提供了国家政策依据、奠定了基础。此外，2021年司法部公布的《仲裁法（征求意见稿）》第4章规定"仲裁程序可以通过网络方式进行"。因此，在线仲裁作为网上争议解决机制（Online Dispute Resolution）受到越来越多的关注[④]，特别是在"一带一路"建设的背景下，在线仲裁不仅方便"一带一路"各国当事人进行商事争议解决，更有利于国家之间的经济往来。

所谓在线仲裁，是指仲裁程序通过线上方式进行，涵盖在线选择仲裁员、在线受案、在线缴费、在线庭审、在线举证、在线合议、在线裁决、在线送达等内容。[⑤] 在这一背景之下，研究在线仲裁的各个方面的内容变得尤为重要，无论是规制构建还是保障体系等都是非常必要的。其中，考虑到在线仲裁如同在线诉讼一样容易产生虚假仲裁的风险，我们非常有必要对在线仲裁领域的虚假仲裁问题进行一番思考与研究。何谓虚假仲裁呢？当前，理论界与实务界对

---

① 《CNNIC：第49次〈中国互联网络发展状况统计报告〉（2022年2月）》，载移动支付网，https：//www. mpaypass. com. cn/download/202203/16113334. html。

② 2021年6月17日，最高人民法院在全媒体新闻发布厅发布《人民法院在线诉讼规则》，最高人民法院副院长李少平，最高人民法院司法改革办公室副主任刘峥及最高人民法院国际合作副局长何帆共同出席发布会，并回答记者提问。

③ 《中国国际商事仲裁年度报告（2020—2021）》，法律出版社2021年版，第1-7页。

④ 对外经济贸易大学教授伏军讲到，我国线上仲裁已处于世界领先地位，互联网裁决案件处理类型已从处理网络交易纠纷扩展到普通商事纠纷。

⑤ 何然、李真慧：《涉外纠纷在线解决机制的优化路径》，载《人民司法·应用》2022年第16期，第87页。

这一新出现的法律术语缺乏统一的认识，譬如理论界，有的学者认为，可以将虚假仲裁与虚假诉讼的内涵进行对照，以此界定虚假仲裁的含义，即当事人之间事先串通，虚构法律关系向仲裁机构申请仲裁，以损害案外人合法权益。[①]又如实务界，浙江省台州仲裁委曾出台具有代表性的文件《关于防范虚假仲裁案件意见》，认为实施虚假仲裁行为的主体，除仲裁各方当事人外，应包括其他非仲裁当事人，如参加到仲裁的工作人员，同时指出虚构事实、捏造莫须有的法律关系是虚假仲裁最本质的内在属性。[②] 上述两种观点，理论界学者的观点对虚假仲裁的手段概括不全面，实务界的观点对虚假仲裁行为的主体的界定过于广泛。笔者认为，虚假仲裁是指为了获取非法利益，仲裁案件当事人之间以及当事人通过证人恶意串通、伪造证据、作假证、捏造虚假的民商事仲裁法律关系，向仲裁机构申请仲裁，并指使证人作假证，以获取具有法律效力的仲裁裁决或调解书，损害国家利益、社会公共利益或者案外人合法权益的行为。

考虑到在线仲裁如同在线诉讼一样容易产生虚假仲裁的风险，我们非常有必要对在线仲裁领域的虚假仲裁问题进行一番思考与研究。

一、问题：虚假仲裁成为在线仲裁实务中“重灾区”的主要表现

美国大法官霍姆斯说过，要想改进，第一步就是要看看摆在面前的事实。[③]当前，我国社会主义核心价值体系中包含“诚信”一词，《仲裁法（征求意见稿）》第 4 条规定，仲裁应当诚实善意、讲究信用、信守承诺。可见，我国《仲裁法》要求我们诚信仲裁，而非虚假仲裁。然而，在仲裁实践过程中，出现了诸多虚假仲裁的典型案例[④]。虽在线仲裁节省当事人解决纠纷的时间和经济成本，更加高效便捷化解当事人之间的矛盾，但是在线仲裁作为不见面的仲裁，按理而言更容易产生虚假仲裁。现状究竟如何？是否如同在线诉讼一样存在虚假诉讼？笔者对此进行了观察与分析。

---

① 张伯晋：《走出虚假仲裁司法救济的盲区》，载《检察日报》2013 年 9 月 26 日，第 3 版。

② 参见浙江省台州仲裁委《关于防范虚假仲裁案件意见》。

③ Law and Social Reform, in The Mind and Faith of Justice Holmes, His Speeches, Essays, Letters and Judicial Opinions, ed. By Max Lerner, The Modern Library, 1943, p. 401. 转引自苏力：《送法下乡——中国基层司法制度研究》，中国政法大学出版社 2000 年版，第 393 页。

④ 清华大学法学院张卫平教授曾经指出：“虚假问题是中国一个特别突出的问题，仲裁当中虚假纠纷很严重，这可能是公开率不高的原因，因为仲裁本身就是一个开放性不高的领域，当然在这个领域就很严重。”转引自李永生：《虚假仲裁的成因及应对机制之完善——以〈仲裁法〉修订征求意见稿为契机》，载微信公众号“德恒律师事务所”，最后访问时间：2021 年 8 月 3 日。

（一）“望闻”——在线仲裁中的证人面部表情难以分辨

通过观察，在线仲裁庭审程序中，证人作虚假陈述的案例层出不穷。在线仲裁通过网络视频进行庭审，证人在网络视频的另外一方，证人作证所处的周围环境会影响其表述，证人一旦受到旁人干扰其作证的证明力就会大大减弱；同时在线仲裁与线下仲裁相比，其对证人证言的判断相对单一，不够立体，不够充实，不够全面，导致在线仲裁员对证人的言行举止难以观察到位。这些都在无形中为在线仲裁中证人作假证提供了可乘之机。更何况在实务中，因受限于摄像头取景范围，无法真实观测到在线仲裁中证人周遭的真实环境，更无法了解到在线仲裁中证人周围是否有其他人干扰、引导、教唆甚至威胁等，由此要求在线仲裁中证人作出真实陈述变得更加艰难，但是线下仲裁庭审中完全不存在这种情况。有的学者通过调查研究发现，在广州仲裁委员会2017年受理的648件在线仲裁案件中，审理过程中出现证人做假证情况的有88件，占广州仲裁委员会2017年全年在线仲裁收案总数的13.5%。①

（二）“问切”——在线仲裁中的当事人症状脉象难分

趋利避害是人存在社会的本性，也是社会的自然属性。在线仲裁庭审中，为了防止自己承担可能败裁的不利后果，在相对宽松的线上仲裁环境中，在线仲裁中的当事人基于利益考量说谎的可能性比较大，比如否认已经收到具有法律效力的文件或者虚构已经向仲裁庭或对方发送过具有法律效力的文件，最终以网络异常或延迟未能取得成功为由来推卸责任。因此一旦在线仲裁中的当事人无法提供有效证据证明自己或对方成功获取具有法律效力的文件，则本人势必会由此而无法获得仲裁庭的支持。例如，2017年，广州仲裁委员会受理的线上仲裁案件中，在线上仲裁审理的过程中申请仲裁的双方或一方作出虚假陈述的案件有450件，占2017年全年在线仲裁案件总数的69.4%，此虚假陈述的数量是非常惊人的。② 此外，在线仲裁裁决面临的风险则更大，与线下仲裁作出的仲裁裁决相比，在线仲裁裁决在实务过程中更容易被法院撤销或者裁定不予执行。

（三）“求真”——在线仲裁中的仲裁员虚假判断难查

当前，在线仲裁中仲裁员的角色相当于当前诉讼程序中的员额法官，按理而言，在线仲裁中仲裁员应当对自己在线仲裁的案件的质量负责。但是，由于

---

① 关涛：《在线仲裁庭审程序研究》，湖南师范大学2018年硕士学位论文，第1-49页。
② 关涛：《在线仲裁庭审程序研究》，湖南师范大学2018年硕士学位论文，第1-49页。

我国仲裁员管理制度的特殊性，仲裁员实行兼职聘用制，故我国大多数仲裁员是兼职的律师或者高校教师的身份，少数是退休法官、退休检察官，因此，有时会存在某方当事人私下和在线仲裁员沟通，庭审前后进行暗中操作，从而影响仲裁的公正性与独立性的情况。在线仲裁背景下，这一情况更加严重。不像线下仲裁中，一方当事人可以在庭审中通过观察对方当事人与仲裁员的眼神交流和交谈等情况来考察他们之前是否有过接触进而存在影响仲裁公正性和独立性的情况。在线仲裁中，即便在线仲裁员与某方当事人存在私下沟通交流的情况，也会因距离较远的原因难以发现。此外，当前我国仲裁法对在线仲裁员的处罚力度不够，除非在线仲裁员触犯我国刑法应当移交法院之外，严重的处罚只是将在线仲裁员从在线仲裁员名册中除名，处罚程度达不到能让仲裁员害怕。

二、成因：在线仲裁更易产生虚假仲裁的根源透视

有仲裁界实务学者认为，虚假仲裁行为之所以发展如此之快，与社会转型时利益冲突、社会价值观扭曲以及民众道德缺失等社会方面的影响息息相关，同时也与社会征信体系制度构建、仲裁制度局限性以及法律救济机制不完善、刑事处罚不到位等国家制度方面因素密不可分。[①] 在线仲裁背景下虚假仲裁行为问题层出不穷，必然有多种原因。笔者认为，导致上述现状问题的原因有四个方面：一是诚实信用意识日益淡薄；二是现有在线仲裁制度供给不足；三是规制虚假在线仲裁法律缺位；四是现有在线仲裁技术层面存在不足。四个原因对虚假仲裁行为的发生都有关键作用，相互交叉影响，以下是笔者对几个方面原因的分析。

（一）诚实信用意识不足

在市场经济条件之下，诸多市场主体经不起利益的诱惑，导致人们的诚实信用观念不足。众所周知，尽管诚实信用原则是我国民法的基本原则之一，但是该原则有时得不到遵守。从全国人民法院执行领域来看，诸多市场主体被限制高消费，甚至被纳入失信被执行人名单。在新冠肺炎疫情防控常态化的当下，诸多市场主体的诚实信用观念不足，通过实施虚假在线仲裁这一不诚信行为以获取非法利益在仲裁实践中也就并不鲜见。“目前我国诚信机制尚不健全，市场经济发展中一些人有强烈的逐利意识，企图通过虚假仲裁，获取为诉讼做准备

---

① 王瑞华：《仲裁实务中虚假仲裁的识别与应对》，载《北京仲裁》2019 年第 3 辑，第 27 – 40 页。

的免证事实、对抗生效判决的执行、侵占案外人财产、绕过有关程序直接完成财产所有权的变更、规避禁止转让政策、变相完成法定登记手续、逃避缴纳税费、不当增减共同财产、获得参与执行分配的优先债权等。"① 这样一来，不仅严重损害了在线仲裁当事人的合法权益，而且与在线仲裁制度的设立初衷相悖，极大地削弱了在线仲裁的权威性和公信力。因此，我们如何对在线仲裁当事人的失信行为进行规制，加大失信成本，加强诚信观念，确保诚实信用原则也能在在线仲裁程序中得到贯彻落实，是在完善在线仲裁制度的过程中所必须面对的问题。

（二）现有在线仲裁制度供给不足

"仲裁本身所具有的自治性、合意性、秘密性、封闭性、灵活性、效率性等特点，也易于被有不良意图的人利用。虚假仲裁的危害性甚于虚假诉讼。在一定程度上，虚假仲裁的秘密性限制了案外第三人知晓案情、主张权利，其合意性则限制了案外第三人加入仲裁。"② 为何当事人愿意选择在线仲裁方式解决纠纷呢？无非是看到了在线仲裁制度的自治性、私密性、快速性以及一裁终局等诸多独特优势。然而，部分当事人开始利用在线仲裁制度的这些特点逐利。譬如合意性，在线仲裁是一种替代性争议解决过程，经过各方当事人的一致同意，将争议纠纷提交给相关仲裁机构，在选定仲裁员组成仲裁庭之后，由仲裁庭作出裁决的过程，其核心内涵就在于"仲裁活动是在互联网环境下进行的"。③

但是随着在线仲裁的广泛运用，证据收集、证据交换以及证据采信等规则因在线仲裁而面临困境，传统的线下仲裁制度和有关规则已经无法适应在线仲裁的需求，导致在在线仲裁中更易发生虚假仲裁的情况。就证据本身而言，主要是证据形式具有脆弱性、易篡改性和不稳定性的特点，导致在线仲裁成为虚假仲裁的高发区。同时，电子数据、电子证据具有被篡改性，极易被盗取、销毁，不具有可靠性、真实性。此外，书证、鉴定意见、勘验笔录等线下证据材料，需要电子化处理之后，转换为虚拟性质的电子数据，必然面临真实性存疑的情形。在线仲裁庭在无法通过线上对电子数据真实性进行判断的时候，需要

---

① 胡思博、李英辉：《检察机关打击虚假仲裁的现实必要性与程序设计》，载《中州学刊》2021年第12期，第58页。

② 胡思博、李英辉：《检察机关打击虚假仲裁的现实必要性与程序设计》，载《中州学刊》2021年第12期，第58页。

③ 魏沁怡：《互联网背景下在线仲裁的适用机制研究》，载《河南社会科学》2020年第7期，第82页。

仲裁当事人线下出示电子证据的原件进行核对。[①] 又如一裁终局。虽然能帮助在线仲裁机构快速实现最终解决纠纷的目的，但若在线仲裁当事人实施虚假仲裁行为，在线仲裁庭由于难以识别，往往就会依据在线当事人的意愿作出与事实不符的仲裁裁决书或者调解书。

（三）规制虚假在线仲裁法律缺位

随着“互联网＋仲裁”时代的到来，在线仲裁成为一种必然的趋势，并且发展越来越快。《在线仲裁研究》一书对网络仲裁出现的原因作了概述，作者认为，21 世纪是信息化的时代，无论发达国家还是发展中国家，都已进入以信息化产业为主导的新经济时代，网络仲裁的出现是顺应时代发展的必然结果。[②] 虽然虚假在线仲裁与虚假在线诉讼存在诸多相似的地方，但是我国对于二者法律规制的法律却出现不同。我国《民事诉讼法》第 114 条和第 115 条规定，对于不构成犯罪的虚假诉讼行为，可以对当事人处以罚款和司法拘留等处罚。同时，我国《刑法》也专门规定了虚假诉讼罪，对于实施情节严重的虚假仲裁行为的当事人处以刑事处罚。由此可见，我国现有法律对于虚假诉讼的规制相对完善。虽然“互联网 ＋”成为经济发展的前进方向，在线仲裁能够促进新兴的互联网产业（如互联网金融、P2P、区块链、电子商务）绿色、有序发展，同时也为互联网经济提供了与之相适应的纠纷解决方式。但是，虚假在线仲裁是近年来新出现的产物，成文法国家立法的滞后性特征表现得非常突出，明显的表现就是当前缺乏对虚假在线仲裁的直接规制措施。为此，相较于已经发展成熟并且拥有整套完善的制度的发达国家而言，我国规范在线仲裁的一些规则和制度[③]仍然处于正在发展和完善的过程之中。并且，由于我国不断加强对虚假诉讼的规制力度，造成一些另有所图的不法分子选择没有限制规定的在线仲裁领域，很有可能造成虚假在线仲裁现象呈现愈演愈烈的趋势。

（四）现有在线仲裁技术层面存在不足

目前，在线仲裁已经成为非常流行的一种仲裁模式。但是，在线仲裁不同于传统线下仲裁，需要全流程线上解决，电子数据、电子证据、在线庭审、电

① 卢云华、沈四宝：《在线仲裁研究》，法律出版社 2008 年版，第 67 页。

② 陈健、蔡超静、王梦华、张奕婕：《ODR 理论视域下在线仲裁模式研究》，载《北京仲裁》2019 年第 2 期，第 82 页。

③ 仲裁实践中，已能在线仲裁的仲裁机构属于少数，但是在内容上并未实质予以明确，反而给仲裁当事人造成困扰。湖北省仲裁法研究会：《中国仲裁史稿》，法律出版社 2018 年版，第 576 页。

子送达应用于在线仲裁领域，网上立案、网上审理、网上结案成为在线仲裁的常态模式，充分展现出新时代现代化仲裁的专业、高效、经济优势特点。相较于传统仲裁的周期长、受限于场所场地以及成本高等劣势，在线仲裁具有专业强、成本低、速度快以及不受空间限制等优势。但是，在线仲裁的良好进行需要具备较高的技术条件，尤其是设备、网络等诸多基础与前提条件，一旦不具备这些基础与前提条件，则无从适用在线仲裁。当前，对于证人作证，在线仲裁的审理是采取视频双向连接来发问或交叉询问方式，该方式就是“互联网＋”的便捷体现，然而目前对于连接的设备并没有规定要求同步进行，因此为证人作虚假陈述提供了可乘之机，让其可以钻法律漏洞或利用技术缺陷。具体来说，对于证人连接视频设备的摄像头并没有限制像素质量，如证人使用像素质量较差的设备通过在线仲裁作证，连接在另外一端的仲裁员势必无法清晰观测到证人的面部活动，无法判断证人所作陈述的真假，虚假陈述的可能性较大。同时，由于连接证人视频设备的摄像头可视范围一般较窄，在仲裁审理过程中基本全程只能看到证人本人的头部，而证人所处环境以及证人下半身等都不在仲裁员的可视范围，因此可能存在第三人通过引导、威胁等方式影响证人陈述等情形。就目前的市场以及科技来讲，要求证人购买昂贵且视角宽泛的视频连接设备并不是很现实，且与在线仲裁庭审程序节约仲裁参与人的成本相背离。此外，在线仲裁的良好的庭审环境与庄严的庭审秩序是塑造仲裁庭审权威、增强仲裁裁决公信力的重要因素，也是确保仲裁活动正常进行、实现仲裁当事人实体权利和程序权利的基本保障。目前，在线仲裁广泛运用于 P2P、区块链以及互联网交易、互联网食品安全等新型互联网市场经济、侵权纠纷，这些纠纷本就产生于虚拟空间，在现实中并不存在。与传统的现实空间明显不同，涉案当事人对对方的信誉、经济实力以及市场价值等都缺乏深层次的了解，有时甚至无法知道交易对方的身份信息，而现实中确实发生过限制民事行为能力人通过手机以监护人的身份进行网络交易。特别是“商对客”（BUSINESS-to-CUSTOMER，B2C）模式的交易，双方并没有形成长期稳定的合作关系，一些交易方认为此种交易模式即为“一锤子买卖”，双方对彼此都表现出不信任，更有甚者某些别有用心的当事人出于利益考量而欺骗或侵害他人合法权益，却在交易完成之后反悔，否定之前的行为。因此，我们需要较高水平的认证技术来支持在线仲裁庭审，然而由于目前认证技术尚未达到这一水平，导致我们不能发挥确认信息在传输和储存过程中未被篡改的作用，致使在线仲裁无法遏制陈述虚假事实，提供虚假证据等虚假仲裁的现象。

三、识别与规制：让在线仲裁成为“诚信领域”的思考

虚假仲裁一直都是仲裁理论界与实务界普遍关注的问题。毕竟仲裁界多数观点认为，虚假仲裁的存在实际上不仅损害仲裁人的利益，也危及仲裁权威与法律权威，应当对其进行规制。① 尽管当前我国仲裁理论界及实务界对虚假仲裁的识别与规制一直都在不断探索，但是对于在线仲裁视野下的虚假仲裁进行前瞻性的研究与思考则很少。因此，如何针对在线仲裁建立科学有效的虚假仲裁识别和风险防范机制，是值得我们认真思考与研究的问题。

（一）真假区分——构建在线仲裁辨识规则

“互联网+”的纠纷解决模式，无论是智慧化，还是智能化②，目前尚未真正实现自动化，为此，还需要大量的仲裁人员、工作人员做大量的工作。在线仲裁作为一种新时代产物，为了让在线仲裁成为“诚信领域”，首先面临的是识别问题。如前所述，虚假仲裁，是指仲裁当事人恶意串通，虚构实际上并不存在的民事纠纷，通过仲裁方式，获取生效的仲裁裁决（包括仲裁调解书），损害国家利益、社会公共利益或者案外人合法权益的行为。也就是说，虚假仲裁是仲裁当事人虚构仲裁案件事实，基于某一种非法或者不正当的目的提起仲裁程序。③ 在当前在线仲裁案件越来越多的情况下，为了方便仲裁庭和仲裁员从大量的案件中精准分辨出虚假仲裁，既要完善虚假仲裁方面的规则，又要完善在线仲裁方面的规则：

1. 从虚假在线仲裁构成要件方面，构建起“制度屏障”。这主要指完善关于虚假仲裁构成要件方面的法律规定。笔者认为，在线仲裁背景下的虚假仲裁构成要件包括主体、主观方面、客体、客观方面。从这些构成要件上看，如何识别在线仲裁背景下的虚假仲裁呢？一是主体。以伪造事实或者恶意串通等方式申请在线仲裁，妨碍审理秩序或者严重侵害他人合法权益的单位或者是个人。二是主观方面。主观上只能是故意。通过实践证明，在线仲裁中的虚假仲裁一

---

① 宋春龙：《民事诉讼视角下虚假仲裁的规制——以我国司法实践为切入点》，载《北京仲裁》2017年第4期。此种观点也得到了最高人民法院的认同，其在《关于人民法院办理仲裁裁决执行案件若干问题的规定》中首次规定了案外人申请不予执行仲裁裁决制度，以规制虚假仲裁。

② 姜丽丽：《准确解决〈若干意见〉合力提高仲裁公信力》，载《仲裁与法律》第142辑，法律出版社2019年版，第213页。

③ 张伯晋：《走出虚假仲裁司法救济的盲区》，载《检察日报》2013年9月26日，第3版。

般表现为恶意串通等主观上的过错。三是客体。在线仲裁的基本前提就是有真实可信的民事法律事实，如果在线仲裁当事人捏造案件事实提起仲裁，就会导致对方利益受损并造成仲裁资源浪费。在线仲裁实务中的虚假仲裁行为人侵害的是第三者的合法权益，而不是仲裁相对方的权益。因为虚假在线仲裁的合谋者，是非法利益的共同体，其侵害的对象不可能是相对方，只能是第三者。四是客观方面。虚假在线仲裁是指在线仲裁的双方当事人恶意串通，合谋编制虚假事实和证据向在线仲裁机构提起仲裁，利用在线仲裁机构的仲裁权，非法侵占或损害国家、集体、公民的财产或权益的仲裁行为。

2. 从在线仲裁阶段走向方面，构建起“程序屏障”。在线仲裁更容易滋生虚假仲裁，因此需要进一步规范仲裁程序，需要仲裁机构和仲裁庭在仲裁各阶段开展更细致的仲裁工作，为预防虚假仲裁构建起“程序屏障”。在线仲裁阶段包括受理阶段、庭审准备阶段、开庭审理阶段、仲裁裁决阶段等主要阶段。在这些阶段，如何识别虚假仲裁呢？一是仲裁案件受理阶段。向在线仲裁当事人出具书面告知书，如违反诚信原则进行在线仲裁活动，将承担不利的法律后果甚至面临处罚，必要时要求仲裁当事人双方签署诚信仲裁书面承诺书，让有虚假在线仲裁意图的当事人“悬崖勒马”。二是庭审准备阶段。通过充分阅卷，做好庭审提纲与阅卷笔录，注重留意并识别在线仲裁背景下的虚假仲裁情况。三是开庭审理阶段。通过庭审把控，注重证据核对和审查，认真开展庭审调查，留意在线仲裁当事人、在线仲裁中证人的声音、眼神、形象等诸多方面，必要时要求提供证据原件和依职权调取证据或者要求在线仲裁中证人出庭，排除虚假仲裁的合理怀疑，最大限度地识别在线背景下的虚假仲裁。四是仲裁裁决阶段。注重证据形成链条，在证据不足的情况下，能够形成自由心证，对于在线仲裁当事人事先达成的和解协议，认真审查。涉及案外第三人的合法权益的，在线仲裁机构可以依职权对案外人进行调查并形成笔录。对能够认定是在线仲裁背景下虚假仲裁的情形，依法裁决驳回申请人的仲裁申请。

（二）排除干扰——构建在线仲裁监督救济体系

在线仲裁背景下的虚假仲裁除了构建在线仲裁辨识规则之外，迫切需要构建监督救济体系。如何进行构建在线仲裁监督救济体系呢？笔者从完善在线仲裁案外人救济制度、建立虚假在线仲裁检察监督制度、增设虚假在线仲裁罪三个方面进行思考。

1. 完善在线仲裁案外人救济制度。“人类的权利自始就是与救济相联系的。

当人类脱离了盲动或依附而获得了一定的权利时，也必有与之相适应的救济手段相随。没有救济可依的权利是虚假的，犹如花朵戴在人的发端是虚饰一样。”① 虚假仲裁侵犯的往往是案外人的权利。在仲裁一裁终局原则的影响下，仲裁裁决一经作出即将发生法律效力，受到侵害的案外人无法通过上诉、再审等途径进行救济。目前，案外人只有两种救济途径：一是案外人申请不予执行仲裁裁决；二是案外人提起执行仲裁裁决异议之诉。但这两种途径都将案外人置于被动地位，无法使案外人的权利得到有效救济。那么如何完善在线仲裁案外人救济制度呢？笔者进行如下思考：一是建立案外人撤销在线仲裁裁决之诉制度。案外人申请撤销在线仲裁裁决，往往是基于其实体权利受到侵害，其一般对程序或证据等程序事项不会提出不同意见。因此，对于申请撤销在线仲裁裁决之诉的案外人，必须扩大申请理由的范围。对于案外人申请撤销在线仲裁裁决的理由，可以参考我国《民事诉讼法》第59条第3款关于第三人异议之诉的条件，但同时应当增加限定条件，即“案外人有证据证明在线仲裁裁决可能侵害其合法权益的，可以申请撤销”。可喜的是2021年《仲裁法（征求意见稿）》第77条规定，当事人提出证据证明裁决具有“裁决因恶意串通、伪造证据等欺诈行为取得的”，可以向仲裁地的中级人民法院申请撤销裁决。二是建立案外人对在线仲裁提出执行异议和执行异议之诉制度。中国政法大学宋连斌教授指出，允许仲裁案外人提起执行异议和执行异议之诉。② 在实务中，有人民法院对构建这一制度进行了探索。例如，珠海市中级人民法院建立先由案外人在执行案件中提出执行异议，经执行局、审判委员会讨论后，认为仲裁裁决违反公共利益的，依职权启动不予执行仲裁裁决的审查制度。③ 在笔者看来，案外人对已经进入执行程序的在线背景下的虚假仲裁案件，可以考虑建立在线仲裁案外人提起执行异议和执行异议之诉的制度，以期保护好案外人的合法权益。三是建立在线仲裁案外人提起侵权之诉制度。借鉴《民法典》第540条规定的债权人撤销之诉，确立了恶意转移财产债务人的全部赔偿原则，笔者建议，对于在线仲裁背景下虚假仲裁可以这样作出规定：人民法院认定在线仲裁中虚假仲裁侵害他人合法权益的，虚假仲裁参与人应当承担赔偿责任，必要时候，可

---

① 程燎原、王人博：《赢得神圣——权利及其救济通论》，山东人民出版社1998年版，第368页。

② 宋连斌、武振国：《虚假仲裁中案外人权利保障机制研究》，载《商事仲裁与调解》2020年第1－2期第103－125页，第82－91页。

③ 章宁、张丹、谭炜杰：《珠海中院首创仲裁案件案外人救济司法审查机制》，载《法治日报》2015年1月6日，第7版。

以考虑由虚假仲裁参与人负担债权人行使权利产生的必要费用，譬如律师费等合理损失。

2. 建立虚假在线仲裁检察监督制度。仲裁裁决是靠国家强制力来执行的，因此对于仲裁的监督则显得不可或缺，这也是国家对仲裁实行监督的基本原理和理论根据。[①] 在线仲裁背景下，虚假仲裁的违法现象会更加严重，放任不管将会对我国的仲裁公信力、仲裁权威造成严重的伤害，与党中央提出的全面依法治国的理念相违背。为此，防范与打击在线仲裁背景下的虚假仲裁行为具有现实必要性和迫切性。其中一个可行方案是建立虚假在线仲裁检察监督制度。譬如广东省广州市人民检察院与广州仲裁委员会于2020年4月共同签署出台的《关于加强仲裁与检察监督工作衔接的实施意见》，该意见提出，要重点监督虚假仲裁。[②] 笔者认为，当前，我们借鉴最高人民法院于2017年12月出台的《关于仲裁司法审查案件报核问题的有关规定》将“违背社会公共利益为由不予执行或者撤销我国内地仲裁机构的仲裁裁决”必须逐级上报最高人民法院报核的经验做法，将“违背社会公共利益为由不予执行或者撤销我国内地仲裁机构的仲裁裁决”交由地方市级人民检察院并向市级中级人民法院提出司法建议的形式进行共同审查。

3. 增设虚假在线仲裁罪。我国《民事诉讼法》第116条规定，对于通过诉讼、仲裁、调解等方式恶意串通他人逃避执行的当事人，法院应当根据情节轻重予以罚款、拘留，构成犯罪的应追究其刑事责任。2021年全国两会期间，全国人大代表建议增加虚假仲裁罪和虚假公证罪，严惩利用司法“公器”打假官司谋取非法利益的行为。[③] 近年来，最高人民法院、最高人民检察院对虚假诉讼给予了重点打击，出台了一系列指导意见、司法解释。[④] 为此，我们可以借

---

① 学界对仲裁的司法监督依然存在着误解。狭义的民事诉讼与仲裁的确是不同的纠纷解决方式和途径，但广义的民事诉讼包含非讼程序和各种民事司法监督程序，例如对人民调解协议的确认程序，也包括对仲裁的监督程序。从这个意义上来说，广义的民事诉讼并不是与仲裁平行的诉讼程序。国家对仲裁的司法监督是国家的职能，而非司法专横。

② 程景伟：《广州出台实施意见 重点监督虚假仲裁》，载中国新闻网，http://www.chinanews.com/sh/2020/04-21/9163215.shtml，最后访问时间：2021年8月6日。

③ 2021年全国两会期间，被业内人士称为“中国虚假诉讼领域第一人”的全国人大代表王朝勇律师建言。

④ 最高人民法院于2016年6月专门制定了《关于防范和制裁虚假诉讼的指导意见》；2018年9月26日，最高人民法院、最高人民检察院通过了《关于办理虚假诉讼刑事案件适用法律若干问题的解释》。2021年3月10日起实施的《关于进一步加强虚假诉讼犯罪惩治工作的意见》，对建立健全虚假诉讼犯罪惩治配合协作和程序衔接机制、进一步加强虚假诉讼犯罪惩治工作作了具体规定。

鉴虚假诉讼构罪的经验做法，在刑法中增设虚假在线仲裁罪。例如，具体规定："人民法院认定在线仲裁当事人实施了虚假仲裁，从而骗取生效仲裁裁决损害国家利益、社会公共利益或者案外人合法权益的，可以根据情节轻重予以罚款、拘留；构成犯罪的，依法追究刑事责任。"

（三）后勤保障——建立在线仲裁基础设施

基础设施是互联互通的基石，要充分发挥好高新技术与金融的作用，共同推进"一带一路"建设。[①] 在"一带一路"上实施在线仲裁，同时保障上述机制能够顺利平稳运行，需要稳固的技术支持和后勤保障。故此针对保障需要，笔者提出以下两点建议。

1. 严格确立设备基本要求。"工欲善其事，必先利其器。"当前可以通过技术以及规则的完善减少甚至避免在线仲裁各类问题的出现。目前，我们最为需要做的是严格确立设备基本要求。一是建立机制，确保在线仲裁网络连接稳定并且安全。通过建立网络连接稳定并且安全的机制，譬如统一规定利用区块链技术，确保宽带连接和网速足够顺畅，基本上不存在干扰网络安全稳定的案外因素，可以顺利进行视频会议。[②] 又如统一规定在电子证据产生的同时即以哈希值校验形式[③]提交平台进行安全传输和存证，可以有效解决电子证据的易篡改、易伪造等问题。二是确立视频连接设备的质量标准，通过法律制度来明确仲裁员、当事人等仲裁各方参与人视频连接设备的质量标准以及网络质量，以及未按法律规定持有视频连接设备所应承担的后果。譬如因为设备不达标或者信号不太好等问题导致在线仲裁受到较大影响甚至无法完成的，应另行安排庭审时间或者转为线下仲裁。视频连接设备应当兼具图像与声音两个功能，或同时配备图像与声音两种不同功能的连接设备。对于连接设备的合格质量方面，图像功能最少要达到目前智能设备领域的平均像素水平且能够保证周围环境均在可视范围之内，声音功能要确保传输与原声损失比控制在目前智能产品的平均标准，确保仲裁案件当事人对于涉争问题拥有平等自由充分的陈述机会，不

---

① 参见中共中央宣传部、中央党史和文献研究院、中国外文出版发行事业局：《习近平谈治国理政》（第 3 卷），外文出版社 2020 年版，第 483 页、第 492 页。

② 张倍维：《国际商事网络仲裁裁决的承认与执行》，中国政法大学 2021 年硕士学位论文，第 1－59 页。

③ 哈希值校验方式，是指通过哈希函数（又名散列函数）将任意长度的内容，通过哈希函数算法变成不同长度的比特串，即哈希值输出。由于哈希函数是不可逆的单向函数，所以不同的电子数据生成的哈希值几乎不可能形同，故此哈希值校验具有极高准确度。

会产生争抢发言、人身攻击等失序行为，影响仲裁案件当事人真实意思的正确表达。对于证人视频连接的设备至少需要两个，以便能够环视作证现场的周围环境，并且不得人为干扰证人作证，一旦发现有人为因素影响着证人作证，所作的证人证言的效力将面临失效等后果，并且证人作证前后确保证人不得旁听仲裁案件庭审，不得与仲裁当事人在庭审期间私下交流，防止当事人对证人证言的客观性和公正性产生影响。在后果方面，没有严格持有最低质量和数量设备的各方仲裁参与人，若仲裁员由此作出的裁决对有关仲裁参与人不利的，则应当由有关仲裁参与人自担风险。

2. 增加宣传力度。在线仲裁“还属于一种新兴事物，这种在线纠纷解决机制目前主要在我国经济发达地区较为盛行，由于缺少宣传，很多地方对于网络仲裁还是比较陌生的”①。为了营造严厉打击在线仲裁实务中的虚假仲裁违法犯罪的强大舆论声势，通过微信公众号、抖音、以案说法电视节目、召开新闻发布会、开展专项打击行动等多种形式，依法严厉打击在线仲裁实务中的虚假仲裁，增强全社会对在线仲裁实务中的虚假仲裁违法犯罪的防范意识，震慑在线仲裁实务中的虚假仲裁违法犯罪，进一步提升在线仲裁的公信力。此外，我们还需要从源头上对在线背景下的虚假仲裁进行治理。正如有仲裁界实务学者认为，不仅需要仲裁机构及仲裁庭给予充分的重视，构建完善的风险防范制度及内部控制制度，防范虚假仲裁行为的发生，同时需要结合此类事件发生的社会原因，逐步通过完善社会征信体系建设、健全信用监督管理机制从源头上来杜绝虚假仲裁行为。②

结语

正所谓：“技术是工具，效率是手段，正义才是根本。”③ 截至2022年5月，全国270多家仲裁机构中有30多家仲裁机构，已经开始探索建立在线仲裁规则，然而大多数仍持观望态度，离开“线上线下仲裁常态化并行”的仲裁模式新格局，还有相当长一段路要走。但是基于“未雨绸缪”的思维，我们需要对在线仲裁视野下的虚假仲裁进行前瞻性的思考。对于在线仲裁而言，虚假仲

---

① 郎兴洁：《我国网络仲裁机制研究》，云南师范大学2021年硕士学位论文。

② 参见王瑞华：《仲裁实务中虚假仲裁的识别与应对》，载《北京仲裁》2019年第3辑，第27-40页。

③ 龙飞：《中国在线纠纷解决机制的发展现状及未来前景》，载《多元化纠纷解决机制改革精要》，中国法制出版社2019年版，第452页。

裁行为既是对仲裁秩序及仲裁公信力的严重挑衅，也是对在线仲裁机构及在线仲裁庭审程序管理风险意识和防范能力的重大考验。为此，我们需要积极应对、多措并举，努力破解困境，从源头上化解在线仲裁背景下的虚假仲裁，为构建“一带一路”涉外商事法律制度贡献一份力量。

（责任编委：杨帆[①]）

① 杨帆，中国国际经济贸易仲裁委员会知识产权争议解决处处长、仲裁员。

对互联网格式仲裁条款效力审查思路的反思与重塑

蔡文豪[*]

摘　要：近年来，格式仲裁条款在互联网格式合同中越发常见，但对此类条款公平性的质疑不绝于耳，这集中体现在对互联网格式仲裁条款之效力的挑战上。就应用现状而言，当前具有强势地位的互联网企业都或多或少采用了格式仲裁条款；就司法审查而言，司法机关总体上对此类条款采取了较为单一甚至割裂的审查路径，仅从《仲裁法》的层面加以形式审查，而未能回归到格式条款的一般性规制机制对其效力加以考察；就立法动态而言，2021年发布的《仲裁法（征求意见稿）》第28条对仲裁条款的规定亦有待进一步解读。有必要廓清格式仲裁条款既构成格式条款，又构成仲裁条款的双重特性，对当前的审查路径加以反思，重点补充对格式条款的审查机制这一视角，以期形成同时符合《民法典》和《仲裁法》中相关规定的审查路径，为互联网行业及“互联网+”时代的健康发展保驾护航。

关键词：格式仲裁条款　订入控制　内容控制　《仲裁法》修订

一、问题的提出：格式仲裁条款的强制性

格式仲裁条款是指经营者为了某一交易重复使用而预先选择将仲裁程序作为合同争议解决方式，并在订立时未与对方协商的格式条款，最初常见于保险、房屋买卖、贷款等领域。21世纪互联网行业的蓬勃发展也为格式条款提供了生长的土壤，随着“互联网+”时代的到来，越来越多的线下传统行业开辟了线

* 北京植德（上海）律师事务所律师。

上业务，以网页为载体的电子合同取代了原先固定于“白纸黑字”的纸面合同，而格式仲裁条款也因此被广泛应用于电子商务、金融等不同领域。

国内外顶尖企业均或多或少地开始采用格式仲裁条款。此类公司提供的服务或产品对于个人用户或消费者而言，往往具有一定独占性，即顾客通常无法在市场上寻找有效替代品，常有企业将此鼓吹为“用户黏性”。但正是因为这一“用户黏性”，消费者或用户对这些企业提供的格式条款并无任何讨价还价的余地，更没有其他选择的机会，[①] 形成了“要么接受，要么走开（take it or leave it）”的利益失衡格局。格式仲裁条款因此又被称为强制仲裁条款（Forced Arbitration Clause 或 Mandatory Arbitration Clause）。此外，凭借着强大的“议价能力（bargaining power）”和精明的条款设计能力（比如事先在格式合同中加入单方修改条款的权利），[②] 互联网企业还可以单方面地扩大仲裁条款的适用范围，抑或随时在格式合同中嵌入仲裁条款。[③]

伴随着格式仲裁条款的广泛使用，国内外频繁出现了针对格式仲裁条款效力和公正性的质疑。2020 年的 ofo 单车押金风波以及随之而来的仲裁条款效力之争，更是将这一质疑推向了高潮，并将仲裁这一替代性纠纷解决机制与“小额多数”消费者之间的矛盾推向了舆论的风口浪尖。然而，在面对这些针对格式仲裁条款效力的质疑时，法院的审查思路则存在诸如无视格式条款订立规则、僵化地适用《仲裁法》效力审查规范等问题，作出了一系列认可格式仲裁条款有效的裁判。这实际上“堵住”了消费者通过法院维护自身权利的道路，而在相对高昂的仲裁成本面前，消费者或用户就不得不“偃旗息鼓”并最终放弃通过仲裁维权。换言之，法院支持仲裁的良好本意却导致了消费者或用户的维权难。为了避免司法机关“支持仲裁”的立场沦为平台服务提供方规避责任的“保护伞”，有必要厘清和纠正司法机关针对格式仲裁条款效力的审查思路。

二、互联网格式仲裁条款的应用现状

尽管小额消费是互联网用户或消费者最为常见的消费形式，且与商事仲裁

---

① 韩世远：《合同法总论》，法律出版社 2018 年版，第 918 页。

② 如《领英用户协议》第 1.3 条：“我们可能会不时修改本合同、我们的《隐私政策》及《Cookie 政策》。若有重大更改，我们会通过‘服务’或其他方式向您发出通知，使您有机会在更改生效之前查看更改……若反对任何更改，您可注销账号……”，http：//cn. linkedin. com/legal/user – agreement? trk = registration – frontend_ join – form – user – agreement，最后访问时间：2021 年 8 月 13 日。

③ 宋建立：《瑕疵仲裁协议的司法审查》，载《人民司法》2018 年第 19 期，第 4 – 10 页。

制度存在天然的不兼容性，但是现行法律并未禁止互联网企业选择仲裁作为解决其与消费者、用户之间争议的方式。因此，本文先从知名互联网企业的用户协议等格式合同入手，探索格式仲裁条款在互联网企业中的使用情况。

（一）分析样本的选取

本文首先选取了中国2020年百大互联网企业的前十五名①及福布斯全球前十五大互联网企业，② 并在排除部分不直接参与“商对客”（B2C）业务的企业后，将其中25家互联网企业作为统计样本，并从官方网站等公开渠道获取这些企业发布的格式合同。此外，由于样本企业的业务范围十分广泛，具体的产品和服务往往由不同的关联公司运营，例如阿里巴巴旗下的淘宝、天猫国际、考拉海购；字节跳动旗下的抖音、今日头条等。为确保统计准确，本文还将样本企业的部分关联公司纳入统计范围。

（二）互联网格式仲裁条款的使用情况

通过查询并分析上述样本企业及其关联公司的互联网格式合同及其中的争议解决条款，本文发现，在25家样本企业中，共有14家及其关联公司在互联网格式合同中使用了格式仲裁条款。其中，外国或外资互联网企业使用格式仲裁条款的比例要明显高于中国互联网企业，样本中的9家外国企业及其在华外资子公司仅有1家未使用格式仲裁条款，③ 而在15家中国互联网企业中则有6家企业及其关联公司使用了格式仲裁条款。

表1　互联网企业格式仲裁条款适用情况

序号	企业/品牌	仲裁条款适用范围及仲裁机构	企业国别
1	阿里巴巴	天猫国际；香港国际仲裁中心 考拉海购；中国国际经济贸易仲裁委员会	中国
2	美团	美团小贷；保定仲裁委员会	中国
3	360	特定产品/服务；北京仲裁委员会	中国
4	哔哩哔哩	普遍适用；广州仲裁委员会	中国

① 中国互联网协会：《2020年中国互联网企业100强榜单》，载腾讯新闻网，2020年11月2日，http：//xw. qq. com/amphtml/20201102A09F7Q00，最后访问时间：2021年8月13日。

② 福布斯：《全球百大互联网公司排名（Top 100 Digital Companies）》，http：//www. forbes. com/top-digital-companies/list/，最后访问时间：2021年8月13日。

③ 这一未使用格式仲裁条款的企业为亚马逊（Amazon）公司。

续表

5	网易	普遍适用；中国国际经济贸易仲裁委员会	中国
6	腾讯	普遍适用；香港国际仲裁中心 （仅针对外国用户）	中国
7	苹果	iCloud；中国国际经济贸易仲裁委员会	美国
8	微软	特定产品/服务；中国国际经济贸易仲裁委员会	美国
9	脸书	Instagram；美国仲裁协会	美国
10	谷歌	Google Fiber；美国仲裁协会	美国
11	AT&T	普遍适用；美国仲裁协会	美国
12	威瑞森	普遍适用；美国仲裁协会	美国
13	迪士尼	普遍适用；美国仲裁协会	美国
14	三星	普遍适用；北京仲裁委	韩国

此外，样本企业格式仲裁条款的适用范围也不尽相同。一部分企业仅将格式仲裁条款适用某项特定产品或服务，例如阿里巴巴旗下的淘宝、天猫并未在其用户协议或使用协议中适用格式仲裁条款，但在天猫国际的相关争议处理规范以及考拉海购的服务协议中均明确规定适用仲裁程序；[①] 另一部分企业格式仲裁条款的范围则更为宽泛，适用于其全部或大多数产品或服务，比如网易公司就在旗下网易公开课、网易邮箱大师、网易云音乐、网易严选等多个格式合同中规定，因前述产品或服务产生的争议均须通过中国国际经济贸易仲裁委员会（CIETAC）仲裁程序解决。[②]

（三）互联网格式仲裁条款的常见形态

基于互联网的特性，格式仲裁条款通常不会以独立仲裁协议的形式出现，而是“镶嵌”在用户协议、增值服务协议（如会员、高级版）、隐私政策以及电商消费者合同等电子格式合同之中。

按消费者或用户可感知程度的不同，互联网格式合同大致可区分为点击模式和超链接模式。其中，点击模式需要在消费者或用户先行点击“同意”后，

---

① 《天猫国际争议处理规范》，http：//rule. tmall. hk/rule/rule_ detail. htm? spm = 0. 0. 0. 0. S68e4q&i d = 1519&tag = self，最后访问时间：2021 年 8 月 13 日。

② 《网易云音乐服务条款》，http：//st. music. 163. com/official – terms/service，最后访问时间：2021 年 8 月 13 日。

方可正式使用服务，其可感知程度也因此更高；超链接合同则多以小字标题呈现或位于网页底部，用户或消费者往往对此并不知情，也不需要消费者或用户进行任何类似点击“同意”等操作。实践中，多采取二者结合的折中模式，即在初次使用这类条款时由互联网企业提供相应的条款链接，消费者或用户可以点击链接查看条款内容，在点击或勾选“同意”后才能进行下一步操作。互联网企业还会在同意的勾选项中加入类似“我已经阅读相关条款”的表述。

三、格式仲裁条款效力的司法审查困境

由上可知，格式仲裁条款在国内外互联网企业的日常经营中已经较为普遍，而其使用场景更是完全符合“单方预先订立、重复使用”这一格式条款的基本特征。因此，其效力也应受到《民法典》《消费者权益保护法》等相关规范的审查。然而，现阶段司法机关对格式仲裁条款的审查似乎仅仅关注了其作为仲裁条款的效力问题，缺乏对其格式条款效力问题的审查。

（一）订入控制严重缺位

当前，有关格式条款的订入控制规则，几乎未被适用于格式仲裁条款。出于对格式条款接收方弱势地位的保护，立法者对格式条款提供方施加了提示说明义务。如果提供方未能就格式条款妥善履行提示说明义务，则该条款就不能成为合同的组成部分。① 在有关仲裁协议效力争议中，有当事人基于这一观点对仲裁协议的效力提出异议。在《民法典》施行前，虽有法院在个别案件中支持这一主张，② 但各地法院倾向于认为，仲裁条款并非《合同法》第39条所规定的“免除或限制格式条款提供方责任”的条款，提供方无须向接收方履行提示说明义务，格式仲裁条款也因此未受到“订入控制”制度的规制。③

《民法典》第496条强化了对格式条款的“订入控制”，提出“重大利害关

① 韩世远：《合同法总论》，法律出版社2018年版，第922页。

② 如上海埃斯埃医疗技术有限公司与莱茵技术（上海）有限公司其他合同纠纷案，上海市第二中级人民法院（2020）沪02民终4718号民事裁定书。

③ 如刘某香与广州市金璟置业发展有限公司申请确认仲裁协议效力案，广东省广州市中级人民法院（2021）粤01民特448号民事裁定书；朱某军与天津中海海盛地产有限公司申请确认仲裁协议效力纠纷案，天津市第二中级人民法院（2020）津02民特72号民事裁定书；陈某林与北京火币天下网络技术有限公司申请确认仲裁协议效力异议监督案，北京市高级人民法院（2018）京民申1737号民事裁定书；杭州网易雷火科技有限公司与张某申请确认仲裁协议效力案，北京市第二中级人民法院（2016）京02民特145号民事裁定书。

系条款”的概念，即格式条款提供方应对接收方具有重大利害关系的格式条款予以提示或说明。但由于《民法典》对重大利害关系界定较为模糊和宽泛，理论界和实务界对何为“重大利害关系”也并未形成统一的认识。[①] 这也导致在现有案例中，尽管《最高人民法院关于适用〈中华人民共和国民法典〉时间效力的若干规定》明确规定“重大利害关系”的提示说明义务同样适用于民法典生效前的合同，但法院似乎依旧遵循着《合同法》时期的思路，对消费者与格式仲裁条款并不涉及“重大利害关系”，《民法典》第496条自然也未被纳入考察格式仲裁条款是否成立的讨论之中。[②]

（二）效力审查流于形式

在格式仲裁条款不受限制地进入合同并成为其组成部分之后，司法机关对此类条款效力的考察通常不再涉及《民法典》的相关规定，[③] 或以“诉讼与仲裁是两种不同的纠纷解决机制，选择仲裁方式对合同各方主体均是平等的”为由对此一笔带过。仅仅从仲裁条款是否具备《仲裁法》第16条所规定的必要内容以及是否存在第17条所规定的效力瑕疵这两个方面进行考察。由于大多数互联网企业所提供的格式仲裁条款均经过专业人士的起草和审核，格式仲裁条款几乎不会出现不符合《仲裁法》第16条规定的情况，而《仲裁法》第17条所规定的无效情形也十分有限，格式仲裁条款的效力也因此不会受到任何实质性的挑战。

诚然，格式仲裁条款作为确定合同争议解决方式的条款，其效力自然应受《仲裁法》的规制，但仲裁条款或仲裁协议作为诉讼契约的一种亦具备合同特性，对其效力不能只进行程序性审查，还需要进行实体评价。[④] 面对广大互联网消费者和用户的格式仲裁条款在发挥仲裁条款基本功能的同时，自然也具备“单方预先订立、重复使用”等格式条款基本特征。现实中，消费者或用户往

---

① 王天凡：《〈民法典〉第496条格式条款的定义及使用人义务评注》，载《南京大学学报》2020年第6期，第49－65页。

② 如徐某珂与中国国家铁路集团有限公司申请确认仲裁协定书议效力案，河南省郑州市中级人民法院（2021）豫01民特24号民事裁定书；张某乐与北京恒冠国际科技服务有限公司申请确认仲裁协议案，北京市第四中级人民法院（2021）京04民特356号民事裁定书。

③ 陈某帅与北京拜克洛克科技有限公司车辆租赁合同纠纷案，北京市第一中级人民法院（2018）京01民终6155号民事裁定书。

④ 姚振：《服务合同纠纷视角下重大利害关系格式条款的司法认定》，第四届上海司法高峰论坛暨上海法院《民法典》司法实务论坛。

往无法基于实质的合同自由对格式仲裁条款表示接受，这种表面“自愿”只能实现形式正义，实质正义的补充则需要公权力介入予以矫正，[①] 而这是《仲裁法》无法实现的，需要通过实体审查的方法对其加以规制，这正是现有流于形式的审查制度和实践所欠缺的。

（三）救济途径严重受限

互联网平台的消费者或用户，就格式仲裁条款效力争议的救济路径，亦严重受限。《仲裁法》第 20 条规定，当事人对仲裁协议的效力有异议的，可以请求仲裁委员会作出决定或者请求人民法院确认仲裁协议或仲裁条款的效力，并强调法院对仲裁协议效力问题拥有优先审查权。出于成本和公信力等方面考虑，当事人通常倾向于选择由法院对格式仲裁协议是否成立或生效进行审查。于 2021 年 7 月 30 日公布的《仲裁法（征求意见稿）》[②] 第 28 条规定，仲裁庭对于仲裁协议存在、效力及管辖权异议享有自主审查权，而若当事人在未经仲裁庭审查的情况下，径直向人民法院提出效力异议的，人民法院不予受理。在此安排之下，法院似乎从原先的主导地位退至监督者的位置，只有在当事人对仲裁庭决定不服并向法院申请司法审查的情况下，法院才会对仲裁协议效力加以审查。

《仲裁法（征求意见稿）》第 28 条也被视为中国《仲裁法》对国际商事仲裁中通行的仲裁庭“自裁管辖权”的借鉴，[③] 更是司法机关支持仲裁精神的体现，具有一定积极意义。然而，该规定可能对格式仲裁条款接收方造成巨大的负面影响，甚至剥夺其寻求救济的权利。具体来说，《仲裁法（征求意见稿）》赋予了仲裁庭对仲裁协议效力和管辖权的优先审查权，而根据仲裁机构的仲裁规则，仲裁庭的组成一般须以申请人预缴仲裁费用为前提。[④] 倘若《仲裁法》的修订最终采纳了《仲裁法（征求意见稿）》第 28 条的模式，那么对于以“小额多数”为特征的消费者或用户而言，原先费用较低、过程公开且更为直接的

---

① 胡安琪、李明发：《网络消费格式管辖条款三维规制体系论：方式、对象及逻辑顺位》，载《河北法学》2020 年第 38 卷第 11 期，第 102 – 107 页。

② 《中华人民共和国仲裁法（修订）（征求意见稿）》，载司法部官方网站，2021 年 7 月 30 日，http：//www. moj. gov. cn/pub/sfbgw/lfyjzj/lflfyjzj/202107/t20210730_ 432967. html，最后访问时间：2021 年 8 月 13 日。

③ 《关于〈中华人民共和国仲裁法（修订）（征求意见稿）〉的说明》，载司法部公开征求意见系统，2021 年 7 月 30 日，http：//zqyj. chinalaw. gov. cn/draftExplain？ DraftID = 4518，最后访问时间：2021 年 8 月 13 日。

④ 如《北京仲裁委员会仲裁规则》第 9 条、第 20 条。

司法审查程序将被程序费用更高、过程保密且更为复杂的“自裁程序”所取代。[①] 面对如此复杂而又高昂的仲裁费用，试问又有多少消费者或用户还会愿意去尝试挑战格式仲裁条款的效力呢？

由此可见，在订入控制缺位的情况下，提供格式仲裁条款的一方也被豁免提示说明义务，格式仲裁条款得以直接成为合同的组成部分，而现有效力审查路径又仅仅局限于《仲裁法》的相关规定，几乎不涉及格式条款的效力问题。在只见“仲裁”不见“格式”的审判逻辑之下，仲裁条款司法审查制度或将“退居二线”，这无疑将给消费者或用户的权利救济带来巨大障碍。

综上所述，当前司法审判部门对格式仲裁条款所采取的审查路径，似乎仅强调其作为仲裁条款的一面，而相对忽视了对互联网企业广大消费者、用户作为格式条款接收方的利益保障。借《仲裁法（征求意见稿）》的机会，有必要重新审视格式仲裁条款的法律规制路径。

四、格式条款视角下的格式仲裁条款审查思路之重塑

重塑格式仲裁条款审查思路的关键在于解决其性质问题，即格式仲裁条款是否成立并成为合同组成部分。从逻辑上来看，《民法典》第496条、第497条和第498条分别从条款的成立、生效与解释对应格式条款订入控制制度、内容控制制度和解释制度，[②] 而讨论格式仲裁条款是否成立并成为合同组成部分则需要解决两个问题，即格式仲裁条款是否需要由提供方予以提示说明以及应当如何履行提示说明义务。

（一）格式条款提供方提示说明义务之证成

根据《民法典》的新规，提供格式仲裁条款的一方应当负有提示说明义务。《民法典》第496条第2款增加“与对方有重大利害关系”这一概括性规定，而不再将提示说明义务局限于《合同法》第39条的规定，并与《消费者权益保护法》第26条第1款“遥相呼应”。由此可知，在原先的“免除或者减轻其责任”的格式条款基础上，《民法典》还要求提供格式条款的一方针对其

---

① 仅以相关费用为例，北京仲裁委的仲裁费用最低为17000元（详见《北京仲裁委员会/北京国际仲裁中心案件收费标准》）；中国国际经济贸易仲裁委员会的仲裁费用最低为6100元（详见《中国国际经济贸易仲裁委员会仲裁费用表》）；上海国际仲裁中心的仲裁费用最低为5100元（详见《上海国际经济贸易仲裁委员会（上海国际仲裁中心）仲裁费用表》）。

② 肖建国、刘文勇：《消费格式合同管辖协议效力研究——兼论〈民诉法解释〉第31条的规定》，载《北方法学》2019年第13卷第6期。

他“与对方有重大利害关系”的条款向接收方履行提示说明义务，而是否应当对格式仲裁条款予以提示说明，就需要判断该条款是否与接收方之间存在重大利害关系。由于实践中存在种类繁多、权利义务各异的合同，《民法典》无法也不应对“重大利害关系条款”作出过于细致的界定，但这一概括性规定也确实给法律适用带来了难题，司法机关往往无法将重大利害关系的内容和原《合同法》第39条“免除或者限制其责任的条款”或《民法典》“免除或者减轻其责任”显著区分。①

有观点认为，《民法典》第470条规定合同一般条款均属于“与对方有重大利害关系”的条款，应受到订入控制制度的相应规制，② 而其中也包括争议解决条款。笔者持相反意见。《民法典》第470条的合同一般条款虽十分重要，但其中不乏“个别协商”条款与核心给付条款，不宜也不应一并纳入提示说明的范畴，否则很可能导致合同中的大量内容被标识，反而难以达到提示说明的效果，更无法补正格式条款未进行实质性磋商的缺陷。从文义出发，《民法典》第496条第2款关于应当履行提示说明义务的表述为“免除或者减轻其责任等与对方有重大利害关系的条款”，而其中“等”字表明格式仲裁条款对接收方的影响应与免除或者减轻格式条款提供方责任对接收方产生的负面效果相当。

还有观点以“不公平条款”来分析格式仲裁合同条款的效力，这亦与格式条款的规制路径殊途同归。对此，有学者明确指出，此类预先制定的争议解决条款对接收方作出了明显不利的安排，此类条款就可能构成不公平合同条款，而在ofo退押金风波中，消费者由于格式仲裁条款而遭遇的维权障碍也足以证明构成不公平条款的认定并非空穴来风。③ 此外，在性质相同的格式管辖条款④纠纷中，司法机关在依据《最高人民法院关于适用〈中华人民共和国民事诉讼法〉的解释》第31条认定未经合理提示说明的格式管辖条款无效的同时，也已经意识到格式管辖条款将“使消费者额外负担相较于商品价格明显过高的差旅

---

① 王天凡：《〈民法典〉第496条格式条款的定义及使用人义务评注》，载《南京大学学报》2020年第6期，第49-65页。

② 最高人民法院民法典贯彻实施工作领导小组：《民法典合同编理解与适用》，人民法院出版社2020年版，第246页。

③ 央广网：《ofo退99元押金要先交6100元仲裁费 清华女生起诉ofo期待二审改判》，载央广网，2020年8月12日，http://new.qq.com/omn/20200806/20200806A0TPA700.html，最后访问时间：2021年8月13日。

④ 格式仲裁条款和格式管辖条款均属于争议解决条款，后者通常是指经营者使用格式条款与消费者预先订立的管辖协议，用于确认相关合同争议的管辖法院。

费用及时间成本，甚至阻却消费者合理的权利诉求”①。由于高昂的仲裁费用，格式仲裁条款产生的阻却效果相较于格式管辖条款而言似乎是过犹不及。因此，虽然《最高人民法院关于适用〈中华人民共和国民事诉讼法〉的解释》第31条并不能直接适用于格式仲裁条款，② 但司法机关既然能在此类案件中明确指出滥用格式管辖条款会对消费者权利救济产生现实障碍的问题，那么也应意识到经营者同样可以通过格式仲裁条款实现相同的不当目的。

由此可见，格式仲裁条款对消费者或用户所实际产生的阻却救济之效果与《民法典》第496条“免除或者减轻提供方责任”的影响相当，应认定为与接收方之间存在重大利害关系。因此，此类条款应受到格式条款订入控制制度的规制，须由提供方合理履行提示说明义务后方可成为合同的内容。

（二）格式条款提供方提示义务之履行标准

在多数互联网企业选择采用“点击同意＋超链接”这一折中模式的情况下，格式合同得以避免遭遇因用户同意的缺失而引发的效力质疑，③ 因为互联网企业已经通过较为直接的方式对格式合同进行了提示，且用户或消费者也至少从形式上阅读并接受了格式合同，④ 而从结构上作为格式合同一部分的格式仲裁条款也因此得以轻易地“进入”整个合同。然而，仲裁条款具有独立性，其效力不受合同成立、变更、解除、无效的影响。因此，格式合同在文本构成上的一体性不影响订入控制对格式仲裁条款效力的规制，采取合理方式提请接收方注意仍是格式仲裁条款成立的前提，其中关键不在于“合理方式”，而在

① 文海宣：《天猫管辖协议被认定无效》，载《人民法院报》2015年3月19日，http：//rmfyb. chinacourt. org/paper/html/2015－03/19/content_ 95620. htm? div＝－1，最后访问时间：2021年8月13日。

② 理论界对《最高人民法院关于适用〈中华人民共和国民事诉讼法〉的解释》第31条是否能够直接适用于格式仲裁条款存在一定争议，笔者认为这一规定解决的是经营者和消费者之间诉讼管辖法院选择的问题，须以当事人选择诉讼方式解决争议为前提，而格式仲裁条款是当事人之间争议解决方式的选择，二者非属同一法律问题，因此不能直接适用。

③ 北京市海淀区人民法院：《涉互联网商事典型之三——李某诉某电商平台网络购物合同纠纷案》：“原告李某使用微信账号注册登录平台APP购物时，无需阅读并同意《用户服务协议》内容，即阅读并点击同意的操作并非使用微信账号登录平台APP购物的前置程序，且查看协议的链接系以极为不明显的方式展示于手机界面中，极易被用户忽略。因此李某在使用其微信账号登录平台APP购物时，未对协议条款表示承诺，故该协议并未成立、生效，对李某无法律约束力”，载中国法院网网上直播，2019年4月27日，http：//www. chinacourt. org/chat/chat/2019/03/id/51294. shtml，最后访问时间：2021年8月13日。

④ 此为普通法系常见的“签字即为同意”规则，我国《民法典》虽未明文规定，但在解释上通常肯定其存在。参见韩世远：《合同法总论》，法律出版社2018年版，第926页。另见崔建远主编：《合同法（第四版）》，法律出版社2007年版，第64页；王利明：《合同法研究》（第1卷），中国人民大学出版社2002年版，第395页。

于如何“提请接收方注意”。

当前，理论界多从文件外形、条款内容清晰程度、提示时间、提示程度等方面来考虑是否尽到充分合理的提示义务。[①] 相关规范性文件则多强调从文字、符号、字体、颜色等方面入手，强调提示方式应“足以引起对方注意”或具备“显著性”，例如加粗、下画线等。这也是目前互联网格式合同较为惯常的做法。然而，由于互联网格式合同内容繁多，加之合同实体内容往往也包含了需要提供方加以提示注意的其他格式条款，用户或消费者所面临的格式合同极有可能充斥着大量加粗、下画线的条款，而如此“乱花渐欲迷人眼”之势也使这些常用于纸质版格式合同的处理方法无法达到“显著性”的效果。司法实践中也有法院认识到了这一问题，并在案件审理中指出，涉案格式合同中每一页均有多条黑体标示条款，且黑体标示条款明显多于非黑体字条款。因此，尚不足以认定格式条款提供方已采取合理方式提请接收方注意。[②]

笔者认为，需要对互联网格式仲裁条款的提供方规定更高标准的提示义务。首先，互联网格式合同与纸质格式合同虽在法律上均被认定为书面形式，但在接收方实际阅读时却存在巨大差异，由于网页内容十分丰富，接收方在阅读时更容易分散注意力，进而未能注意到加粗、下画线等提示内容。[③] 其次，互联网格式合同往往篇幅巨大，而格式仲裁条款通常又位于整个格式合同的末尾部分，接收方的阅读往往是草草收场，根本没有耐心逐步阅读至仲裁条款。最后，互联网格式合同及格式仲裁条款又具有“隐身性”，往往仅在首次使用或注册时出现，而往后交易过程中提供方通常不会再次进行提示，而接收方也并不会再次留意或翻看这些规则。[④] 由此可见，提示义务的传统履行标准无法适应互联网的发展现状，因而需要对互联网格式仲裁条款的提供方规定更高标准的、适应互联网格式仲裁条款现状的提示义务。

值得说明的是，采取更高的标准并不会显著阻碍互联网企业的发展。互联

---

① 胡安琪、李明发：《网络平台用户协议中格式条款司法规制之实证研究》，载《北方法学》2019年第13卷第1期，第53－62页。

② 万某与苏宁云商集团股份有限公司买卖合同纠纷案，北京市第二中级人民法院（2016）京02民辖终560号民事裁定书。

③ 孙某丁与江苏苏宁易购电子商务有限公司买卖合同纠纷案，江苏省苏州市中级人民法院（2015）苏中民辖终字第00253号民事裁定书。

④ 王天凡：《〈民法典〉第496条格式条款的定义及使用人义务评注》，载《南京大学学报》2020年第6期，第49－65页。

网格式合同作为信息技术的产物，更高标准的提示义务之履行也应借助信息技术来实现。具体而言，就网页阅读而言，网页虽然不利于阅读长篇文字，但可插入视频、音频等其他载体，提供方大可通过这些媒介对重点条文进行提示和讲解，使接收方得以更为直观、快速地了解具体内容；针对互联网格式合同"隐身性"，提供方可在首次及此后的诸如付款等重要交易环节中通过弹窗等方式对交易环节进行提示。

（三）格式条款提供方说明义务之启动认定

与需要格式条款提供方主动履行的提示义务不同，说明义务通常被认为是一种"被动义务"，须以接收方要求说明为前提。如果接收方未要求说明的，就不会产生说明义务。至于未履行说明义务的法律效果，有学者认为，应认定为该条款已订入了合同，并交由格式条款和合同解释规则处理，因为接收方已经注意到了格式条款的存在。① 当前，《民法典》第496条并未采取这一立场，而是将不履行说明义务和未履行提示义务的法律效果统一为"不成为合同的内容"，即该格式条款并未成立。②

笔者认为，针对格式仲裁条款的说明义务应采《民法典》第496条的观点，即直接将未经说明且致使对方没有理解的格式条款排除在合同内容之外。理由有以下几点：（1）《仲裁法》明确规定了仲裁条款的必要内容，而当格式仲裁条款具备了这些必要内容后，格式条款解释规则便失去了发挥的余地，因为无论如何按照"不利于提供格式条款一方"的原则进行解释，都不会对仲裁条款产生实质性影响；（2）仲裁条款作为争议解决条款，其内容并不涉及合同中的具体权利义务，消费者或用户等大众即使能够注意乃至阅读仲裁条款，也无法基于合同中的内容或从一般生活经验中知晓或了解仲裁条款的意义及其法律后果，在缺少说明的情况下，自然无法"理解与其有重大利害关系的条款"；（3）若严格以格式条款解释规则处理未履行说明义务的情况，则很可能导致格式条款提供方先行"精心设计"仲裁条款，进一步挤压解释空间，再通过怠于履行说明义务的方式强行将格式仲裁条款"护送"至合同之中，如此一来，"小额多

---

① 韩世远：《合同法总论》，法律出版社2018年版，第926页。

② 《民法典》第496条规定："格式条款是当事人为了重复使用而预先拟定，并在订立合同时未与对方协商的条款。采用格式条款订立合同的，提供格式条款的一方应当遵循公平原则确定当事人之间的权利和义务，并采取合理的方式提示对方注意免除或者减轻其责任等与对方有重大利害关系的条款，按照对方的要求，对该条款予以说明。提供格式条款的一方未履行提示或者说明义务，致使对方没有注意或者理解与其有重大利害关系的条款的，对方可以主张该条款不成为合同的内容。"

数”的消费者或用户的利益便越发难以获得保障。可见，唯有强调未经说明条款不得成为合同组成部分，方能形成一套完整的格式仲裁条款订入控制规则。

（四）对格式仲裁条款的内容控制规则之填补

上文各部分从格式仲裁条款的“订入控制”出发，规范提供格式仲裁条款方的提示说明义务。然而，通过订入控制审查的格式仲裁条款并不代表其当然有效，还应经过实质的内容审查对其效力作出判断，即对订入控制无法规制或排除的部分格式条款进一步作出评价。

当前对格式仲裁条款的司法审查方式似失之偏颇。具体来说，面对格式仲裁条款的效力质疑之声，法院却在“支持仲裁”和弱势一方权利救济的价值冲突中选择了支持前者，其主要理由便是“诉讼与仲裁是两种不同的纠纷解决机制，选择仲裁方式对合同各方主体均是平等的”。然而，这一观点忽视了格式仲裁条款对实体权利的救济影响。格式仲裁条款的提供方通过网络与全国各地的用户订立格式仲裁条款。一旦产生争议，对以“小额多数”为特征的消费者或用户而言，花费高额仲裁费及差旅费参与仲裁并非明智之举，当事人也只能“望洋兴叹”，无奈地打起权利救济的“退堂鼓”。由此可见，格式仲裁条款不仅排除了法院对争议的管辖，更产生了“劝退”格式仲裁条款接收方启动仲裁的现实效果，接收方寻求救济的实体权利也因此遭受实质性影响。

确认格式仲裁条款是否有效还应继续考察此类条款对消费者或用户所产生的实际影响究竟构成《民法典》第497条中的哪一项无效事由。一方面相对于《合同法》第40条，《民法典》第497条第2项增加了“合理性”审查标准，即只有当“免除或者减轻其责任、加重对方责任、限制对方主要权利”达到了不合理的程度后，该格式条款方可认定为无效，否则便是有效。若格式仲裁条款直接构成《民法典》第497条第3项所规定的“提供格式条款一方排除对方主要权利”，则无须考虑是否合理，即可径直认定为无效。笔者更倾向于采取仍考量条款“合理性”的立场。例如，在跨境电商平台交易中，消费者面对的交易对象是外国公司，因此普通的诉讼程序将无法实现权利救济，而格式仲裁条款则成为更为可行的救济方式。另一方面，仲裁作为一项替代性争议解决机制，对其效力否定不宜过于武断，否则仲裁程序的公信力也将因此受到影响。具体而言，“合理性”应关注仲裁程序是否必需、诉讼程序可否替代以及格式仲裁条款提供方设置该条款的目的等方面。更重要的是，“合理性”应关注格式仲裁条款当事人之间是否存在真正的意思自治、是否存在真正的合意。

五、代结语：既要识“仲裁”，更要辨“格式”

格式仲裁条款不仅会影响到当事人的程序性权利，更会对当事人的实体权利产生影响。[①] 因此，针对既具备“单方预先订立、重复使用”特征，又发挥着明确争议解决方式的格式仲裁条款的效力审查，不应偏居于《仲裁法》一隅，而应结合《仲裁法》和《民法典》的相关规定，采取“先形式性规制后实质内容审查”的逻辑顺序来分别对格式仲裁条款的成立与生效进行考察和评价。本文提出，有必要回归到合同条款成立与生效的分析原点，对格式仲裁条款采取如下“两步走”的效力评价路径。

第一，就格式仲裁条款成立而言，此类条款应首先满足一般仲裁条款的成立要件，包括必须采取书面形式、当事人意思表示一致等成立要件。在此基础之上，司法机关还应对其是否符合格式条款成立的相关规定进行考察。若格式仲裁条款的提供方未履行或未能合理地履行提示义务，或经接收方的要求但未能履行或未能履行说明义务的，即使格式仲裁条款满足了《仲裁法》规定的成立要件，也应基于格式条款订入控制规则认定该条款未成立。

第二，就格式仲裁条款生效而言，此类条款也应同时受到《仲裁法》与《民法典》的考察，方能完成对格式仲裁条款的效力评价。具体而言，格式仲裁条款必须符合《仲裁法》第16条的规定，具备明确的仲裁事项以及选定的仲裁机构，且不存在《仲裁法》第17条规定的无效事由。与此同时，格式仲裁条款还应受到内容控制规则的规制，应从实体角度探析格式仲裁条款是否会产生实际剥夺消费者主张法律救济的权利的效果。《仲裁法（征求意见稿）》对《仲裁法》第16条进行了实质性修改，免除了仲裁协议中必须明确仲裁机构的要求，大有放宽针对仲裁条款生效标准之势。如此一来，《民法典》第497条、《消费者权益保护法》第26条等内容控制规范更应发挥其效力审查之作用，避免本应代表着高效、平等、意思自治的仲裁程序沦为互联网企业等经营者规避自身责任、阻碍广大用户和消费者实现救济的工具。

（责任编委：梁意[②]）

---

① 胡安琪、李明发：《网络消费格式管辖条款三维规制体系论：方式、对象及逻辑顺位》，载《河北法学》2020年第38卷第11期，第102－107页。

② 梁意，中国国际经济贸易仲裁委员会仲裁研究所职员。

网络仲裁中当事人程序权利保障问题研究

——由新冠肺炎疫情背景引发的思考

吴琦玮*

摘　要： 2020年伊始，新冠肺炎疫情在全国范围内暴发。此次疫情对全国各领域都造成了极大的影响，其中也包括争端解决领域。网络仲裁在疫情期间成为仲裁的主要方式，但网络仲裁程序制度尚不完善，存在潜在的法律问题。本文对网络仲裁的定义及其特点、网络仲裁的当事人程序权利中的受通知权、申请回避权和陈述权进行研究，在分析我国主要仲裁机构的现行网络仲裁规则对当事人程序权利的规定以及借鉴域外的网络仲裁当事人程序权利保障制度后，就我国目前网络仲裁当事人程序权利保障问题提出了建议，包括完善关于网络仲裁电子送达回证的规定、完善网络仲裁程序的回避制度和增设网上“屏对屏”开庭规定。

关键词： 网络仲裁　程序权利　受通知权　申请回避权　陈述权

一、网络仲裁及其特点

（一）网络仲裁的定义及其程序问题

目前网络仲裁在世界范围内还没有形成一个公认的统一定义。笔者梳理了各国学者对网络仲裁的定义，网络仲裁的定义大体上有以下较为典型的两种：

第一种是“全部环节说”。它是指一个完整的网络仲裁程序中的每一个环节，包括仲裁协议的提交、仲裁案件证据的提交、仲裁案件的审理、仲裁裁决

* 上海政法学院硕士研究生，研究方向为国际法学。

的作出等都需要以互联网为媒介进行，这是最为严格的网络仲裁概念的定义。①

第二种是“部分说”。该学说认为只要仲裁的某一环节利用了网络这一手段或载体，就可以成为网络仲裁。②

笔者认为，第一种学说对网络仲裁的定义局限性太大，不适用于我国网络仲裁还处于起步阶段的实际情况。第二种学说对网络仲裁的定义又太过宽泛，在实践中，难以和传统仲裁区别开来，没有反映出网络仲裁的主要特点，不利于网络仲裁的长远发展。

网络仲裁并不是一种全新的争端解决机制，其本质与传统仲裁相同，只是传输信息的载体和形式不同。笔者认为网络仲裁是在线争端解决机制（Online Dispute Resolution，ODR）的重要方式之一，其指双方当事人自愿依据协议将争端提交给仲裁机构或仲裁庭解决，并同意仲裁程序的主要环节在线上进行的一种争端解决方式。

正是由于网络仲裁的主要环节是在线上进行的，所以产生了传统仲裁所不具有的程序问题，典型的程序问题有：（1）网络仲裁的通知大体上采用电子送达方式，使得缺少电子送达回证，无法确定当事人确已收悉的情况时有发生；（2）虽然我国法律对传统仲裁和网络仲裁都未规定仲裁员信息披露义务，但是由于选择网络仲裁的双方当事人一般都是因为跨省市或跨国才会选择网络仲裁的，所以网络仲裁比起传统仲裁更难以了解仲裁员的个人情况，使得当事人无法实现其申请回避权；（3）网络仲裁是以书面审理为主，开庭审理为辅，而传统仲裁则正好相反，所以当事人的陈述权可能无法得到保障。

（二）网络仲裁的特点

1. 虚拟性

在网络仲裁程序中，仲裁协议的提交、仲裁案件证据的提交、仲裁案件的审理以及仲裁裁决的作出等仲裁的主要环节都是通过互联网电子数据交换以及视频会议等一系列电子信息处理系统来完成的，具有网络虚拟性的特点。

2. 便利性

本次疫情导致身处异地或异国的当事人无法及时地通过传统仲裁方式解决争议，而网络仲裁就能够很好地解决这个问题。只要双方当事人同意采取网络

---

① 赵秀文：《国际商事仲裁及其适用法律研究》，北京大学出版社2002年版，第356页。

② 钟丽：《在线仲裁的界定及其仲裁地问题探讨》，载《社会科学》2002年第3期。

仲裁方式解决纠纷，那么双方只需要通过电话或线上沟通，协商出一个对双方当事人来说都合适的时间，开庭时就可以在各自的家中或者其认为方便的地方，要求仲裁机构或仲裁庭提供网络仲裁服务来解决争议和矛盾。

3. 高效性

在网络仲裁程序之中，双方当事人可以通过网络的方式来上传案件的相关材料，利用电子签名技术以及电子送达方式，将当事人本来需要利用各种交通方式送达案件相关材料的时间节省下来，从而缩短了案件审结时间，提高了解决争议的效率，彰显了网络仲裁程序高效性的优势。

4. 经济性

因为网络仲裁避免了人员流动，集中和简化了任何必要的“面对面”会议，① 从而节省了双方当事人以及仲裁庭的仲裁员线下仲裁所必须支出的交通费、住宿费，以及餐饮费等诸多费用。此外，仲裁机构一般均采用具有复杂信息处理功能及自动信息生成与管理功能的在线案件管理系统，案件程序管理的自动化必然会在很大程度上降低仲裁成本，从而节省仲裁费用。② 在疫情期间，部分仲裁机构对网络仲裁减免仲裁费用，如深圳国际仲裁院按照原标准的一半收取仲裁处理费，并免除仲裁受理费。③

虽然网络仲裁具有上述优点，但因为有很多人担心网络仲裁的准确性，所以网络仲裁一般只会吸引案情简单、标的额小或适用书面审理方式的案子。有国外学者主张这有可能就是网络仲裁无法推广开来的原因之一。④

二、网络仲裁引发的当事人程序权利保障

目前，无论是《仲裁法》还是《最高人民法院关于适用〈中华人民共和国仲裁法〉若干问题的解释》对于仲裁程序的规定都是建立在传统仲裁方式上的，没有明确对网络仲裁作出规定。因此，网络仲裁就存在一些潜在的法律问

---

① Jim Melamed, Online Dispute Resolution (ODR) for Lawyers, the Oregon State Bar's 2019 Handbook on Dispute Resolution, 2019.

② 卢云华、沈四宝、Naill Lawless、Julia Hórnle：《在线仲裁研究》，法律出版社2008年版，第18页。

③ 《深圳国际仲裁院大幅减免仲裁费 将为企业减负3.8亿元》，载深圳新闻网，http://www.sznews.com/news/content/2020-05/13/content_23147558.htm。

④ Betancourt, J. C. and Zlatanska, E., Online Dispute Resolution (ODR): What Is It, and Is It the Way Forward?, ADR, Arbitration, and Mediation: A Collection of Essays: An Overview, London, CIArb, 2014, pp. 309-334.

题，包括电子仲裁协议的法律效力认定问题、仲裁证据效力问题、仲裁案件材料送达问题、仲裁地确定问题、仲裁程序私密性问题以及当事人程序权利保障问题等。本文仅对网络仲裁中的当事人程序权利保障问题进行具体分析。

在网络仲裁程序中，当事人所享有的程序性权利是指网络仲裁主体在网络仲裁过程中所享有的程序权利，具体包括管辖异议权、指定仲裁员的权利、要求仲裁庭平等对待的权利、要求仲裁庭及时对仲裁程序的有关事项进行通知的权利、申请回避权、要求对案件作出陈述和表达意见的权利以及要求仲裁庭及时作出裁决的权利等。

（一）问题的提出

近年来，我国仲裁机构启用网络仲裁的方式来审理案件，但由于部分仲裁机构尚未完善其网络仲裁规则，导致网络仲裁中的程序问题时有发生，从而未能有效保障当事人的程序权利。例如，劳某军于2018年5月23日通过钱盆公司居间服务签订了《借款协议》，之后，劳某军偿还部分借款利息及贷后管理费，于2018年6月24日起未按《借款协议》约定还款。钱盆公司根据《借款协议》约定，受让了上述债权。钱盆公司根据上述《借款协议》约定仲裁条款，于2018年11月28日向衢州仲裁委员会申请网络仲裁，衢州仲裁委员会组成独任仲裁庭进行书面审理。广西壮族自治区高级人民法院认为衢州仲裁委员会在本案仲裁过程中，没有通知出借人到庭参加仲裁，遗漏了必须到庭当事人，影响案件事实的查证。同时，衢州仲裁委员会要求当事人在收到仲裁通知之日起一日内选定仲裁员、提出答辩意见、提出质证意见、提供证据材料等，未保障当事人申请仲裁员回避、提供证据、答辩等仲裁法规定的基本程序权利。故驳回钱盆公司的执行申请。①

从上述案例可以看出，在实践中，网络仲裁程序中当事人未能得到保障的程序权利主要有当事人的受通知权、申请回避权和陈述权。

这不仅会影响到后续仲裁裁决的承认与执行，侵害当事人的合法权益，而且会导致当事人对网络仲裁的信任度下降，严重阻碍网络仲裁和电子商务的发展。但放眼当下，我国规制网络仲裁的法律还不完备，《民事诉讼法》以及《仲裁法》均未对网络仲裁作出明确规定，只有几个仲裁委员会制定了仲裁规

---

① 广西钱盆科技股份有限公司（简称钱盆公司）诉劳某军借款合同纠纷案，广西壮族自治区高级人民法院（2019）桂执复71号执行审查类执行裁定书。

则，因此，我国必须加快网络仲裁法律的完善，以顺应互联网时代网络仲裁的快速发展。

（二）受通知权

网络仲裁程序中的受通知权是指自争议提交仲裁开始，直至仲裁程序结束，当事人所享有的在规定期限内收到与仲裁案件有关的所有通知的权利，主要包括组庭、指定或者更换仲裁员、答辩、限期举证、仲裁裁决通知等。受通知权是听审请求权的基本要求，是当事人能够充分参与网络仲裁程序的基础，也是获得其他权利的前提。通知一旦没能在规定期限内送达，当事人的陈述权和申请回避权等其他程序权利也将无法得到实现。这将会导致仲裁裁决不被法院执行，当事人的实体权利受到侵害，使得网络仲裁的定分止争作用难以实现，不利于网络仲裁的长远发展。

在实践中，网络仲裁的通知一般都是通过电子邮箱电子送达的。根据《民事诉讼法》规定，采用电子送达方式的，以电子邮件到达受送达人特定系统的日期为送达日期。仲裁的有关通知送达当事人的目的是保障当事人的程序权利，须保证受送达人确已收悉，因此，送达回证有着十分重要的作用。但因为目前法律并没有明确规定电子送达回证，导致电子送达受送达人实际上未收悉仲裁的有关通知的情况时有发生，这不利于保障当事人的程序权利和实体权利，不利于保证网络仲裁程序的正当性，可能会导致仲裁裁决不被法院承认和执行或者仲裁裁决被法院撤销的情况发生。

（三）申请回避权

申请回避权是指在网络仲裁程序中，当事人认为仲裁庭成员与案件有利害关系或其他关系的，并可能影响仲裁程序的正当性以及仲裁裁决结果的公正性的，有权申请有关仲裁庭成员回避。正确行使申请回避权能保证仲裁庭成员处于中立的地位，从而保障网络仲裁程序的正当性。如果仲裁庭成员的内心出现偏见和私欲，无法不偏不倚地审理案件，这就会使得仲裁程序的正当性被破坏，使公众对案件裁决结果的正确性产生质疑，从而导致无法彰显司法权威以及司法公信力下降的情况发生。

申请回避权行使的前提是要对仲裁员的相关信息有一个基本的了解，所以需要对仲裁员的信息披露义务作出明确规定。有国外学者认为，虽然对网络仲裁正当程序的要求程度可能因案件或案件类别的不同而有所不同，但是必须保证仲裁员的公正性和独立性，[①] 从中可见仲裁员信息披露制度的重要性。但我国《仲裁法》和《民事诉讼法》均未对仲裁员的信息披露义务作出明确规定，只有主要仲裁机构的仲裁规则中规定了仲裁员的信息披露义务。仲裁员不履行信息披露义务使得当事人在行使申请回避权时处于弱势地位，当事人必须自行收集仲裁员的相关信息，这使得当事人行使申请回避权的难度大大增加，而且在此过程中也可能出现具有误导性的信息，增加仲裁时间和金钱成本，使得仲裁效率大大下降。虽然我国主要仲裁机构在其仲裁规则中明确了仲裁员的信息披露义务，但都只能单独适用，不具有统一效力。所以，只有将这一义务明确规定在《仲裁法》或《民事诉讼法》中才能有效地保障当事人的申请回避权得以实现。

上述案例中的《衢州仲裁委员会仲裁规则（2018 年版）》不仅没有规定仲裁员的信息披露义务，而且给互联网金融仲裁案件当事人申请回避的时间只有一日，没有给予当事人充分的考虑时间，导致当事人通常来不及了解所有仲裁庭成员的真实情况，无法排除对仲裁员的公正性和独立性的合理怀疑，使回避制度流于形式，没有落到实处，从而影响了网络仲裁程序的正当性，可能使得当事人的实体权利受到侵害。

（四）陈述权

陈述权是指在网络仲裁程序中当事人享有的向仲裁庭主张、说明、表达案件的争议事实与法律意见的权利，仲裁庭应当保障当事人能够对所有对其利益产生影响的事项均享有陈述的机会；仲裁庭作为裁决基础的任何事项，必须建立在保障当事人陈述权基础上，否则该裁决不具有正当性。当事人实质性参与网络仲裁的一个必然要求就是当事人能够提出证据，并对案件发表自己的意见，和对方当事人进行辩论，从而促使仲裁裁决结果向着有利于自己的方向发展。在 2016 年网上纠纷解决机制（Online Dispute Resolution，ODR）年会中，一家法律援助保险公司的首席执行官表示，他的客户们希望能更积极地参与到他们的网络仲裁程序中。[②]

我国网络仲裁审理方式多采用书面审理的方式，这样做虽然能极大地节约仲裁成本以及人力物力，提高仲裁效率，但不利于保障争议双方当事人的陈述

---

① Farzaneh Badiei, Online Arbitration Definition and its Distinctive Features, Proceedings of the 6th International Workshop on Online Dispute Resolution, 2010.

② Reiling D., Beyond court digitalization with ODR, International Journal for Court Administration, 2017.

权，使得网络仲裁审理程序的正当性存疑。国外学者的研究表明，如果一个人在涉及本人利益的裁决作出前，不能向仲裁庭提出自己的主张，不能对作为裁决依据的证据进行证明、反驳并与对方当事人进行辩论，就会产生强烈的不公正感，这种感觉源于他的意见没有得到仲裁庭的重视，人格尊严没有受到应有的尊重。[①] 所以，在完善网络仲裁程序的相关法律时，我们要重点关注制定有关保障当事人陈述权的法律，使得网络仲裁程序的法律规制日趋完善。

三、疫情期间我国主要仲裁机构的网络仲裁规则比较

（一）受通知权

疫情期间，我国主要仲裁机构一般都是使用电子邮箱向仲裁双方当事人发送通知及相关文书的。《中国广州仲裁委员会网络仲裁规则（2015 年版）》还规定在向当事人发送电子邮件时，可以向其移动通信号码一并发送提示查看的信息。[②]《中国海事仲裁委员会网上仲裁规则（2020 年版）》[③] 和《深圳国际仲裁院网络仲裁规则（2019 年版）》[④] 所规定的电子送达方式就更多样了，其规定通过网上仲裁平台、移动通信号码、传真、电子邮件、即时通信账号等一种或多种电子方式进行送达。北京仲裁委员会在对《北京仲裁委员会/北京国际仲裁中心关于网上开庭的工作指引（试行）》解释时表示，在各方同意的情况下，仲裁庭可采取电子邮件送达的方式，但应以明确可证实的方式记录当事人的此种同意，如当事人可通过电子邮件或短信等方式明确表示同意。

（二）申请回避权

我国主要仲裁机构，如中国国际经济贸易仲裁委员会、广州仲裁委员会、深圳国际仲裁院等机构的网络仲裁规则对回避制度的规定情况如表 1 所示。

---

① M. D. Bayles, Principles for Legal Procedure, Law and Philosophy, 1986.

② 《中国广州仲裁委员会网络仲裁规则（2015 年版）》第 10 条。

③ 《中国海事仲裁委员会网上仲裁规则（2020 年版）》第 11 条。

④ 《深圳国际仲裁院网络仲裁规则（2019 年版）》第 10 条。

表1　中国国际经济贸易仲裁委员会、广州仲裁委员会、深圳国际仲裁院的回避制度比较

	仲裁员信息披露义务	申请回避期限	当事人逾期申请回避的救济
中国国际经济贸易仲裁委员会	在网络仲裁规则中有相关规定。①	在网络仲裁规则中没有相关规定，仅规定了兜底条款，与传统仲裁规则的规定相一致。传统仲裁规则规定，当事人收到仲裁员的声明书及/或书面披露后，如果以披露的事实或情况为理由要求该仲裁员回避，则应于收到仲裁员的书面披露后10天内书面提出。 对仲裁员的回避请求应在收到组庭通知后15天内以书面形式提出；在此之后得知要求回避事由的，可以在得知回避事由后15天内提出，但应不晚于最后一次开庭终结。②	无
广州仲裁委员会	在传统仲裁规则中有相关规定，③ 但未在网络仲裁规则中对仲裁员信息披露义务进行具体规定，仅规定了兜底条款，即本规则未规定的，与传统仲裁规则相一致。	在网络仲裁规则中没有相关规定，仅规定了兜底条款，与传统仲裁规则的规定相一致。传统仲裁规则规定，当事人提出回避申请，应当在首次开庭前提出。回避事由在首次开庭后知道的，可以在最后一次开庭终结前提出。约定不开庭的，应当在知悉回避事由后五日内提出。 当事人以仲裁员所披露的事项为由要求仲裁员回避的，应当在知悉披露事项后五日内以书面形式提出。④	无

① 《中国国际经济贸易仲裁委员会网上仲裁规则（2015年版）》第26条。

② 《中国国际经济贸易仲裁委员会仲裁规则（2015年版）》第32条第1款和第3款。

③ 《中国广州仲裁委员会仲裁规则（2017年版）》第32条。

④ 《中国广州仲裁委员会仲裁规则（2017年版）》第33条第4款和第5款。

续表

深圳国际仲裁院	虽未在网络仲裁规则中对仲裁员信息披露义务进行具体规定，但在规定回避期限时，默示规定了仲裁员负有信息披露义务。	网络仲裁规则规定，当事人以仲裁员披露的信息为由要求该仲裁员回避的，应自收到仲裁员披露信息之日起3日内提出。①	无

从表1中可以看出，广州仲裁委员会的网络仲裁规则对回避制度没有作出特别规定，仅规定了兜底条款，与传统仲裁的规定相一致。中国国际经济贸易仲裁委员会在网络仲裁规则中明确规定了仲裁员的信息披露义务。深圳国际仲裁院在网络仲裁规则中对申请回避的期限作出了规定，但期限比传统仲裁短7天，不利于当事人行使其申请回避权，难以真正落实回避制度。但三家仲裁机构的网络仲裁规则均未对当事人逾期申请回避的救济办法作出规定。

（三）陈述权

疫情期间，中国国际经济贸易仲裁委员会在双方当事人均接受网络仲裁或线上开庭的前提下，允许双方和仲裁员分别在就近的分会准备的庭审室参加庭审，并由经办秘书在场核验当事人身份，防止庭审过程中有他人在场以确保仲裁的保密性。为了保证庭审的完整性和真实性，整个过程通过电脑录屏和庭审室监控录像的方式进行采集，庭审结束后将速记笔录发送给各个分会，由出庭人员确认后签字，确保当事人均对开庭过程表示认可。同时，中国国际经济贸易仲裁委员会、北京仲裁委员会、上海仲裁委员会、深圳国际仲裁院和广州仲裁委员会等主要仲裁机构均实现了异地多方远程视频开庭。②

综上所述，在本次疫情期间的网络仲裁实践中，虽然我国部分信息化水平高的仲裁机构采用了线上或线上与线下相结合的审理方式以保障当事人的陈述权，但我国网络仲裁的审理方式主要为书面审理方式的这一点并未发生根本改变，而且同时也暴露出了我国网络仲裁具有缺乏电子送达回证、对回避制度规定不完善且未将其落到实处的问题。

---

① 《深圳国际仲裁院网络仲裁规则（2019年版）》第22条。

② 牛磊、马瑞丰、刘震：《疫情来袭之际如何进行网上仲裁》，载微信公众号“中伦视界”，最后访问时间：2020年2月24日。

四、域外网络仲裁程序制度的比较——兼谈对我国的启示

网络仲裁在我国的发展时间并不长，且我国《仲裁法》和《民事诉讼法》也未对其作出相关规定，在实践运用中问题颇多，在网络仲裁程序立法方面仍处于探索阶段，因此，借鉴网络仲裁发展较早的国家的相关立法经验，对我国网络仲裁程序的法律规制的完善具有非常重要的意义。

（一）受通知权

在我国目前实践中，受通知权得不到保障的主要原因是缺乏电子送达回证，无法确定当事人确已收悉仲裁通知。国内的大部分仲裁机构，如《中国国际经济贸易仲裁委员会网上仲裁规则（2015 年版）》①《深圳国际仲裁院网络仲裁规则（2019 年版）》②与《中国广州仲裁委员会网络仲裁规则（2017 年版）》③等都只是以“投递记录”作为送达依据，这样做仅能保证送达主体履行了义务，无法完全确保当事人的程序权利能够得以实现。

在美国在线（America Online）的服务中，只要收件者实际阅读邮件，它就会向发送者发出一份接受的回传信息，但这一系统仅限制于美国在线的用户。另外，美国邮政部门在 1997 年就开始了电子邮戳服务。该服务允许电子邮件的发送者在发送电子邮件之前使用邮政局提供的公钥对其进行加密，并进行追溯，当通知接收者解密并读取通知后，就会自动回复已接收的通知。此技术能够证实接收者已经实际阅读了通知，使电子送达技术能够应用和推广开来。④在本次疫情期间，国际商会（ICC）发布《关于旨在减轻新冠肺炎疫情对仲裁影响的可能措施的指引》⑤，其中规定秘书处以电子邮件方式确认当事人确已收悉仲裁通知。

（二）申请回避权

1. 仲裁员的信息披露制度

在网络仲裁程序中，保障当事人申请回避权最主要的方式是《仲裁法》或

---

① 《中国国际经济贸易仲裁委员会网上仲裁规则（2015 年版）》第 13 条第 1 款。
② 《深圳国际仲裁院网络仲裁规则（2019 年版）》第 10 条第 3 款。
③ 《中国广州仲裁委员会网络仲裁规则（2017 年版）》第 10 条第 1 款。
④ Jon Auerbach, E-mail could arrive with US Postmark, Boston Globe, 1996.
⑤ 《关于旨在减轻新冠肺炎疫情对仲裁影响的可能措施的指引》第 11 条。

《民事诉讼法》对仲裁员的信息披露义务作出明确规定。《美国统一仲裁法》[①]明确规定了仲裁员的信息披露义务。如果仲裁员未按要求进行披露，则一方当事人可以据此提出异议，当事人的异议可视为法院裁定撤销此仲裁裁决的理由。《伦敦国际仲裁院仲裁规则（2014 年版）》第 5.3 条具体规定了仲裁员的信息披露义务，每位仲裁员在得到仲裁机构指定之前，均应向书记员提供一份本人过去及现在专业职务的书面履历；应书面同意符合仲裁收费表的收费率；应签署一份声明，说明除了在声明中披露的情况外，其本人并无其他已知悉的情况可能导致对其公正性或独立性产生任何合理的怀疑。每位仲裁员还应对此承担持续披露的责任，倘若此等情况在声明之日以后和仲裁结束之前发生，须立即向仲裁院、仲裁庭其他成员和全体当事人披露。瑞典、德国、韩国、日本均确立了信息披露制度。[②]

2. 评论程序

《国际商会仲裁规则（2017 年版）》[③] 除了明确规定仲裁员信息披露义务外，还规定仲裁院在作出决定前还应给有关仲裁员和当事人以及仲裁庭其他仲裁员在一定期限内提出书面评论的机会。此外，在荷兰的仲裁员回避程序中，被请求回避的仲裁员自收到申请回避通知之日起两周内没有自行回避的，经一方当事人申请，由地区法院的执行法官就该仲裁回避的实质问题作出决定。[④]

3. 当事人逾期提出回避申请的救济

《瑞典仲裁法》[⑤]《韩国仲裁法》[⑥]《保加利亚国际商事仲裁法》[⑦] 和《伦敦国际仲裁院仲裁规则（2014 年版）》[⑧] 均对逾期提出回避申请的当事人提供了救济机会。《瑞典仲裁法》规定，当事人对仲裁员以未及时提出回避申请为理由否定或驳回其回避申请的决定不服的，可以向地区法院提出撤销仲裁员职务的申请。申请必须自当事人收到决定之日起三十天内提出。在地区法院裁定前，仲裁员可以继续进行仲裁程序。根据《韩国仲裁法》的规定，当事人对未获得

① 《美国统一仲裁法》第 12 条。

② 《瑞典仲裁法》第 9 条、《德国仲裁法》第 1036 条、《韩国仲裁法》第 13 条、《日本仲裁法》第 18 条。

③ 《国际商会仲裁规则（2017 年版）》第 11 条第 3 款。

④ 《荷兰民事诉讼法典》第 1035 条第 2 款。

⑤ 《瑞典仲裁法》第 10 条。

⑥ 《韩国仲裁法》第 16 条第 1 款、第 17 条第 1 款。

⑦ 《保加利亚国际商事仲裁法》第 16 条。

⑧ 《伦敦国际仲裁院仲裁规则（2014 年版）》第 22.1（b）条。

批准的回避申请，可以在收到知道申请撤销的原因之日起三十日内，请求当事人仲裁协议达成地的地区法院或其分院对此作出裁定。在此期间仲裁庭可以继续进行仲裁程序。《保加利亚国际商事仲裁法》的大部分规定与上述规定相似，但不同之处在于，其规定当回避申请提出时，仲裁庭应当中止仲裁程序。《伦敦国际仲裁院仲裁规则》通过创设仲裁员的附加权利，规定了一个总的救济方法，即仲裁员有权延长或缩短仲裁协议或本规则规定的有关仲裁进行的任何期限；延长或缩短仲裁庭本身的指令所限定的任何期限。

4. 仲裁员的法律责任

仲裁员在仲裁活动中拖延仲裁程序或造成仲裁裁决不公正时，就产生了法律责任问题。大陆法系国家和英美法系国家的实践是不同的。在大陆法系国家，仲裁员可能对其罪行或违法行为承担法律责任。需要指出的是，在《日本仲裁法》改革的过程中，有学者提出应明确仲裁员的损害赔偿责任。其主张仲裁员因未履行合同义务而给当事人造成损失时，应当承担民事赔偿义务。[①] 但该提案并没有被纳入随后的正式立法。而在英美法系国家，一般认为仲裁员与法官享有同样的豁免权，即一般不对其履行职务的行为负民事责任。《英国仲裁法》[②] 规定，仲裁员只对违反诚实信用原则的行为承担法律责任。《美国统一仲裁法》[③] 规定，仲裁员在履行职责时享有与法官同等的豁免权，不需要承担民事责任。《伦敦国际仲裁院仲裁规则》[④] 则规定仲裁员只对其故意行为或故意不作为承担法律责任。

（三）陈述权

在网络仲裁程序中，保障陈述权的最主要方法还是采用视频会议方式开庭，实现当事人和仲裁员之间“屏对屏”交流。例如，在疫情期间，新加坡国际仲裁中心所在的 MAXWELL CHAMBER（开庭室大楼）安装了先进的视频通信设备以及相关的软件，并由经验丰富的 IT 公司提供技术支持，使得最近在新加坡国际仲裁中心参与网上开庭的各方有着良好的用户体验，即部分参与开庭的人员使用 MAXWELL CHAMBER 的远程开庭设施，而远在伦敦和悉尼的参与者则用视频接入的方式参与开庭。伦敦的出庭大律师通过视频方式对位于不同时区

---

① ［日］小岛武司、猪股孝史：《仲裁法》，株式会社日本评论社 2014 年版，第 236 页。

② 《英国仲裁法》第 29 条第 1 款。

③ 《美国统一仲裁法》第 14 条。

④ 《伦敦国际仲裁院仲裁规则（2014 年版）》第 31.1 条。

的证人进行了交叉盘问，并反馈其线上开庭的感觉与现场开庭并无实质性差别。[①] 伦敦国际仲裁院表示，任何当事人如表示拟以口头陈述案情，其有权在仲裁庭上得到口头的审理，但各方当事人已书面协议只进行书面仲裁的除外。[②]

（四）借鉴意义

世界各国及主要仲裁机构的做法对完善我国网络仲裁程序制度具有以下三方面的借鉴意义：

1. 完善关于电子送达回证的规定

美国的电子邮戳服务固然好，但更适合我国信息化水平高的地区，如北上广深等地。对于我国信息化水平落后的地区，美国的电子邮戳服务显然就不太适合了，因为不仅要投入大量的开发技术的时间和成本，而且缺乏具有现代化办公职业素养的工作人员，使得系统无法正常运转。

2. 明确具体规定仲裁员信息披露义务和当事人逾期提出回避申请的救济以及限制评论程序的适用

我国目前部分主要仲裁机构虽然规定了仲裁员信息披露义务，但未规定具体内容，笔者认为可以借鉴《伦敦国际仲裁院仲裁规则（2014 年版）》的做法进行完善。评论程序在适用时，应规定适用条件，如被申请回避的仲裁员和当事人能够提供合理理由时，可以提出评论程序的申请等，因为中国的人口多，仲裁案件也就多，若不规定适用条件，评论程序成为网络仲裁的必经程序的话，仲裁程序的时长会大大增加，不利于提高网络仲裁效率。

3. 转变网络仲裁案件的审理方式

我国的网络技术条件已经满足了网上开庭的需求，但部分地区的仲裁机构尚未升级其办公系统，或有信息化系统，但工作人员却以各种理由搁置不用，导致网络仲裁一直无法在全国范围内普及开来。疫情是危机，也是转机。各仲裁机构，特别是已经具有仲裁信息化系统的仲裁机构应借着此次机会将“书面审理为主，网上开庭为辅”的审理方式转变到“网上开庭为主，书面审理为辅”的审理方式。

世界各国及主要仲裁机构的做法均对完善我国网络仲裁程序制度具有重要的借鉴意义。我国在面对网络仲裁程序法律规制中的问题时，应积极借鉴国外

---

① 叶渌：《国际仲裁界——网上开庭的趋势和建议》，载妙珠律师事务所官网，http：//www. cqlsw. net/news/overseas/2020070734916. html。

② 《伦敦国际仲裁院仲裁规则（2014 年版）》第 19 条第 1 款。

先进的经验，结合我国实际情况，制定出合理有效的规制方法，进一步完善我国网络仲裁程序法律体系。

五、完善网络仲裁当事人程序权利规定的建议

目前虽然国内很多仲裁机构如中国国际经济贸易仲裁委员会、中国海事仲裁委员会、深圳国际仲裁院等均已出台了网络仲裁规则，但网络仲裁仍未得到普及，究其原因还是《仲裁法》未明确对网络仲裁程序作出具体明确的规定，所以完善网络仲裁程序的立法已是迫在眉睫。笔者认为可以从以下几个方面来完善规制网络仲裁程序的法律规范。

（一）完善关于网络仲裁电子送达回证的规定

电子送达回证是电子送达制度中不可缺少的一环，但我国不管是《仲裁法》《民事诉讼法》，还是各仲裁机构的网上仲裁规则均未对此作出规定，不利于保护当事人的程序权利。

完善关于网络仲裁电子送达回证的规定，一方面可以借鉴上文中美国的电子邮戳服务，另一方面也可以采用《中国海事仲裁委员会网上仲裁规则（2020年版）》所规定的电子送达方式——通过网上仲裁平台、移动通信号码、传真、电子邮件、即时通信账号等一种或多种电子方式进行送达。[①] 例如，在送达主体采用电子邮件方式发送仲裁通知后，为了避免当事人未及时查看电子邮箱的情况发生，送达主体可以采用电话、短信方式或其他电子方式与当事人再次确认是否已收悉仲裁通知，如穷尽上述送达方式，仍无法确认当事人是否已收悉仲裁通知，可以邮寄送达。第二种方式虽较第一种方式烦琐，但比较容易在全国范围内普及开来，而且可以立即适用，节省了技术开发时间与成本，能及时避免 Bernuth Lines v. High Seas Shipping Led. （2005）EWHC 3020（Comm.）一案中被申请人认为网络仲裁通知是垃圾邮件的情况发生。

（二）完善网络仲裁程序的回避制度

1. 完善仲裁员的信息披露制度

仲裁员信息披露制度是指被指定或选定的仲裁员有义务向当事人或仲裁委员会签署声明，自愿披露可能影响公正性或独立性的事实和情况。在网络仲裁程序中，笔者认为应该尽快完善现有的仲裁员信息披露制度。仲裁委员会应当

---

① 《中国海事仲裁委员会网上仲裁规则（2020年版）》第11条。

要求仲裁员提供详细的个人资料，并定期向仲裁委员会更新其个人资料。仲裁委员会应当记录在案，双方当事人和仲裁委员会可进行查询。仲裁员不回避的，当事人可以申请该仲裁员回避，或者仲裁机构或仲裁庭可以要求其回避。此外，每位仲裁员还应对其个人资料和披露声明承担持续披露的责任，倘若此等情况在声明之日以后和仲裁结束之前发生，须立即向仲裁机构、仲裁庭其他成员和全体当事人披露。仲裁员信息披露义务现仅在我国主要网络仲裁机构的仲裁规则中有所体现，我国相关法律尚未对此作出统一规定，不利于保障当事人的程序权利。

2. 完善网络仲裁回避的保障和救济制度

在网络仲裁回避的保障和救济制度方面，笔者认为主要应统一当事人申请回避的期限、增设对当事人逾期未提出回避申请的救济规则和对回避对象的救济规则。

首先，不同的仲裁规则给予当事人申请回避的期限均不同，笔者认为应统一规定当事人申请回避的期限为15日，因为期限太短不利于当事人行使申请回避权，期限太长又会降低网络仲裁的效率，所以15日是一个较为适中的期限。

其次，当事人逾期未提出回避申请的，可以借鉴《瑞典仲裁法》[①] 的规定，在一定期限内给予当事人救济。因为当事人需要一定时间来了解仲裁员的个人资料，所以当事人在法律规定的期限内未及时提出回避申请时，可以宽限其一段时间。笔者认为“一定期限”过长，不仅将给恶意当事人提供可乘之机，而且降低仲裁效率，定为15日可以在有效范围内让善意当事人得到救济。

最后，对回避对象可以增设听证程序，让其有机会与当事人进行“屏对屏”辩论，充分表达自己的想法。这样不仅可以增加透明度和公信力，而且还可以降低回避对象不服的概率，有助于提高网络仲裁效率。

3. 明确规定仲裁员及恶意当事人的法律责任

首先，明确规定仲裁员的法律责任。《仲裁法》中虽然有关于仲裁员法律责任的规定，但过于笼统，不够明确。笔者认为，《仲裁法》或其他相关法律应具体规定相应的经济处罚措施来对仲裁员不主动披露其个人与案件的利害关系或其他关系的行为进行规制。因为当当事人的经济权益由于仲裁员的原因而受到损害时，以经济处罚措施来补救既最为直接和便捷，也有利于仲裁员披露

---

① 《瑞典仲裁法》第10条。

制度落到实处，从而有效保障仲裁的公正。

其次，明确规定恶意当事人的法律责任。因当事人滥用其申请回避权而造成仲裁程序拖延时，应以经济处罚措施对其规定法律责任。限制当事人恶意申请的最有效的途径就是在网络仲裁回避制度中合理限制其申请回避的次数以及规定具体的申请期限。

（三）增设网上“屏对屏”开庭规定

在实践中，中国国际经济贸易仲裁委员会、中国海事仲裁委员会等国内主要仲裁机构的网络仲裁规则均规定，“除非当事人约定或者仲裁庭认为有必要开庭审理，仲裁庭只依据当事人提交的书面材料和证据对案件进行书面审理”，“除非当事人另有约定或者仲裁庭另有决定，仲裁庭有权拒绝接受当事人在超过举证期限后提交的书面陈述和证据材料”。所以，若网络仲裁案件采用书面审理方式，当事人一旦逾期提交证据，就无法再向仲裁庭陈述自己的意见，这既不利于保障当事人的陈述权及实体权利，也难以实现仲裁的公平公正。此外，采用“书面审理为主，网上开庭为辅”的审理方式使得网络仲裁案件局限于案情简单、标的额小的案子，无法真正将网络仲裁推广开来。

我国现有的网络技术条件已可满足网上开庭的需要，应从“书面审理为主，网上开庭为辅”的审理方式转变到“网上开庭为主，书面审理为辅”的审理方式，即在分析案件的性质后，认为该案适合网上开庭的（立法可以借鉴《北京仲裁委员会/北京国际仲裁中心关于网上开庭的工作指引（试行）》第 1 条第 3 款规定的不宜适用网上开庭的案件范围），并在征得双方当事人同意的情况下，首先考虑采用网上开庭的审理方式。但为了避免当事人滥用其“同意”的权利，在一方当事人反对网上开庭的情况下，应由仲裁员通过审查当事人是否具备参与网上开庭的技术条件以及一方当事人反对网上开庭的理由是否具有合理性来决定是否进行网上开庭。

所以，我国《仲裁法》或《民事诉讼法》应尽快承认网络仲裁正当合法的程序地位，明确仲裁案件的网上开庭同现场开庭具有同等效力，这样才能避免实践中法院对网络仲裁裁决的承认与执行的问题。

六、结语

中国的网络仲裁目前正处于萌芽时期，虽然网络仲裁已经得到了最高人民法院的支持，但没有法律的明确规定，不能保证我国每个地方的法院的裁判观点都与最高人民法院一致，从而影响了网络仲裁裁决的承认与执行，所以应该尽快完善规制网络仲裁程序的法律规范，保障当事人的程序权利，承认网络仲裁正当合法的程序地位，提升网络仲裁服务水平，使更多的当事人能放心地选择适用网络仲裁程序。特别是本次疫情使人类迈入了数字化生存时代，线上和线下相结合的生活模式成为未来的趋势，这更是突出体现了网络仲裁程序的普及和发展的重要性。为实现这一目标，法律规制是实现网络仲裁程序健康发展和快速普及的重要和关键一环。法律规制的重心在于，中国需要完善关于网络仲裁电子送达回证的规定、完善网络仲裁程序的回避制度、增设网上“屏对屏”开庭规定，通过法律规制有效地保护网络仲裁当事人的权益，同时避免网络仲裁程序带来的各种法律风险。就规范网络仲裁程序而言，不断发展和完善《仲裁法》及其他相关的法律制度，在网络仲裁程序和传统仲裁程序之间持续探索和不断修正，形成一个更便利、更安全、更有效率、更私密的网络仲裁程序，最终促进网络仲裁程序的发展完善。

（责任编委：赵英①）

① 赵英，中国国际经济贸易仲裁委员会天津分会副秘书长、仲裁员。

国际视野

2021 版《瑞士联邦国际私法》第十二章“国际仲裁”*

董金鑫** 方恩瑶*** 译

一、适用范围、仲裁庭所在地

第 176 条

1. 本章的规定适用于所有仲裁庭的所在地位于瑞士且在仲裁协议缔结时至少有一方当事人在瑞士没有住所、惯常居所或营业机构的仲裁。

2. 当事人可以通过在仲裁协议或随后的协议中声明排除本章的适用，并同意适用《瑞士民事诉讼法》第三部分。此种声明应按照第 178 条第 1 款规定的形式作出。

3. 仲裁庭的所在地应由当事人或其指定的仲裁机构决定。在其未作决定时，由仲裁员决定。

二、可仲裁性

第 177 条

1. 任何涉及财产权的事项均可仲裁。

2. 如果仲裁协议的一方当事人是国家，其拥有的公司或受其控制的组织，其不得援用本国法律质疑争议的可仲裁性或作为仲裁当事人的能力。

---

* 适用于在瑞士进行国际仲裁的《瑞士联邦国际私法》第十二章的修订文本于 2020 年 6 月 19 日通过，自 2021 年 1 月 1 日施行。本译文译自该法的官方法文版，系国家社科基金后期资助项目“国际体育仲裁中的法律冲突问题研究”（18FFX060）的阶段性成果。

** 中国石油大学（华东）文法学院副教授，硕士生导师，法学博士，自贸区法治研究中心主任。

*** 法国语言文学学士，中国石油大学（华东）2021 级法律硕士研究生。

三、仲裁协议和仲裁条款

第178条

1. 仲裁协议以书面或其他能通过文本加以证明的形式订立的，即为有效。

2. 就实质内容，如果仲裁协议符合当事人选择的法律、适用于争议的法律（特别是适用于主合同的法律）或瑞士法律的，即为有效。

3. 不得以主合同无效或仲裁协议涉及尚未产生的纠纷为由对仲裁协议提出异议。

4. 对于单方法律行为或章程中规定的仲裁条款，参照适用本章的规定。

四、仲裁员

（一）指定和替换

第179条

1. 仲裁员应根据当事人之间的协议指定或替换。除非另有协议，仲裁员的人数为三人，当事人各指定一名仲裁员；两名仲裁员一致选定一名首席仲裁员。

2. 如未达成协议或因其他的原因不能指定或替换仲裁员的，可将案件提交仲裁庭所在地的法院。当事人未约定所在地或者仅约定仲裁庭所在地在瑞士的，第一次受理案件的法院具有管辖权。

3. 法院被请求指定和替换仲裁员时，除非简单审查表明当事人之间没有仲裁协议，否则应批准这一请求。

4. 如果当事人或仲裁员未在被请求之日起的30日内履行其义务，应一方当事人的请求，法院应采取必要的措施组成仲裁庭。

5. 在多方仲裁的情况下，法院可指定所有的仲裁员。

6. 被指定为仲裁员的任何人都必须毫不拖延地披露可能对其独立性或公正性产生合理怀疑的事实。这一义务持续到仲裁程序结束为止。

（二）请求回避

A. 理由

第180条

1. 仲裁员可以被请求回避：

a. 如果他不符合当事人协议的要求；

b. 如果当事人协议的仲裁规则规定了请求回避的理由；

c. 如果情况引起对其独立性或公正性产生合理的质疑。

2. 一方当事人仅可基于仲裁员在被指定之前虽给予了适当注意但仍未获悉的理由对其指定或参与指定的仲裁员请求回避。

B. 程序

第 180a 条

1. 除非当事人另有协议，在仲裁程序尚未结束时，则附带理由的回避书面请求应在请求方知悉或经过适当注意应当知悉回避理由后的 30 日内送交该仲裁员以及其他仲裁员。

2. 申请方可在提出回避申请后 30 日内请求法院要求该仲裁员回避。法院就此作出终局决定。

3. 除非当事人另有协议，仲裁庭于请求回避程序期间可在请求回避所涉仲裁员的参与下继续进行仲裁程序，并作出裁决。

（三）解除职务

第 180b 条

1. 仲裁员可经当事人的协议解除职务。

2. 除非当事人另有协议，仲裁员不能及时履行其职责或未能尽职履行其职责时，一方当事人可以书面请求法院解除其职务，并说明理由。法院就此作出终局决定。

五、未决的案件

第 181 条

一旦提出申请的一方当事人向仲裁协议中指定的一名或多名仲裁员提出仲裁请求，或当协议未指定则在一方当事人启动仲裁庭的组成程序，仲裁程序即开始。

六、程序

（一）原则

第 182 条

1. 当事人可以直接确定或者援用仲裁规则确定仲裁程序；他们也可以按其选择的程序法进行仲裁程序。

2. 当事人没有确定程序的，仲裁庭应当根据需要直接确定或者援用法律或仲裁规则确定仲裁程序。

3. 无论所选择的程序如何，仲裁庭都应确保平等对待当事人，以及在辩论程序中陈述意见的权利。

4. 如果一方当事人继续进行仲裁程序，而不立即声称其发现或通过给予适当注意可发现违反程序规则的，则其此后不得再对此提出反对。

（二）临时和保全措施

第183条

1. 除非另有协议，仲裁庭可以根据一方当事人的请求作出临时或保全措施的裁定。

2. 如果有关当事人不自愿遵守，仲裁庭或一方当事人可以请求法院予以协助。法院应适用自己的法律。

3. 仲裁庭或者法院可以将提供适当的担保作为采取临时或保全措施的条件。

（三）取证

第184条

1. 仲裁庭应自行取证。

2. 如果需要国家司法机关协助取证的，仲裁庭或者征得仲裁庭同意的一方当事人应当求助于仲裁庭所在地的法院。

3. 法院应适用自己的法律。经请求，其可适用或考虑其他形式的程序。

（四）其他需要法院协助的案件

第185条

如果其他案件需要司法机关的协助，应当求助于仲裁庭所在地的法院。

（五）法院对外国仲裁程序的协助

第185a条

1. 位于外国的仲裁庭或外国仲裁程序的一方当事人可以请求临时或保全措施执行地的法院给予协助。第183条第2款和第3款应参照适用。

2. 位于外国的仲裁庭或外国仲裁程序的一方当事人可以请求证据收集地的法院给予协助。第184条第2款和第3款应参照适用。

七、管辖权

第186条

1. 仲裁庭应自行决定其管辖权。

1bis. 除非有充分的理由需要中止程序，否则仲裁庭应就其管辖权作出决定，而不考虑同一当事人之间的同一事项已在法院或另一仲裁庭待决。

2. 对管辖权的异议应在对案情进行实体答辩之前提出。

3. 一般而言，仲裁庭应以初步裁决的方式确定其管辖权。

八、仲裁裁决

（一）应适用的法律

第 187 条

1. 仲裁庭应根据当事人选定的法律规则对争议作出裁决，如未选择，则应根据与争议存在最密切联系的法律规则作出裁决。

2. 当事人可以授权仲裁庭在公平的基础上作出裁决。

（二）部分裁决

第 188 条

除非另有协议，仲裁庭可以作出部分裁决。

（三）程序和形式

第 189 条

1. 仲裁裁决应按照当事人协议的程序和形式作出。

2. 如无此种协议，则应以多数意见作出；如没有多数意见，则由首席仲裁员单独决定。裁决应以书面形式作出，说明理由、注明日期并签字。首席仲裁员的签字即为充分。

（四）裁决的更正与解释；补充裁决

第 189a 条

1. 除非另有协议，否则任何一方当事人均可在收到裁决书后 30 日内请求仲裁庭更正裁决书中的文字或计算错误，要求解释裁决的某些部分，或就仲裁程序期间提出但裁决书中遗漏的请求作出补充仲裁裁决。在同一期限内，仲裁庭可自行更正、解释或者作出补充裁决。

2. 申请不中止撤销期限的计算。对经更正或解释的裁决和补充裁决，新的撤销期限开始生效。

九、终局性、撤销、复审

（一）撤销

第 190 条

1. 裁决一旦通知即为终局。

2. 只有在下列情况下才可以对裁决提出异议：

a. 独任仲裁员的指定不当或仲裁庭的组成不当；

b. 仲裁庭错误地接受或拒绝行使管辖权；

c. 仲裁庭就未向其提交的申请作出裁决，或未就向其提交的一项申请作出裁决；

d. 当事人之间的平等或在辩论程序中的陈述意见的权利未获得尊重；

e. 裁决不符合公共秩序。

3. 对于初步裁决，只有符合本条第 2 款 a 项、b 项两项规定的，才得以提请撤销。撤销期间自裁决通知之日起计算。

4. 撤销期限为自裁决通知之日起的 30 日。

（二）复审

第 190a 条

1. 在下列情况下，当事人可申请对裁决进行复审：

a. 如果当事人事后发现有关事实或关键证据，而在先前的程序中其尽管给予了适当注意却未能援用这些事实或证据。裁决后产生的事实或证据不包括在内。

b. 如果刑事诉讼证明裁决受到重罪或者轻罪的影响，从而对提出异议的一方造成损害，即使没有定罪。如果未能提起刑事诉讼，可以其他方式提供证据。

c. 第 180 条第 1 款 c 项下的回避理由，尽管当事人给予了适当注意却直到仲裁程序结束后才被发现，而且不存在其他的补救办法。

2. 复审请求应在发现复审原因后的 90 日内提交。除第 1 款 b 项的情形外，自裁决生效之日起的十年后不得再要求进行复审。

（三）撤销和复审的机构

第 191 条

瑞士联邦最高法院是撤销和复审的唯一机构。该程序应根据 2005 年 6 月 17

日《联邦最高法院法》第 77 条和第 119a 条进行。

十、撤销的放弃

第 192 条

1. 当事人在瑞士均无住所、惯常居所或营业机构的，可以在仲裁协议或随后的协议中声明全部或部分排除对仲裁裁决的撤销；然其不得放弃第 190a 条第 1 款 b 项下的复审。该协议需要采用第 178 条第 1 款规定的形式。

2. 如果当事人完全排除了对裁决提出异议且裁决将在瑞士执行的，则应参照适用 1958 年 6 月 10 日《承认及执行外国仲裁裁决公约》（《纽约公约》）。

十一、交存和可执行性证明

第 193 条

1. 任何一方均可自费向仲裁庭所在地的法院交存裁决书的复印件。

2. 应一方当事人的请求，仲裁庭所在地的法院应证明裁决具有可执行性。

3. 应一方当事人的请求，仲裁庭应出具仲裁裁决根据本法的规定作出的证明；此种证明与交存裁决书具有相同的效力。

十二、外国仲裁裁决

第 194 条

关于外国仲裁裁决的承认和执行，适用 1958 年 6 月 10 日《承认及执行外国仲裁裁决公约》（《纽约公约》）。

（责任编委：许天舒①）

---

① 许天舒，中国国际经济贸易仲裁委员会仲裁研究所职员。

Global Challenges and Key Trends in the International Commercial Arbitration with Reference to India

Malik Javed Ansari *

Abstract: In coming years certain challenges will be on the way of international commercial arbitration. These will be redesigning Investor-State Dispute Settlement, third party funding, cyber security and data protection, gender and ethnic diversity, legitimacy, jurisdictional challenges, confidentiality and transparency, new challenges in the recognition and enforcement of judgments, challenges in relation to India, arbitration reforms in relation to the Asia Pacific region and efficiency in arbitral procedure. This essay focuses on the key trends and challenges in the international commercial arbitration. Current trends suggest that it will probably require creative thinking to expand arbitration in certain new areas and at the same time keep it breathing normally.

Keywords: ISDS Diversity Cyber Security India Challenges Reforms and Commercial Arbitration

Ⅰ. INTRODUCTION

The expansion and globalisation of cross-border investment and trade has led to

---

* Malik Javed Ansari is practicing Advocate of the Supreme Court of India & Non-Practicing Solicitor of England and Wales, and holds B. A. , LL. B (Honours) L. L. M in Commercial and Financial Laws from King's College London.

increased and ever more complex relationships and interactions between businesses, investors, and States. As, inevitably, some of those relationships and interactions break down, parties need to consider the best means of resolving any disputes which may arise. In many cases, that will be arbitration. In more modern times, arbitration became the standard method for resolving disputes in certain industry sectors such as construction, commodities, shipping, and insurance, where the arbitrators' technical expertise was particularly valued. The international community has increasingly embraced arbitration, with many recognising its importance as the primary means of resolving complex, transnational commercial disputes. Arbitration may not be right for every party in every situation. Arbitration might have drawbacks, depending upon a party's particular circumstances and objectives. It is therefore necessary to make a considered decision in each case. ① In the international arbitration there are three phases within which international arbitration is conducted, from the drafting of the agreement all the way to the recognition and enforcement of the award in a jurisdiction other than that in which it was rendered, where pertinent. ② There is a strong movement towards the worldwide harmonization of international commercial arbitration law and practice. This is largely driven by the globalization. East Asia is not immune to such forces. The development of trade and investment in the region has resulted in increased international commercial transactions. ③ Rapid development has increased caseloads for already overburdened courts, further leading to slow adjudication of commercial disputes. As a result, Alternative Dispute Resolution (ADR) mechanisms, including arbitration, have become crucial for businesses operating in East Asia. ④ India is a fastest growing economy requires a reliable stable dispute resolution process in order to be able to attract foreign investment. With the extreme backlog of cases before Indian courts, commercial players in India and abroad have developed a strong preference to resolve disputes via arbitration. The changing legal, political and economic environment impacting the practice of

---

① Https: //www. lw. com/thoughtleadership/guide-to-international-arbitration 2017.

② Https: //www. cambridge. org/core/books/an-introduction-to-international-arbitration/an-introduction-to-international arbitration/55D1029E16BF6AA8D6DC1D0C1FA97CB0#.

③ Kun Fan, International Dispute Resolution Trends in Asia, 10 TRANSNAT'L. MGMT. 1, 2 (2013), www. transnational-dispute-management. com/article. asp? key = 1970.

④ Kun Fan, American University Business Law Review, Vol. 5: 3, p. 448-450, 2016.

international commercial arbitration globally and the world in which international arbitration operates gives rise to the certain challenges/obstacles, key trends and reforms that will be addressed in this article.

II. REDESIGNING INVESTOR-STATE DISPUTE SETTLEMENT

Investor-State Dispute Settlement (ISDS) is undergoing something of a redesign, manifesting in a push to replace traditional treaty-arbitration with an Investment Court System in some parts of the world, a drive by some states to abandon or renegotiate their bilateral investment treaties (BITs), and efforts by various bodies to propose ISDS reforms, including a wholesale review of the International Center for the settlement of Investment Disputes (ICSID) arbitration rules. ① A key benefit of redesign is that it could replace ISDS in numerous existing agreements. A benefit of termination is that it is a clear step, not easily contorted by the lobbyists or trade negotiators into something meaningless. ②

UNCITRAL Working Group (WG) III has identified four categories of concerns for which ISDS reform is deemed desirable: Concerns pertaining to the lack of consistency, coherence, predictability and correctness of arbitral decisions by ISDS tribunals: Divergent interpretations of substantive standards, divergent interpretations relating to jurisdiction and admissibility, and procedural inconsistency; Lack of a framework to address multiple proceedings; Limitations in the current mechanisms to address inconsistency and incorrectness of arbitral decisions. ③ Concerns pertaining to arbitrators and decision makers: Lack or apparent lack of independence and impartiality; Limitations in existing challenge mechanisms; Lack of diversity of decision makers; Qualifications of decision makers. ④ Concerns pertaining to cost and duration of ISDS

---

① Stephan W. Schill, Reforming Investor-State Dispute Settlement (ISDS): Conceptual Framework and Options for the Way Forward, July 2015.

② Gusan Van Harten, Is it time to redesign or terminate investor-state arbitration? 11 April 2017, it is available online, https://www.cigionline.org/articles/it-time-redesign-or-terminate-investor-state-arbitration.

③ United Nations Commission on International Trade Law (UNCITRAL), Report of Working Group III (Investor-State Dispute Settlement Reform) on the Work of its Thirty-Sixth Session (Vienna, 29 October, 2 November 2018), paras. 39, 53 and 63.

④ Ibid., paras. 83, 90, 98 and 106.

cases: Lengthy and costly ISDS proceedings and the lack of a mechanism to address frivolous or unmeritorious cases; Allocation of costs in ISDS; Concerns regarding the availability of security for cost in ISDS; Concerns regarding third party funding. ① Concerns pertaining to third party funding: lack of transparency and regulation and the impact third party funding has on different aspects of ISDS, for instance increase in frivolous claims, costs of ISDS and security for costs. ②

The Working Group also took into account a number of aspects raised during the discussion of other concerns as it develops its tools for reform, so that all relevant stakeholders will consider the solutions legitimate. These aspects include: consideration of means other than investor-state arbitration to resolve investment disputes, as well as dispute prevention methods, exhaustion of local remedies, participation of local communities affected by the investment dispute to ensure that relevant issues are presented and considered, beyond submissions as third-parties, Investor's obligations and counterclaims, and in the context of discussing regulatory chill, the potential impact of ISDS on the regulatory policy of States. ③

III. CYBER SECURITY AND DATA PROTECTION

Cyber security bears particular significance to the realm of international arbitration. In addition to the ambient cyber security risks faced by each participant in international arbitral proceedings, the need to share information between the parties, the tribunal and the institution for the resolution of a dispute increases the likelihood that data will be lost or breached. Arbitral institutions may be uniquely positioned to address cyber security risks in a consistent and sustainable way. Doing so provides an opportunity for arbitral institutions to advocate institutional arbitration and to differentiate themselves from the competition by attracting cyber security conscious users through innovation. ④ All participants in international arbitration share the responsibility to safe-

① Ibid. , para. 122, 123 and 133.

② UNCITRAL, Report of Working Group III (Investor-State Dispute Settlement Reform) on the Work of its Thirty-Seventh Session (New York 1 April 2019) para. 25.

③ Ibid. , para. 29-37.

④ See blog of Claire Morel de Westgaver Cyber security In International Arbitration A Necessity and an Opportunity for Arbitral Institutions , 6 October 2017.

guard confidential information and secure it from cyber attacks. The first step is to promote awareness of the relevance of data protection and the need to take measures to avoid cyber attacks and increase data safety. As cyber attacks will constantly evolve, every player in arbitration should make efforts to be educated about cyber security best practices and associated risks. Cyber security is a hot topic in international arbitration. The enactment of the European Union General Data Protection Regulation and the Brazilian General Law on Personal Data has brought attention to the relevance of data protection and its associated risks. ①

Governments and institutions are acting to tackle these problems. The Data Protection Act 2018 took effect on 28 May 2018. China, Australia and New Zealand have all implemented new cybersecurity rules in the last year and, on 16 November 2018 the United States enacted the Cybersecurity and Infrastructure Security Agency Act 2018. In the arbitration world, the International Council for Commercial Arbitration published a Draft Protocol on the management of cybersecurity in international arbitration in April 2018. The International Bar Association also published cybersecurity guidelines in October 2018. ②

IV. THIRD PARTY FUNDING

In international arbitration, funding is increasingly becoming main stream and the arbitration community is playing catch-up in trying to identify guiding principles to govern its use in arbitration proceedings. Third Party Funding is a rapidly expanding industry composed of speculative investors who finance legal claims in exchange for influence over case management and a contingency in the recovery. ③

A potential claimant may approach a funder for various reasons:

- Necessity: Arbitration can be expensive. If a claimant does not have the means to pursue a meritorious claim, funding may well be its only option.

---

① See blog of Vanessa Naish Cyber Security in Arbitral Proceedings: How to Kick-Start the Conversation about protecting your Clients' Data, 25 November 2018.

② See blog of Siobhan Abraham Cybersecurity after Brexit: the Arbitration Perspective, December 7, 2018, http: //arbitration blog. practicallaw. com/cybersecurity-after-brexit-the-arbitration-perspective/.

③ Frank J. Garcia and Hough, "Third Party Funding in International Investor-State Arbitration", ASIL, Volume 22, 1 November 2018.

• Risk management: Claimants with the funds to arbitrate may want to lay off some of the risk associated with costly arbitration, and be prepared to give up a proportion of any recoveries to do so. It also enables a company to invest that money elsewhere. In addition, the funded party is relieved of costs pressures and cash-flow issues associated with the legal costs of the arbitration.

• Validation: Funders are only interested in good claims. They will therefore conduct extensive due diligence and carry out their own analysis of the merits before agreeing to provide funding. This objective analysis may assist the claimant to shape its case strategy, and may also encourage early settlement once the other party is made aware that the claim has the backing of a funder.

However, there are also disadvantages to using third party funding:

• A successful claimant will generally have to pay a significant proportion of his or her recoveries to the funder.

• Although funders are generally prohibited from taking undue control or influence in arbitration, there may be some loss of autonomy on the part of the funded party (in particular when considering settlement) as funders may reserve the right of approval of the settlement.

• Substantial costs can be incurred when packaging the case for presentation to a funder. These will have been wasted if the application for funding is unsuccessful. Even if successful, funders are not usually liable for any costs incurred before the funding arrangement is put into place, including the costs of packaging and the negotiation of the funding arrangements. ①

V. DRIVE TO IMPROVE EFFICIENCY IN ARBITRAL PROCEDURE

Despite complaints as to the increasing judicialization of arbitral proceedings and the introduction of new procedural rules in most cases is aimed at improving efficiency. It is essential for international arbitration to address and meet parties' procedural expectations and needs. Arbitration is a process owned by the parties. However, arbitra-

---

① SLJ Abogados, Third Party Funding: advantages and drawbacks, 8 August 2016 by refer website https: //www. irglobal. com/article/third-party-funding-advantages-and-drawbacks-cbc6.

tors and institutions steer the process and have a role in ensuring that the process is not frustrated. In that sense efficiency (speed and cost saving) is almost never a standalone value: it is combined and co-existing with rule compliance and values of fairness. Parties may design their own efficiency paradigm by exercising their party autonomy and agreeing to a process of their liking. However, when the parties cannot reach an agreement, the safeguard of efficiency is in the hands of arbitral institutions and tribunals. The recent reform of arbitration rules set to lead to greater efficiency in arbitration, although this will depend on several factors. ① The procedural fairness is embedded in arbitration as a one-stop mechanism to determine disputes, as a venue that substitutes the parties' constitutional right to seek justice from a national court. As violations of the basic procedural fairness give rise to sanctions, arbitrators are concerned with identifying the relevant rule of due process applicable at the different stages of the arbitral proceedings. ② Efficiency in arbitration is, in the long run, not only important to the party's seeking relief from the arbitration proceedings, but it is also in the interest of the arbitrators themselves, not least because they benefit from the attractiveness of arbitration. Over the years some developments have given rise to the question: Is arbitration really the more time-and cost-efficient alternative to court proceedings? Which then provokes the question: Why, if not for reasons of enforcement, should one choose arbitration? Not all criticism concerning arbitration can be easily denied. No doubt that there are examples of arbitration proceedings that can definitely not be considered "best practice". However, it is important to understand that time and cost efficiency in arbitration depend on the parties, their representatives and the arbitrators themselves. Arbitration is not expensive or inefficient, but only the behaviour and decisions of the individuals involved can make arbitration expensive and inefficient. The best outcome and highest efficiency can only be reached if the parties, their representatives and the arbitrators truly aim at conducting efficient proceedings. The people involved shape the arbitration procedure to a ponderous elephant or a sleek tiger, therefore, the

---

① See Mistelis, Loukas A., Efficiency. What Else? Efficiency as the Emerging Defining Value of International Arbitration: between systems theories and party autonomy (15 April 2019). Queen Mary School of Law Legal Studies Research Paper, No. 313/2019. Available at SSRN: https://ssrn.com/abstract=3372341.

② Fabricio Fortese and Lotta Hemmi, International Arbitration and Procedure Procedural Fairness and Efficiency in International Arbitration, Groningen Journal of International Law, vol 3 (1): 2015.

flexibility in arbitration can be blessing or curse. ①

VI. LEGITIMACY OF THE ARBITRATION PROCESS

The concept of legitimacy is becoming the prevailing standard against which to measure the acceptability of international arbitration to a variety of groups, including the parties to an arbitration proceeding, actual and potential users of arbitration more generally, the constituency of a specific country affected by arbitration proceedings, and the international community (or global society) as a whole. ② Over the last few years, legitimacy has become a hot topic in international arbitration. Although the investment regime has borne the brunt of the attack, commercial proceedings have also suffered from criticism. The range of voices questioning the propriety of arbitration has been at times quite diverse and has included journalists, judges, governments and human rights advocates as well as parties themselves. Practitioners and policymakers are not the only ones interested in the integrity of the arbitral process. Academics have also sought to address concerns about the legitimacy of international arbitration, primarily in the form of an ever-increasing number of empirical studies relating to the nature and quality of arbitral procedures. In response to criticisms as to the legitimacy of the arbitral process, there have been a series of reforms and efforts across the arbitral community to make arbitration more transparent, diverse and efficient. ③ The key to efficiency is to identify when resources are being invested and when they are being wasted, but it is a daunting task.

VII. GENDER AND ETHNIC DIVERSITY

The reasons for a lack of gender diversity in both the upper echelons of the legal profession and on arbitral tribunals are many and varied. Overt discrimination and unconscious bias no doubt are factors, but it would be simplistic to suggest that these are

---

① See Isabelle Hautot, The Paris Arbitration Rules: A New Generation of Rules? 2013, available at http: //kluwerarbitrationblog. com/blog/2013/04/26/ the-paris-arbitration-rules-a-new-generation-of-rules/.

② Stephan W. Schill, Conceptions of Legitimacy of International Arbitration, Oxford University Press, 2015, p. 108.

③ S. I. Strong, Legitimacy and International Arbitration: An Alternate View, 4 October 2017, see Kluwer Arbitration Blog on it.

the only factors. ① Gender diversity is not the only issue in international arbitration. There is also a lack of ethnic and regional diversity. It has been noted that "minority ethnicities and candidates of non-Western geographic origin are blatantly under-represented" in arbitration. The benefits of different perspectives to the quality of decision making apply equally to the ethnic and regional make-up of the tribunal and this is an emerging area of focus in the arbitration community. ②

Stockholm Chamber of Commerce (SCC) showed a 50% increase in female gender diversity among appointed arbitrators in 2018. In the total appointments of 225, just 27% were women. For instance, in 2018, 29% of the arbitrators appointed by the SCC were women, compared to 24% women appointed by the parties. The same held true in 2017, when the SCC appointed 37% female arbitrators, whilst parties appointed only 8% of female arbitrators. That said, in 2018, co-arbitrators in the SCC arbitrations appointed female arbitrators in 56% of the appointments, the highest figure ever reported by the SCC. Indeed, this is a significant increase over the previous year in 2017, when the SCC co-arbitrators appointed not one female arbitrator. The SCC is not alone in leading the way in increasing the number of female arbitrator appointments. In FY2018, ICSID reported that 30% of the arbitrators appointed by ICSID were women, as compared to 24% appointed by the parties jointly, and 8% appointed by ICSID co-arbitrators. And, when considering the arbitrators appointed by each party in ICSID arbitrations, 35% of the arbitrators appointed by respondents in FY2018 were female, compared with only 6% by claimants. ③

The most significant initiative to promote gender diversity in arbitration is the Arbitration Pledge. Those who take the pledge commit, among other things, to ensure that lists of potential arbitrators include a fair representation of female candidates and that gender statistics for appointments be collated and published. Senior and experienced arbitration practitioners pledge to support, mentor and encourage women to pursue arbitrator appointments and otherwise enhance their profiles and practice. The commitments

① This article is available on ashurt. com. a leading law firm, Gender diversity in international arbitration: does the Arbitration Pledge go far enough? 13 June 2018.

② Berwin Leighton Paisner, International Arbitration Survey: Diversity on Arbitral Tribunals.

③ A Report 2019 release by Stockholm Chamber of Commerce (SCC).

in the pledge are supported by large networks of arbitration practitioners, including most of the leading law firms globally, supporting the expansion of networks of women in arbitration and providing informal and formal mentoring programs such as the Arbitral Women Mentorship Programme. Arbitral women also maintain lists of female arbitration practitioners. ①

VIII. CONFIDENTIALITY AND PRIVACY

Arbitration is particularly advantageous for commercial parties because of the privacy and confidentiality that it can offer. Parties can agree not only that the hearing and evidence be kept confidential, but also that they (and the arbitrators) will not disclose any information about the arbitration. In comparison, court documents and hearings are public. ② Confidentiality and privacy are often cited as one the main benefit of arbitration as opposed to litigation. Yet, scholars and practitioners often fail to examine exactly why confidentiality is important. We also do not carefully weigh the benefits and costs of making arbitration confidential, whether we are talking about public or private international arbitration. ③ Confidentiality and privacy plays an important role in the area of international arbitration. The English courts have pertinently observed that the confidentiality is an implied obligation arising from the agreement to arbitrate. The historical evolution and contemporary purposes of international agreements require this result. Most parties enter into international agreements with expectations of confidentiality, which are generally perceived as one of the important advantages of international arbitration as a mode of dispute resolution. Hence, it should not be seen with surprise that the recent amendment in the institutional arbitration is coming with enhanced obligations of confidentiality in the arbitration process. ④ When examining privacy and confidentiality, distinction has to be made between the two concepts. In arbitral proce-

① Berwin Leighton Paisner, International Arbitration Survey: Diversity on Arbitral Tribunals.

② Michael Collins QC, Privacy and Confidentiality in Arbitration Proceedings, Arbitration International, Volume 11, Issue 3, 1 September 1995, p. 322.

③ Cindy Galway Buys, The Tensions between Confidentiality and Transparency in International Arbitration, American Review of International Arbitration, Vol. 14, No. 121, 2003.

④ Gary B. Born, at 2281, International Commercial Arbitration, Volume II, Kluwer Law International, 2009 Edition.

dures, privacy excludes third parties other than the parties to the dispute, their legal counsel, arbitrators, witnesses and administrators (as well as other participants of the procedure having access based on the mutual consent of the parties) from having access to the procedure and the documents produced within, including the award. Confidentiality, on the other hand, entitles the participants to know the content of the award, orders, witness testimonies and further documents produced in the course of the procedure, furthermore, to know about the existence of the arbitration, who the parties, witnesses and the chosen arbitrators are and the matter and nature of the debate. ① Most importantly, however, confidentiality determines certain restrictions regarding the disclosure of such information. In Esso v. Plowman, "*Privacy is concerned with the right of persons other than the arbitrators, parties and their necessary representatives and witnesses, to attend the arbitration hearing and to know about the arbitration. Confidentiality by contrast, is concerned with… information relating to the content of the proceedings, evidence and documents, addresses, transcripts of the hearings or the award*". ② On the other hand, the concepts of privacy and confidentiality are important elements of arbitration. However, the private nature of the process does not necessarily ensure that information presented or documents produced in arbitration can remain fully confidential in all circumstances. This became especially true in Independent Subspace Analysis (ISA) procedures following the adoption of the UNCITRAL Rules on Transparency. When it comes to Independent Component Analysis (ICA), however, different jurisdictions have different approaches with regard to the extent of confidentiality applied and whether it functions as an implied concept. The arbitration rules of the World Intellectual Property Organisation are the most detailed concerning the confidential nature of the process. Despite the transparency trend strengthened further with the adoption of the UNCITRAL Rules on Transparency, ICA procedures can remain relatively confidential, and with the mutual consent of the parties, the extent of confidentiality, thus the private nature of the procedure can be further

---

① Gábor Szalay, Arbitration and Transparency: Relations between a Private Environment and a Fundamental Requirement, Slovenian Arbitration Review, Volume 6, Issue, March 1, 2017.

② Expert report of Dr. Julian D. M. Lew in Esso v. Plowman (1995), Arbitration International, Volume 11, Issue 3, 283, 285.

increased. However, with the transparency trend prevailing in ISA, it is a matter of time before the requirement of increased transparency in arbitral procedures reach ICA as well. Even though the public stake holder in ISA is more apparent than it is in ICA, if we look behind the curtains we can see high-volume cases in ICA as well, ones that would deserve at least the degree of transparency that is required in ISA. Sacrificing portions of privacy and confidentiality in international arbitration for the benefit of transparency seems to be unavoidable in order to increase public trust placed in this ADR mechanism, which is necessary to maintain ancient functioning and the ability. ①

IX. NEW CHALLENGES IN THE RECOGNITION AND ENFORCEMENT OF ARBITRAL AWARD

Many international awards ultimately need to be recognised and enforced in jurisdictions other than the seat. The process is not so straightforward. We shall begin by distinguishing between pre-finality challenges, such as setting aside remedies from challenges against a final arbitral award. The difference between enforcement as such and recognition of a foreign award and the most eminent and near-universally ratified treaty in the field of enforcement is the Convention on the Recognition and Enforcement of Foreign Arbitral Awards. The formalities and applicable grounds of challenge against foreign awards at the forum (country of enforcement) will be predicated on the provisions of this instrument. The grounds for challenging foreign awards under the Convention are almost identical to set aside challenges. There are three complex issues peculiar to enforcement. Firstly, it is not entirely clear whether the forum may recognise and enforce an award that was set aside at the seat of the arbitration. The relevant discussion demonstrates that such an eventuality is legitimate and finds ample support from state practice. Secondly, it is equally unclear from the text of the 1958 New York Convention whether failure to raise objections or challenges against the award or the arbitral procedure prior to the award's finality at the seat precludes a subsequent challenge before the courts of the forum. As it will be explained, national courts are fairly consistent in their

① Michoel Collins QC, M. (1995) Privacy and Confidentiality in Arbitration Proceedings, Arbitration International, Volume 11, Issue 3. 122, 126-129.

preclusion of enforcement challenges raised for the first time by the claimant, particularly where the possibility of making these at earlier stages of arbitral proceedings existed. Finally, we look at the implications of the international law of sovereign immunity to enforcement proceedings against state property following the issuance of an arbitral award against a state. ①The ease of enforcement of arbitral awards is viewed as a key advantage of arbitration. Enforcement is facilitated by the United Nations Convention on the Recognition and Enforcement of Foreign Arbitral Awards (the New York Convention 1958). A contracting state is obliged to recognise arbitration awards as binding and to enforce them in accordance with its procedural rules. Over 150 countries have ratified the Convention, including most of the world's leading trading nations. ②

X. BACKGROUND, CHALLENGES AND EMERGING ISSUES IN RELATION TO INDIA

The Arbitration and Conciliation Act 1996 ("Act"), the law governing arbitration in India, consisted mainly of three statutes: (1) The Arbitration (Protocol and Convention) Act, 1937 ("1937 Act"), (2) The Indian Arbitration Act, 1940 ("1940 Act"), and (3) The Foreign Awards (Recognition and Enforcement) Act, 1961 ("1961 Act") The "1940 Act" was the general law governing arbitration in India and resembled the English Arbitration Act of 1934.

To address the rising concerns and with a primary purpose to encourage arbitration as a cost-effective and time-efficient mechanism for the settlement of commercial disputes in the national and international spheres, India, in 1996, adopted a new legislation modelled on the "Model Law" in the form of the Arbitration and Conciliation Act 1996. The Act also aimed to provide a speedy and efficacious dispute resolution mechanism in the existing judicial system which was marred by inordinate delays and a backlog of cases. Part II of the Act deals only with foreign awards, ③ and their enforcement under New York Convention 1958 and Convention on the Execution of Foreign Arbitral

---

① Ilias Bantekas, Recognition and Enforcement of Arbitral awards, Cambridge University Press, August 2015, pp. 218-222.

② See The United Nations Commission on International Trade Law Arbitration Rules (as revised in 2010 and 2013). Please note that UNCITRAL is not an arbitral institution and does not administer arbitrations.

③ A foreign award is award delivered in an arbitration seated outside India.

Awards, 1927 ("Geneva Convention") . Part III of the Act is a statutory embodiment of conciliation provisions. In Part I of the Act, Section 8 regulates the commencement of arbitration in India, Sections 3, 4, 5, 6, 10 to 26 and 28 to 33 regulate the conduct of arbitration, Section 34 regulates the challenge to the award and Sections 35 and 36 regulate the recognition and enforcement of the award. Sections 1, 2, 7, 9, 27, 37 and 38 to 43 are ancillary provisions that either support the arbitral process or are structurally necessary. ① The courts have found that Chapters III to VI, specifically Sections 10 to 33 of Part I of the Act, contain the curial or procedural law which parties would have the autonomy to opt out of. The other Chapters of Part I of the Act form a part of the proper law, ② thus making those provisions non-derogable by parties, subjected to Part I of the Act, even by contract. Part II of the Act, on the other hand, regulates arbitration only in respect to the commencement and recognition /enforcement of a foreign award, and no provisions under the same can be derogated from by a contract between two parties. ③ The objective of the Act is to provide a speedy and cost-effective dispute resolution mechanism which would give parties finality in their disputes. A number of decisions from the courts slowly but steadily ensured that the preferred seat in any cross-border contract was always a heavily negotiated point and, more often than not, ended up being either Singapore, New York, or London. Foreign investors and corporate doing business in India were just not ready to take risks with the Indian legal system.

1. Challenge to the Appointment of Arbitrator in Indian Context

Independence and impartiality of an arbitrator are the hallmarks of any arbitration proceedings. If there are circumstances due to which his independence and impartiality can be challenged, he/she must disclose the circumstances before his/her appointment. ④ Appointment of an arbitrator can be challenged only if, a. Circumstances that gives rise to justifiable doubts as to his/her independence or impartiality; or b. He/She

---

① Bharat Aluminium Co. v. Kaiser Aluminium Technical Service Inc. 2012 (9) SCC 552.

② Anita Garg v. M/s. Glencore Grain Rotterdam B. V. , 2011 (4) ARBLR 59 (Delhi) .

③ Bharat Aluminium Co. v. Kaiser Aluminium Technical Service Inc. , 2012 (9) SCC 552.

④ Section 12 (1) of Indian Arbitration and Conciliation Act 1996.

does not possess the qualifications agreed upon by the parties.[①] The Arbitration and Conciliation Act 1996 provides a forum for disclosure in the new Fifth Schedule of the Act. Such disclosure is in accordance with the internationally accepted practices to be made applicable for arbitration proceedings commenced on or after 23 October 2015. Non-disclosure can lead to serious consequences for the arbitrator, including termination of his/her mandate, even if he/she has not been assigned work or given remuneration by the concerned party.[②] The challenge to the appointment has to be decided by the arbitrator himself. If he/she does not accept the challenge, the proceedings can continue and the arbitrator can make the arbitral award.

The Supreme Court of India, in a recent judgment, *TRF Ltd. v. Energo Engineering Projects Ltd*,[③] ruled thata court can be approached to plead the statutorydisqualification of an arbitrator under theprovisions of the Arbitration and Conciliation Act 1996 and that it is not necessary to approach the arbitrator for obtaining such a relief. Further, the Court held that when the designatedarbitrator nominated under a contract is alsoresponsible for appointment of an alternatearbitrator, he/she would lose his/her authorityto preside and/or nominate an arbitrator if he/she stands disqualified under the amendedprovisions of the Act. In *HRD Corporation v. GAIL (India) Limited*,[④] the Supreme Court propounded certain important principles of law, such as: (i) if the arbitrator has passed as award in an earlier arbitration between the same parties about the same dispute, that does not mean that there are justifiable grounds for challenging his impartiality under Clause 16 of the Fifth Schedule; (ii) while a challenge based on the Fifth Schedule can be decided only on the basis of the facts of the case and can be brought before the court post-award, one based on the Seventh Schedule renders the arbitrator ineligible *ipso facto* and can be brought pre-award. However, in such cases, the application for setting aside the arbitral award can be made to the court under Section 34 of the Act. If the court agrees to the challenge, the arbitral award can be set aside. Thus, even if the arbitrator does not accept the challenge to his/ her ap-

① Section 12 (3) (b) of Indian Arbitration and Conciliation Act.

② C & C Construction Ltd. v. Ircon International Ltd., 2018 SCC Online Del 9240.

③ (2017) 8 SCC 377.

④ 2017 (10) SCALE 371.

pointment, the other party cannot stall further arbitration proceedings by rushing to the court. The arbitration can continue and challenge can be made in court only after the arbitral award is made. In *Aravalli Power Company Ltd. v. Era Infra Engineering Ltd.* ① the Supreme Court held that the employee named as an arbitrator in the arbitration clause should be given effect to, in the absence of any justifiable apprehension of independence and impartiality. However, the appointment of an employee as an arbitrator is not invalid and unenforceable in arbitrations invoked prior to October 23, 2015. Further, the Delhi HC, in *Afcons Infrastructure Ltd. v. Rail Vikas Nigam Limited*,② interpreted Section 12 (5) of the Act read with Entry 12 Schedule Seven of the Arbitration and Conciliation Act to hold that former employees of parties are not precluded from being appointed as arbitrators. However, this decision is subject to certain qualifications, and has been upheld in the case of *The Government of Haryana*, *PWD Haryana (B and R) Branch v. M/s G. F. Toll Road Pvt. Ltd. & Ors.* ③ The Supreme Court in the case of *Voestalpine Schienen GmBH v. Delhi Metro Rail Corporation Ltd.* ④ held that the fact that the proposedarbitrators being government employees/ex-government employees was not sufficient initself to make them ineligible to act as arbitrators, especially since they were ex-employees ofpublic bodies not related to the respondent.

2. Challenge to Jurisdiction

Under Section 16 of the Act, an arbitral tribunal has the competence to rule on its own jurisdiction, which includes ruling on any objections with respect to the existence or validity of the arbitration agreement. The doctrine of 'competence-competence' confers jurisdiction on the Arbitrators to decide challenges to the arbitration clause itself. In *S. B. P. and Co. v Patel Engineering Ltd. and Anr* the Supreme Court has held that where the Arbitral Tribunal was constituted by the parties without judicial intervention, the Arbitral Tribunal could determine all jurisdictional issues by exercising its powers of competence under Section 16 of the Act. ⑤

---

① Section 13 (5) of the Act.

② 2017 SCC Online Del 8675.

③ C. A. 27/2019, arising out of SLP (C) 20201/2018, dated 03/01/2019.

④ (2017) 4 SCC 665.

⑤ 2005 (8) SCC 618.

3. Challenge to an Award

Section 34 of the Act provides for the manner and grounds for challenge of the arbitral award. The time period for the challenge is before the expiry of 3 months from the date of receipt of the arbitral award (and a further period of 30 days on sufficient cause being shown for condonation of delay). If that period expires, the award holder can apply for execution of the arbitral award as a decree of the court. But as long as this period has not elapsed, enforcement is not possible. Under Section 34 of the Act, a party can challenge the arbitral award on the following grounds: (i) *The parties to the agreement are under some incapacity*; (*ii*) *The agreement is void*; (*iii*) *The award contains decisions on matters beyond the scope of the arbitration agreement*; (*iv*) *The composition of the arbitral authority or the arbitral procedure was not in accordance with the arbitration agreement*; (*v*) *the award has been set aside or suspended by a competent authority of the country in which it was made*; (*vi*) *The subject matter of dispute cannot be settled by arbitration under Indian law*; *or* (*vii*) *The enforcement of the award would be contrary to Indian public policy*. The Supreme Court, in *Kinnari Mullick v. Ghanshyam Das Damani*,① has held that a court can relegate the parties to an arbitral tribunal, only if there is a specific written application from one party to this effect; and relegation has to happen before the arbitral award passed by the same arbitral tribunal is set aside by the court. Once the award is set aside, the dispute cannot be remanded back to the arbitral tribunal.

4. Applicability of Amendment Act

The Amendment Act to the Arbitration and Conciliation 1996 has added an explanation to Section 34 of the Act. In the explanation, public policy of India has been clarified to mean only if: (a) the making of the award was induced or affected by fraud or corruption or was in violation of Section 75 or 81; or (b) it is in contravention with the fundamental policy of Indian law; or (c) it is in contravention with the most basic notions of the morality or justice. The Amendment Act clarifies that an award will not be set aside by the court merely on erroneous application of law or by re-appreciation of

---

① AIR 2017 SC 2785.

evidence. [1] A court will not review the merits of the dispute in deciding whether the award is in contravention with the fundamental policy of Indian law, [2] and unless absolutely necessary, the court should not go beyond the record before the arbitrator in deciding an application for setting aside an award. [3] The Amendment Act has also introduced a new section providing that the award may be set aside if the court finds that it is vitiated by patent illegality which appears on the face of the award, in case of domestic arbitrations. For ICA seated in India, 'patent illegality' has been kept outside the purview of the arbitral challenge. [4] A challenge under this section can be filed only after providing prior notice to the opposite party, [5] but this procedural provision has been held to be directory, and not mandatory, in nature. [6] A challenge has to be disposed of expeditiously, and, in any event, within a period of one year from the date of the prior notice referred above. [7] The amended section also states that where the time for making an application under Section 34 of the Act has expired, then, subject to the provisions of the Civil Procedure Code 1908 of India, the award can be enforced, in the exercise of its discretion. [8] However, there was lack of clarity on whether a challenge initiated after 23 October 2015 to an arbitral award passed prior to that date would result in an automatic stay because of conflicting High Court decisions on the same. [9] Recently, the Supreme Court, in the case of *Board of Control for Cricket in India v. Kochi Cricket Pvt. Ltd.*, [10] has held that law as amended by the Amendment Act will apply to those arbitral proceedings which commenced on or after October 23, 2015, and will apply to those court proceedings (which relate to arbitration) which commenced on or after October 23, 2015. The judgment particularly provided that the

---

① Proviso to Section 34 (2A) of the Act.

② Explanation 2 to Section 48 of the Act.

③ Emkay Global Financial Services Ltd. v. Girdhar Sondhi (2018) 9 SCC 49.

④ Section 34 (2A) of the Act.

⑤ Section 34 (5) of the Act.

⑥ State of Bihar v. Bihar Rajya Bhumi Vikas Bank, (2018) 9 SCC 472.

⑦ Section 34 (6) of the Act.

⑧ Ecopack India Paper Cup Pvt. Ltd. v. Sphere International, 2018 SCC 540.

⑨ New Tirupur Area Development Corporation Ltd. v. M/s. Hindustan Construction Co. Ltd., A. NO 7674 of 2015 in O. P. No. 931 of 2015; Tufan Chatterjee v. Rangan Dhar, AIR 2016 Cal 213; Ardee Infrastructure Pvt. Ltd. v. Anuradha Bhatia, 2017 SCC 6402.

⑩ (2018) 6 SCC 287.

Section 36 of the Act as amended would apply to even pending under the Arbitration and Conciliation Act 1996, there was an automatic stay once an application to set aside the award under Section 34 of the Act had been filed before the Indian courts. The Amendment Act now requires parties to file an additional application, and specifically seek a stay by demonstrating the need for such stay, to an Indian court, and the court can impose certain conditions on granting such stay, applications under Section 34 of the Act for setting aside the awards. Further, the Supreme Court has clarified that the corporate insolvency resolution process under the Insolvency and Bankruptcy Code, 2016 cannot be initiated if there is a pending application under Section 34 of the Act. ①

XI. EMERGING KEY ISSUES IN INDIAN ARBITRATION LAWS

In the recent past, there has been a lot of enthusiasm around the evolving laws of arbitration in India and the emerging issues therein, such as (a) prospective applicability of the Arbitration and conciliation Act; (b) whether two Indian parties can choose a foreign seat of arbitration; (c) whether it is possible to arbitrate a dispute arising out of allegations of oppression and mismanagement.

1. Prospective applicability of the Amendment Act

There are conflicting decisions of various High Courts. The Madras High Court, in *New Tripur Area Development Corporation Limited v. M/s. Hindustan Construction Co. Ltd. & Ors*, ② had ruled that the language used in the 26 Section③ of the Amendment Act only refers to arbitral proceedings and not court proceedings due to deletion of the language ' in relation to' . Thus, the Section 26 of the Amendment Act is not applicable to the stage post arbitral proceedings. This view has been supported by the division bench of Calcutta High Court in *Tufan Chatterjee v. Rangan Dhar AIR* 2016 *Cal* 213. However, the division bench of Delhi High Court in *Ardee Infrastructure*

---

① K. Kishan v. M/s Vijay Nirman Company Pvt. Ltd. , 2018 SCC 1013.

② Application No. 7674 of 2015 in O. P. No. 931 of 2015.

③ Section 26 of the Amendment Act not to apply to pending arbitral proceedings, nothing contained in this Act shall apply to the arbitral proceedings commenced, in accordance with the provisions of Section 21 of the principal Act, before the commencement of this Act unless the parties otherwise agree, but this Act shall apply in relation to all arbitral proceedings commenced or on after the date of commencement of this Act.

Pvt. *Ltd. v. Anuradha Bhatia* has held that the amended provisions would not be applicable to 'court proceedings' initiated post amendments, unless they were merely 'procedural' and did not affect any 'accrued right'. Therefore, if a challenge petition is filed post amendment, it would be governed by the un-amended Section 34 of the Amendment Act so long as arbitration was invoked in the pre-amendment era. ① The Supreme Court, recently, in the case of *Board of Control for Cricket in India v. Kochi Cricket Pvt. Ltd.*,② has held that the law, as amended by theAmendment Act, will apply to those arbitralproceedings which commenced on or after October 23, 2015 and will apply to those court proceedings (which relate to arbitration) whichcommenced on or after October 23, 2015. The Supreme Court also opined that the amended Section 36 will apply even in cases whereapplication for setting aside the award was filedprior to and was pending on October 23, 2015, i. e. date of commencement of the Amendment Act.

2. Mystery surrounding two Indian parties having a foreign seat of arbitration

Even though this issue has been addressed by a number of High Courts in the past, there is still no clarity on ability of two Indian parties to choose a foreign seat of arbitration. In *Addhar Mercantile Private Limited v. Shree Jagdamba Agrico Exports Pvt. Ltd.*,③ the Bombay High Courtexpressed a view that two Indian parties choosinga foreign seat and a foreign law governing thearbitration agreement could be considered to beopposed to the public policy of the country. Recently, in the case of *Sasan Power Ltd. v. North America Coal Corporation India Pvt. Ltd.*,④ theMadhya Pradesh High Court opined that twoIndian parties may conduct arbitration in aforeign seat under the English law. The Madhya Pradesh High Court primarily relied on the ruling in the case of *Atlas Exports Industries v. Kotak & Company*⑤ ("AtlasExports"), wherein the Supreme Court ruled that two Indian parties could contract to have a foreign-seated arbi-

---

① Ardee Infrastructure Pvt. Ltd. v. Anuradha Bhatia, 2014 SCC OnLine Del 7226.

② Board of Control for Cricket in India v. Kochi Cricket Pvt. Ltd (2018) 6 SCC 287.

③ 2015 SCC Online com 7752.

④ (2016) 10 SCC 813.

⑤ (1999) 7 SCC 61.

tration; although, the judgment was in context of the 1940 Arbitration Act. Under appeal, although expected, the Supreme Court did not opine on this issue.

Recently, the Delhi High Court, in *GMR Energy Limited v. Doosan Power Systems India Private Limited & Ors.*,[①] after relying on the decision of theMadhya Pradesh High Court in *Sasan Power Limited v. North American Coal Corporation (India) (P) Ltd. Sasan Power*, and *Atlas Exports*, ruled that there is no prohibition in two Indian-parties opting for a foreign seat of arbitration. The Delhi High Court decision to re-affirm that two Indian parties can seat their arbitration outside India is yet another testament to pro-arbitration approach of Indian courts, with the Delhi High Court leading the charge. However, one must be wary of the ruling in *TDM Infrastructure*,[②] wherein the court ruled that two Indian parties could not derogate from Indian law by agreeing to conduct arbitration with a foreign seat and a foreign law. But as *TDM Infrastructure* was a judgment under Section 11 of the Amendment Act, there are questions on its precedential value.[③]

3. Arbitrability of Oppression and Mismanagement Cases

A landmark judgment on this issue was delivered by the Bombay High Court in-*Rakesh Malhotra v. Rajinder Kumar Malhotra*,[④] wherein the court held that disputes regarding oppression and mismanagement cannot be arbitrated, and must be adjudicated upon by the judicial authority itself. However, in case the judicial authority finds that the petition is *mala fide* or vexatious and is an attempt to avoid an arbitration clause, the dispute must be referred to arbitration. Arguably, this could have an unintended impact on the *prima facie* standard in the Section 8, as amended and introduced by the Amendment Act. The Bombay High Court opined that a petition under Sections 397 and 398 of the Companies Act, 1953 may comprise of conduct of clandestine non-contractual actions that result in the mismanagement of the company's affairs or in the oppression of the minority shareholders, or in both. In such cases, even if there is an arbitration agreement, it is not necessary that every single act must, *ipso facto*, relate

---

① 2017 SCC OnLine Del 11625.

② TDM Infrastructure Pvt. Ltd. v. UE Development India Pvt. Ltd., (2008) 14 SCC 271.

③ West Bengal v. Associated Contractors, (2015) 1 SCC 32.

④ (2015) 2 Comp LJ 288 (Bom).

to that arbitration agreement. Further, the fact that the dispute might affect the rights of third parties who are not party to the arbitration agreement renders such disputes non-arbitrable. In addition to the above emerging issues, please find enclosed the Annexure containing the detailed list of our hotlines which cover the analysis of the recent judgments and issues faced in the arbitration regime in India.

4. Arbitrability of Consumer Disputes

The National Consumer Dispute Resolution Commission (NCDRC), in *Aftab Singh v. Emaar MGF Land Limited*,① has held that an arbitration clause in an agreement between a builder and consumers cannot circumscribe the jurisdiction of the NCDRC, notwithstanding the amendments made to Section 8 of the Amendment Act. It held that the non-obstante clause did not oust the jurisdiction of consumer forum, since they were specially designated authorities to deal with consumer issues.

XII. CONCLUSION

The changing legal, political and economic environment impacting the practice of arbitration globally and the world in which international arbitration operates gives rise to the certain challenges/obstacles. International commercial arbitration is a voluntary and consensual process and its characteristics or attributes are as follows consensual, neutrality, choice, enforceability, finality, privacy and confidentiality. In coming years some challenges will be in the way of international arbitration. These will be redesigning Investor-State dispute settlement, effects of Brexit, third party funding, cyber security and data protection, gender and ethnic diversity, legitimacy and efficiency in arbitral procedure, confidentiality and privacy, new challenges in the recognition and enforcement of judgments, background, challenges and emerging issues in relation to India. Whole international arbitration community finds some solutions for these issues but need to be addressed more effectively and efficiently. Despite India being one of the original signatories to the New York Convention, arbitration in India has not always kept up with the international best practices. However, the last five years have seen a significant positive change in approach. Courts and legislators have acted with a view to bringing Indian ar-

① Consumer Case No. 701/2015.

bitration law in line with the international best practices. With the pro-arbitration approach of the courts and the Amendment Act in place, there is cause to look forward to these best practices being adopted in the Indian arbitration law in the near future. Exciting times are ahead for the Indian arbitration jurisprudence and Indian courts are ready to take on several matters dealing with the interpretation of the Amendment Act.

（责任编委：卢雅函①）

① 卢雅函，中国国际经济贸易仲裁委员会网上争议解决中心副秘书长。

Is "Winter Coming" for International Arbitration?

Crystal Wong Wai Chin *

Abstract: An effective and efficient arbitral process is essential for the viability and sustainability of international arbitration as the preferred dispute resolution mechanism. In a well-functioning, independent, and productive justice system, decisions are taken within a reasonable time and predictably, are effectively enforced, and commercial rights are adequately protected. Research has shown that the costs and time of international arbitration are rising and generated negative feedbacks and criticism from the users. This issue has been brought to the forefront and become internationally recognized. This essay is authored as a result of major dissatisfaction with the complaints launched and with a hope to retain the golden summer of international arbitration. The essay first evaluates the reasons for the complaint of delay and cost and offers practical measures and solutions in addressing these issues. The essay further prophesies and welcome International Arbitration 4.0 ("IA 4.0"), by setting out the innovative technological solutions, such as e-briefs, visual data room, and automated case management system, which should be adopted in arbitral processes and the framework to design and pilot a successful revolution of IA 4.0.

I. INTRODUCTION

International arbitration has enjoyed a long golden summer where everything went

* Senior Associate, Lee Hishammuddin Allen & Gledhill.

well, and it has repeatedly been chosen over litigation as it has been assumed that arbitral proceedings would be speedier than litigation and thereforere latively economical①. Paradoxically, exactly these factors, that have been so praised by the legal world, are considered today as the greatest weaknesses of international arbitral proceedings②.

As Soren Kierkegaard famously and appositely put, "*life must be lived forwards, but can only be understood backwards.*" As we look back on the sometimes-tumultuous life of international arbitration, we should seek to understand more fully how far we have come in shaping the framework and transnational culture of international arbitration, and how we might prepare to meet the challenges that lie ahead of us.

The troubling observation as clearly illustrated by the 2015 and 2018 International Arbitration Survey conducted by the School of International Arbitration, Queen Mary University of London, in partnership with White & Case③: In 2015, when respondents were asked what are the three worst characteristics of international arbitration, 68% of them said "*costs*", which makes costs the "*most dangerous enemy*" to international arbitration, and 36 % of them said "*the lack of speed*" . This perception did not change over the years: In 2018, still 67 % of the respondents said "*costs*", and 34% of them said "*lack of speed*" .

These numbers speak a clear language: The issues of costs and lengths of the arbitral proceedings need to be solved in a timely manner, otherwise the long and golden summer of international arbitration will not be prolonged.

This essay seeks to identify and critically analyze some of the main challenges that

---

① Nowaczyk Piotr/Czech Konrad, Rethinking costs and costs awards in international arbitration: a call for less criticism of arbitration costs, but improvement of costs allocation practices, in: ASA Bulletin, 2015, Volume 33, Issue 3, p. 494; Risse Joerg, Ten Drastic Proposals for Saving Time and Costs in Arbitral Proceedings, in: Arbitration International, 2014, Volume 29, Issue 3, p. 453.

② Risse (see footnote 1), p. 453; see also Hanotiau Bernard, International Arbitration in a Global Economy: The Challenges of the Future, in: Journal of International Arbitration, 2011, Volume 28, Issue 2, p. 99; Nowaczyk/Czech (see footnote 1), p. 495; Pernt Victoria/Stanisavljevic Marina, Efficient Arbitration Part 1: Metrics, Kluwer Arbitration Blog, June 16 2018, p. 1; Grando Michelle, Challenges to the Legitimacy of International Arbitration: A Report from the 29th Annual ITA Workshop, Kluwer Arbitration Blog, September 19 2017, p. 2.

③ 2018 International Arbitration Survey conducted by the School of International Arbitration, Queen Mary University of London and 2015 International Arbitration Survey conducted by the School of International Arbitration (hereinafter "2015 Queen Mary Survey and 2018 Queen Mary Survey"), Queen Mary University of London.

international arbitration faces and proposes practical and innovative solutions and measures that arbitral institutions and other key stakeholders can take to address these issues. The essay further prophesies and welcome International Arbitration 4.0 ("IA 4.0") , by setting out the innovative technological solutions which should be adopted in arbitral processes and the framework to design and pilot a successful revolution of IA 4.0.

Ⅱ. Why did Arbitral Proceedings become so Expensive and Lengthy?

The answer to this question is rather straightforward: Since arbitral proceedings have proven to be a very successful mean of international dispute resolution "*that it is being used more and more … in increasingly technical, legally complex and time-consuming cases*"①, "*the arbitration process has changed from relatively informal to increasingly formal and complex.*" ②This, in turn, contributes to delays and tremendous increase in arbitration costs.

1. Costs

What are arbitral costs? Costs in arbitration generally are arbitrators' fees and expenses, institutional fees and expenses, and legal and other costs, for instance, counsel fees and expenses, hearing costs and witness fees and expenses. There are many critiques with regard to arbitration costs.

(1) The amount of the costs per se

Arbitral costs have increased tremendously over the past years and often surpass 10% of the amount in dispute③. In the eyes of the commercial users, an arbitral proceeding however is only efficient, when the costs "*are significantly less than the value in dispute*"④ .

The largest cost items usually are the fees for the counsel as well as the third-party

① Mandelli Giorgio, Volterra Robert G. , Increasingly popular techniques for managing the costs of arbitration, in Financier Worldwide Magazine, November 2017, p. 1.

② Hanotiau, supra p. 99.

③ Risse, supra, p. 453.

④ Pernt/Stanisavljevic, supra, p. 1; see also Heiskanen Veijo, Key to Efficiency in International Arbitration, Kluwer Arbitration Blog, 29 May 2015, p. 2 et seq.

experts[①]. Since most arbitral proceedings have become increasingly technical and highly complex, the engagement of professional third-party experts is essential. The fees for such experts will at the initial stage be funded by the parties themselves and often run up to millions! Furthermore, all reasonable expenses incurred by the experts, including accommodation and traveling expenses, have to be borne by the parties[②].

Additionally, the counsel's fees and expenses form a significant portion of the arbitration costs. The field of arbitration has intrigued many outstanding lawyers. These arbitration celebrities charge a high hourly rate when attempting to be prepared for the arbitral proceedings[③]. International law firms often adopt principles of no stone will be left unturned in their case preparation and some even practices mock arbitration with their clients.

Contrary to court's proceedings, parties need to pay the "judge" of the proceedings, namely the arbitrator. In the case of an arbitral tribunal, tripled the cost of arbitrator and expenses. For an institutional arbitration, the additional charges include filing fees and the administrative fees of the respective institutions[④].

While it is may be justifiable for arbitration users to criticize the fees of counsel and experts, one, however, should be reminded that as in other aspects of life, superior products with high quality come with an equally high price tag. Elite counsel, who are active in the field of arbitration, usually are specialized in the sophisticated sectors of energy, construction and engineering as well as finance, and therefore possess a wealth of experience when it comes to arbitral proceedings across various regions[⑤].

When adding up all of these costs, it might, as already stated, be the case that the costs are not significantly less than the amount in dispute. Before labeling such a procedure as inefficient, one should nevertheless consider the advantages that an arbitration procedure entails such as the enforceability of the arbitral award, the avoidance of specific legal systems or home-turf advantage, and the confidentiality of the proceedings. These features are being considered as main advantages of an arbitration proceed-

---

① Walker Sarah, Counting the cost of arbitration, posted on Bird&Bird's website on 8 December 2005, p. 2.

② Gonzàlez/Carmona/Potts, supra, p. 2 et seq.

③ See Nowaczyk/Czech, supra, p. 500 et seq. ; Hanotiau, supra, p. 100; Risse, supra, p. 454.

④ Walker, supra, p. 1 et seq. ; see also Gonzàlez/Carmona/Potts, supra, p. 2.

⑤ Nowaczyk/Czech, supra, p. 500 et seq. ; see also Pernt/Stanisavljevic, supra, p. 1.

ing according to the 2015 and 2018 International Arbitration Survey conducted by the School of International Arbitration, Queen Mary University of London, in partnership with White & Case [①].

More often than not, parties consider these peculiar features inherently available in arbitration as extremely valuable and therefore *worth the money*: For instance, a party might appreciate the confidentiality of the arbitral proceeding highly, because as the legal proceeding is made known publicly, the company involved may suffer severe reputational damage and financial losses. In a nutshell, in some matters, arbitral proceeding can be considered as efficient and worth the money, even when the costs are not significantly less than the amount in dispute.

Nevertheless, as costs are continuedly being highlighted as the main problem of and hence deterrence towards the utilization of international arbitration[②], concerted efforts should be made to reduce arbitration costs, in particular with regard to counsel's and experts' fees, as they are statistically the largest cost item.

(2) No transparency regarding costs

Another point of criticism with regard to costs is the lack of transparency. When starting an arbitral proceeding, it is usually not possible to predict the costs[③]. This issue can be addressed in different aspects:

First, unpredictability of the allocation and recoverability of costs in arbitration. While counsel's fees are often recognized as recoverable costs, internal legal and management costs that have arisen in connection with the arbitral proceedings may not be recoverable. "Most arbitrators remain unsympathetic to this head of claim simply because management time and cost spent is difficult to quantify and allocate". [④] However, it should be noted that such hidden executive and administrative costs can be high principally in technically complex energy disputes.

Second, when choosing ad hoc arbitration, there is no rule on how the arbitrator fees have to be calculated, which makes it nearly impossible to predict them[⑤]. By con-

① 2015 Queen Mary Survey and 2018 Queen Mary Survey.

② 2015 Queen Mary Survey and 2018 Queen Mary Survey.

③ Nowaczyk/Czech, supra, p. 496 et seq.

④ Nowaczyk/Czech, supra, p. 497.

⑤ See Walker, supra, p. 1.

trast, arbitral institutions have schedules of fee with regard to arbitrators' as well as administrative fees in place. Some institutions, however, base their costs on hourly rates, others apply an *ad valorem* system that charges a fixed amount corresponding to the amount in dispute①.

Third, it is usually in the discretion of the arbitral tribunal to allocate the costs at the end of an arbitral proceeding②. This must be considered against the background that there are different models in different parts of the world that greatly diverge from each other: For example, the English model uses a "winner-takes-all" approach, which is why the "loser" has to reimburse the "winner" all reasonable costs as well as the tribunal's resp. the institution's fees③, whereas according to the U. S. model, each party normally has to pay its own costs④.

While it can be understood why the costs *per se* are high, in particular since the parties might receive a value equivalent to the price paid, the predictability and transparency in the determination and allocation of costs in the arbitration practice become all the more important.

(3) Solutions and measures to lower the arbitration costs

a. Arbitrators/arbitral institutions appoint experts at preliminary meeting

At the beginning of the proceeding, for instance, at the preliminary or terms of reference meeting, the parties have to clearly and succinctly argue their case and provide explanation on the requirement for expert testimony for certain questions or issues in the arbitration. After both parties have pleaded their case, the arbitrators are allowed to ask additional questions for clarification or completion⑤. The arbitrators then have full discretion to decide on what issues, to what extent, and who they are going to assign the expert testimony if at all⑥. This is usually the case in civil law systems⑦.

---

① See Tan Wei Ming/Jayakumar Shriram/Khoo Jolyn, Costs and Duration: A Comparison of the HKIAC, LCIA, SCC and SIAC Studies, on Singapore International Arbitration Blog, March 13 2018, p. 4.

② Born Gary B., International Commercial Arbitration, Second Edition, 2014, p. 1197.

③ See Nowaczyk/Czech, supra, p. 498 et seq.

④ Born, supra, p. 1215 et seq.

⑤ See similarly Risse, supra, p. 456 et seq.

⑥ See also Gonzàlez/Carmona/Potts, supra, p. 4.

⑦ See Greenberg Simon/Kee Christopher/Weeramantry Romesh J., International Commercial Arbitration, An Asia-Pacific Perspective, 2011, n. 7. 46 comparative table.

As a consequence, important questions that require expertise that the arbitrators do not have, are still being answered by a qualified specialist, but the expert testimony is focused on what the arbitrators consider as important, which is why significant costs can be saved.

In order not to become a dead letter, the arbitral institutions shall include this proposal as a mandatory provision in their rules.

b. Choose an experienced lawyer and stay involved in the proceeding

First of all, having onboard experienced counsel is paramount to both the success and efficiency of an arbitral proceeding. Although an experienced counsel or arbitration specialist usually demands a higher fee than a less experienced counsel or general practitioner, it is money wisely spent: An experienced arbitration specialist with full appreciation of the practice and procedure of arbitral proceedings could effectively advise clients on the proper expenditure and case strategy. This would no doubt assist client in making wise spending decisions. ①

In addition, as the arbitral community is rather small, it is not unlikely that an experienced counsel actually knows the opposing counsel and/or the arbitrators as they may have worked together in previous arbitrations. This collegial relation promotes better working relationship between the parties. The intel on the arbitrators may also be relevant and important in the case strategy. Ultimately, engaging an experienced counsel does pay off as unnecessary costs are avoided.

Parties' involvement in the case preparation and arbitral proceeding, in particular by working with external legal counsel, often results in significant legal costs reduction. For instances, many of the evidentiary issues can be more effectively and efficient resolved, at least partially, by the parties themselves: i. e. retrieving relevant correspondences and documents, which is cost-effective than incurring the hourly time costs of junior counsel sieving through the voluminous data and communication②.

c. Always set sole arbitrator as default provision

Paying the fees of three arbitrators is generally a lot more expensive than paying

① See Gonzàlez/Carmona/Potts, supra, p. 4; see also Hanotiau, supra, p. 100.

② See also Gonzàlez/Carmona/Potts, supra, p. 4.

the fees for a sole arbitrator[①]. Yet, many parties opt to prescribe a three-member tribunal in their arbitration agreement during contract stage. When the dispute arises and the details of the dispute are established, parties often realize that the complexity of the dispute would not require or the amount in dispute would not otherwise justify a three-member tribunal. Unless otherwise agreed between the parties, the damage done will not be reversible. [②]

Thus, arbitral institutions often encourage the parties to adopt the default position of having sole arbitrator rather than a three-member tribunal, and indeed have such position embedded in their respective institutional rules. As such, if the parties did not earlier agree on the number of arbitrators or if the clause was pathological, a sole arbitrator would be assigned to the dispute, which would result in costs saving.

d. Reduce the initial filing fee for low amounts in dispute

Arbitral institutions usually oblige the parties to pay an initial filing fee at the initial stage of the arbitral proceeding, i. e. during the filing of notice or request for arbitration. These fees are paid in addition to the administrative fees. Mostly, the initial filing fee is a fixed lump sum fee regardless of the amount in dispute[③].

In order to make it more economically for arbitrations with a low amount in dispute, the filing fees therefore should be reduced accordingly. This principle has already been adopted in the "Administration Fee Schedule" of the American AAA Rules[④]. Other institutions should also consider adopting similar principle.

e. Clear cost allocation rules and *ad valorem* calculation system

To enhance the predictability of the costs, the arbitrators' discretion has to be limited when it comes to the allocation of the costs as well as to the determination of which items are recoverable[⑤].

Essentially, it does not matter if English costs follow the event or the American every party bears its own costs approach is being adopted. The real danger is to agree on something in between, because it does not allow a clear allocation of the costs but

① See Tan/Jayakumar/Khoo, supra, p. 3 table 1.

② See Gonzàlez/Carmona/Potts, supra, p. 3.

③ See Gonzàlez/Carmona/Potts, supra, p. 2.

④ To be found on www. adr. org/feeschedule.

⑤ Nowaczyk/Czech, supra, p. 505, see also p. 497 et seq.

leaves it up to the discretion of the arbitrators, with no clear guiding principles. The arbitral institutions therefore should consider amending their rules accordingly and decide on one of the two approaches①.

In my opinion, the English approach might be better accepted by the parties as it seems only fair, that the winner of a proceeding, in other words, the party who had to initiate the proceedings in order to receive a payment or a specific performance that it should have been granted already before the proceeding, actually even without the proceeding, should not have to bear the costs for the proceeding②. Further, arbitral institutions should prescribe in their rules explicitly on the recoverable items. These rules should also be reviewing at suitable interval so as to ensure that it is in line with the recent developments.

Last but not least, arbitral institutions that use an hourly calculation system for the arbitrators' and the administration fees, have to urgently opt for an *ad valorem* system, in particular with regard to matters with high amount in dispute. Unlike the hourly rates system, the *ad valorem* system offers the clear advantage of predictability of the costs in advance and therefore provides better transparency③.

2. Lack of speed

(1) There are also critiques with regard to the lack of speed

It is widely recognized that the main problem in relation to the speed of arbitration is the availability of arbitrators and counsel. Since they typically work on several mandates at the same time, they have a high workload and it is obvious that they cannot devote their entire time to a single mandate. As a consequence, it takes them more time to get the necessary work done, which ultimately lengthens the arbitral process④. In addition, it is very difficult to fix dates for meetings and the eventual arbitral hearings, etc. It therefore may be the case that an appointment suitable for all counsel and arbitrators involved, can be months or in same case a year away.

For these reasons, deadlines are often not observed and hence complied with by

---

① See Nowaczyk/Czech, supra, p. 505.

② See also Born, supra, p. 1216.

③ See Gonzàlez/Carmona/Potts, supra, p. 3.

④ See similarly Grando, supra, p. 3.

the counsel① and in most instances the arbitrators are taking too much time to issue their arbitral award②.

Parties themselves (together with their counsel) tend not to advance the proceedings, but rather make full use of every possibility to argue their case as they are afraid of losing and/or not being able to appeal against such an award③.

Although a shorter proceeding can save money, for the counsel as well as the arbitrators and the institutions that are being remunerated on an hourly basis may not be comfortable for such proceedings due to their commitment, i. e. the billable issue.

Nevertheless, it should not be hastily concluded that a shorter proceeding would necessarily be good for the parties. Certain highly complex matters may require a rather prolonged period of time either for case preparation and/or proper deliberation of the matter. ④ Therefore, justice may not be well served but simply bifurcating the issues or shortening the process.

Notwithstanding, as it is clear that shorter proceedings save the parties money in the short run⑤, there have to be efforts to try to enhance the speed of the proceedings. Put simply, reducing the lack of speed not only addresses the issue of the duration of the process itself, but provides a direct benefit with regard to the costs of the proceeding.

Moreover, parties seek short proceedings not only because of financial reasons, although being clearly the decisive factor, but also because they want to use their energy and time on more productive matters and not on a constant dispute that may exhaust their employees' time and energy, depending on their involvement.

(2) Solutions and measures to increase the speed of the proceedings

a. Have arbitrators demonstrate their availability before confirming them

Not only should the arbitral institutions always ask the arbitrators they are about to confirm, whether they actually are available during the relevant timeframe⑥, but also,

---

① Hanotiau, supra, p. 100.

② Grando, supra, p. 3.

③ Risse, supra, p. 454.

④ Pernt/Stanisavljevic, supra, p. 1.

⑤ See also Pernt/Stanisavljevic, supra, p. 1.

⑥ See Grando, supra, p. 3.

they should require the arbitrators to demonstrate their availability, i. e. having them disclosing the number of other arbitral proceedings they are currently involved in either as arbitrator or counsel.

The only institution that currently explicitly considers the availability as prerequisite in order to confirm an arbitrator is SIAC Rule 13. 3. This rule should even be more emphasized by, as just set out, having the arbitrators demonstrate to SIAC their actual availability. As this seems paramount in order to guarantee a speedy proceeding, all institutions should include such a provision in their rule; at least, they should address the availability explicitly. The ICC also adopted similar practices when selecting arbitrators.

b. Financial incentive for arbitrators to issue their award in a timely manner

In addition to having the arbitrators demonstrate their availability, a financial incentive for issuing the awards quickly should be provided. On the one hand, arbitrators could be paid an additional remuneration, if they issued the award within one month after the last post-hearing submission. On the other hand, arbitrators could be financially punished by reducing their normal fee, if they issued the award later than two months①. The ICC announced in 2016 that it would include such a provision in its rules②, so far however, the provision has yet to be implemented.

By having a financial incentive, it would be more worthwhile for the arbitrators to focus on a handful of cases in order to issue the award (s) within a reasonable time, instead of being engaged in multiple proceedings and therefore not able to devote sufficient time to produce such a well-reasoned award.

c. Choose an experienced lawyer and stay involved in the proceeding

As discussed earlier, choosing a counsel experienced in the field of arbitration is paramount as the counsel knows how arbitral proceedings could be optimally operated. For this reason, the counsel could invest his time wisely and does not waste any time on work that is not expedient.

Moreover, parties staying closely involved in the proceeding, in particular with their own counsel, may contribute to enhance the speed of the proceeding as well, as they can more effectively carry out certain works involving industrial specific knowledge

---

① See Risse, supra, p. 464.

② Grando, supra, p. 3.

such as calculations. Such cooperation between the counsel and the parties would no doubt result in considerable time savings.

d. Only arbitrators/arbitral institutions appoint experts at organizational meeting

As already set out, only the arbitrators have to be allowed to decide on what issues, to what extent, and who they are going to assign the expert testimony. This measure not only saves a lot of money, but also a lot of time.

e. Broader application of expedited procedure rules

Some arbitral institutions have included in their rules the option for an expedited procedure, i. e. SIAC Rules 5 as well as ICC Rules 30. While these proceedings provide a faster process, they are usually only applied if either both parties agree on it, or the amount in dispute is not higher than a certain amount (see ICC Rules and SIAC Rules). Consequently, if not both parties agree, the possibility to apply this proceeding is capped.

SIAC sets this amount at SGD 6,000,000 (5. 1 a.), which equals more or less USD 4,338,420, whereas ICC sets it at USD 2,000,000 (1 (2) Appendix VI). In order to broaden the application of the expedited procedure, the arbitral institutions therefore have to raise these amounts. This would presumably lead to the process being used more often.

Ⅲ. International Arbitration 4.0 (IA 4.0) as a Solution and Measure

The Fourth Industrial Revolution ("IR 4.0") is expected to change how human being lives, works, and communicates. Automation and artificial intelligence are the main catalyst driving IR 4.0, which will make many employees redundant, by replacing them with machines that will perform the job more economically and efficiently.

1. With new technological advances, professions with these three basic qualities are most probable to be automated:

1.1 Repetitive;

1.2 Operates with or hinge on prescriptive set of rules; and

1.3 Matter which involves well-defined physicality.

With the increase of use and acceptance of information technology ("IT") in the field of international arbitration, in 2017, the ICC Commission on Arbitration and ADR Task Force published a Report on the use of information technology in international arbitration. The objective of the report is to provide an analytical frameworkthat arbitration users could use as guideline when evaluating whether a particular form of IT should be used and (if so) how it can be used in a *cost-effective*, *fair and efficient manner.* ①

In essence, with the benefit of party autonomy in the regime of international arbitration, the parties and the tribunal should continue to embrace technological innovation by considering the utilisation of IT with the view to save time and costs of arbitration. Ideally, the parties and the tribunal should have a good understanding of available IT solutions and how they can be best implemented so as to drives costs and time efficiencies and enhance the tribunal's understanding and appreciation of the parties' cases.

Fundamentally, in a well-functioning, independent, and productive dispute resolution system, decisions are taken within a reasonable time and predictably, are effectively enforced, and commercial rights are effectively protected. Among other objectives, the efficiency of the dispute resolution system is important for creating a good business climate, attracting foreign direct investment, and supporting economic growth. ② Therefore, the tangible benefits of IT should be embraced by the international arbitration community.

In international arbitration, the use of AI has been introduced for a wide variety of tasks such as appointment of arbitrators, legal research, drafting and proofreading of written submissions, translation of documents, case management and document organization, cost estimations, hearing arrangements (e. g. transcription and simultaneous translation services), drafting of the procedural sections of awards and even robot-arbitrators. In the following sections, we will consider some of the less controversial and hence acceptable AI innovations, with a view to enhance the attractiveness of international arbitration as the dispute resolution mechanism.

① ICC Commission on Arbitration and ADR Task Force published a Report on the use of information technology in international arbitration, p. 3.

② Bénassy-Quéré, Coupet, and Mayer 2007; http: //documents. worldbank. org/curated/en/46599147 3859097902/pdf/108234-WP-GoodPracticesforCourtsReport-PUBLIC-ABSTRACT-EMAILED. pdf.

1. E-Briefs

Briefs with embedded electronic links to parties' exhibits, witness and/or expert testimonies and legal authorities ("e-briefs"), as well as linked indices, exhibit lists and similar documents, have become increasingly common in international arbitration and often favoured by the tribunal. E-briefs have been touted as more effective and efficient for the tribunal to be briefed on and thereafter review and evaluate the case. E-briefs when properly used would also expedite the retrieval of documents during arbitral hearing.

However, it should not be ignored that although it is common for parties to submit the cause papers, including witness statements, bundle of documents and legal authorities in electronic form, some senior arbitrators remain uncomfortable and hence prefer not to work in a completely paperless environment. Therefore, parties may still be required to provide hard-copy submissions. It should be highlighted that the required production often represents merely a fraction of the voluminous submission in electronic form. Therefore, E-briefs should be considered and mandated by tribunal especially when the matters are handled by international law firms.

2. Virtual Data Room

From a technical viewpoint, virtual data rooms are essentially same as basic commercial file sharing services. Virtual data rooms are often customised to cater for the requirements of the legal industry and thus offer helpful features, such as automated upload and download notifications through email, sophisticated administration of users' rights, subspaces accessible to only targeted group of users (e.g. the tribunal), and text searchable functionalities.

It is thereafter highly recommended for a neutral third party, such as an arbitral institution, to operate and administer such secure virtual data room, where the parties could submit (upload and share) all documents in the case, including correspondence, pleadings, witness statements, and other submissions, thereby avoiding the need to prepare and submit physical copies of the cause papers.

In most international arbitrations where the parties involved and tribunal members are located in different jurisdictions, a virtual data room saves the courier cost and allows all parties and tribunal members to access cause papers as soon as they are uploaded. Where a dispute arises over the authenticity of the electronic copies of the evidence, the tribunal may order for inspection of the original documents or metadata.

Alternatively, the parties and tribunal might adopt a commercial fee-based service which offers a secure virtual data room. In addition to the costs of the service, the parties and tribunal should consider whether the data would be sufficiently secure and whether it truly can be deleted or otherwise rendered completely inaccessible after the arbitration is concluded. ①

3. Next Generation of Automated Case Management System (CMS)②

It is proven that the automation of case management processes and broader introduction of IT into the judicial system greatly facilitate effective case management. With the advancement of technology, the automation of such systems has become increasingly common and available at reasonable price. A good electronic CMS reflects and supports the various case flow management techniques and principles applied to different case types at a particular court. Such proven benefit of CMS should therefore be imported to the administration of arbitral processes.

If appropriate case management techniques are developed and translated into a CMS, the system can effectively track the status of cases and their position in the arbitral process, support the development of caseload and possibly workload statistics and management reports, and monitor case processes, all of which contribute to performance monitoring. Regularly gathered statistics on the flow of cases through the arbitral process can identify process bottlenecks and case delays, which together can inform needed resource and process adjustments.

A CMS can provide arbitration users with the information needed to control timely processing and produce a complete and reliable case record.

Developing an automated CMS that fits the needs of arbitration user or more fundamentally a particular arbitral institution requires careful planning, effort and time. Arbitral institutions should therefore review the process from filing through final a-

---

① ICC Commission on Arbitration and ADR Task Force published a report on the use of information technology in international arbitration, p. 13.

② International Bank for Reconstruction and Development / The World Bank, Good Practices for Court: Helpful Elements for Good Court Performance and the World Bank's Quality of Judicial Process Indicators, 2016.

ward, assesses and evaluate operations and management systems in place, and determines whether there is to redesign the processes before embarking on major automation.

A clear mapping and designing efficient case processes will assist in streamlining and simplifying the arbitral processes and thereby increase both internal efficiency and user friendliness. Of particular importance, the information exchange and interconnectivity requirements should be the main criteria in the development of the automated CMS.

It bears noting that the development, testing, and rollout require ongoing engagement, feedback, and distinct effort to overcome resistance to the new system. This necessitates not only stakeholders' engagement and buy-in but ongoing communication about design, testing, and implementation steps. It also requires clear protocols regarding the use of the system. Although the initial continued use of manual (paper-based) processes as a backup may be prudent, clear policies should be in place to ensure that they are phased out as soon as possible.

Indeed, the courts in Malaysia—and all courts that have developed effective systems that are widely used—engaged all end users in the design, carried out extensive training of internal and external users of the system, and provided help options after the system was online.

The Stockholm Chamber of Commerce ("SCC") recently unveiled the SCC Platform which has just entered into service on 1 September 2019, whereby "*all SCC arbitrations will be administered through the SCC Platform*". In particular, the SCC Platform will allow communication and file-sharing between the SCC, the parties and the tribunal, downloading and uploading of documents on the go, to the exclusion of email or other channels. Further, the site contains a calendar for relevant dates and deadlines and a notice board for the tribunal to communicate practical information to the parties. This calendar tracking the progress of case allows the parties to monitor the status of the case effectively. [1] This platform was launched to increase efficiency, transparency and security.

---

① Https://sccinstitute.com/scc-platform/.

Other institutions offering case management systems (albeit not automated) are the American Arbitration Association and World Intellectual Property Organization. The Russian Arbitration Center at the Russian Institute of Modern Arbitration (RIMA) has also been offering a digital case management system since 2017, with the English version launched in October 2018.

4. An effective automated CMS processes should include:

1.4 E-filing of Request for Arbitration. In this regard, a standard form with built-in automatic checks and validations which could potentially reduce submission errors and failures should be considered.

1.5 E-payment of filing fees via Internet banking;

1.6 Receipts, notices be created automatically and dispatched via a central mailing facility;

1.7 Submissions, applications, and evidence are transmitted electronically; and

1.8 Visual data rooms for every case administered by arbitral institutions.

To ensure that the CMS would be user friendly, the need for special software components should be eliminated, thereby making the system simpler to access and more widely available, including for use with tablets and mobile phones.

All in all, in developing the automated CMS, the developer shall have continuous consultations with all key stakeholders during the development of the CMS project to gain their input and buy-in. The arbitral institutions should also actively promote the benefits of the new system to each stakeholder group, addressing all concerns and reflecting their comments in the design and later introductory phases. Only when the automated CMS is sufficiently material and established, the arbitral institutions could mandate the usage of CMS so as to ensure that the system becomes the*de facto* tool.

5. Virtual Arbitral Hearing

The emergence of commercial videoconferencing services and ubiquitous software such as Skype, Zoom and FaceTime, and the increasing availability of the similar enabling equipment in most law firms mean that videoconferencing has become much more accessible and hence readily available.

Although voice-conferencing is still frequently used, videoconferencing has a greater potential and relevancy to international arbitration practice. To date, however, state-of-the-art videoconference is still more complicated to initiate than a mere telephone call. Indeed, depending on the network connectivity, Skype, WhatsApp Video Call or FaceTime, may not offer the quality and/or functionalities necessary to foster a conductive environment for meetings.

Regardless of whether the videoconference will take place using Skype, FaceTime or another service, it makes sense to confirm in advance that the technology and connections to be used are adequate for the videoconference to proceed. Further, if documents are to be used during the conference, they should be made available to all participants and identified in an unequivocal manner whenever they are referred to. A shared screen function should also be arranged to allow simultaneous reference to same documents.

The tribunal and the parties will normally want to be able to verify the identity of the participants, especially witnesses, and to prevent illicit outside interference (eg. witness coaching) . Finally, it is prudent for the parties to consider whether the applicable arbitration law limits or prohibits the use of telephone or videoconferencing for a hearing.

6. Automated Verbatim Transcription Solution

It is the usual practice, at least in major international arbitrations, for parties to engage a professional service provider to provide real-time transcripts. Just as all direct verbatim transcripts, these services are expensive. Recorded transcribing services may be more economical but are less convenient and effective.

As we use voice recognition feature on our smartphones to dictate short emails and messages, it may be a matter of months when automated voice recognition improves, and that automated verbatim transcription and even translation solutions could be available at reasonable and affordable rates. This development and innovation would no doubt be welcomed by arbitration users as it would result in significant costs saving.

7. Online Dispute Resolution (ODR) ①

As many are aware, several courts have established, or are looking at introducing, online court systems of some form or other. China is the latest to unveil a fully

① Norton Rose Fullbright, International Arbitration Report, Issue 9, Oct 2017, Online Dispute Resolution and Electronic Hearing.

online "*cyberspace court*" based in Hangzhou, known as the Chinese capital of e-commerce. Court proceedings are commenced, court fees are paid, and all documents are submitted via an online portal. Court notifications are delivered electronically. Mediation can be conducted by telephone or video conference. Hearings, including cross-examination of evidence, are conducted online via a live stream with parties attending remotely and a judge "presiding" over computer monitors. There are no court clerks or transcribers-transcripts are generated electronically by voice identification software. The general public may observe proceedings via a video feed.

Such online system could be easily implemented in the international arbitration context. With party autonomy as the cornerstone of arbitration, the process could be further tailored to meet the parties and arbitrators' specific needs. This ODR format should first be encouraged in fast-track arbitration, with limited documents and funds at stake.

ODR is arguable a gateway to entirely virtual arbitration. The acceptance of electronic evidence will hopefully soon be developed to general acceptance of delivery of oral submissions through online. The participation of tribunal, counsel and parties in the hearing in real time by video link, would excuse the need for traveling and physical gathering between the parties and tribunal members. This decentralization would arguably deepen the pool of experience and expertise of the arbitration community, and can accommodate the schedules of otherwise busy counsel, arbitrators and experts. With the advances in virtual reality technology, it is foreseeable that in the near future participants could all come together in a virtual hearing room.

8. Green Protocol

Many has commented that the flexibility in arbitration has induced parties and tribunal to indulge in unnecessary traveling and other expenditures. As the investment arbitration community is hurriedly resolving climate change issues, Lucy Greenwood, an independent arbitrator, has propounded nine commandments that arbitration users can take which will reduce the impact of each and every arbitration upon the climate.

In view of the escalating climate catastrophe, this message by Lucy Greenwood should be considered closely. The green pledge outlines concrete steps such as minimizing traveling which contributes to emission of greenhouse gasses, reducing paper-intensiveness in arbitration by resorting to electronic bundle technology ("Green Protocol").

The Green Protocol is intended to be broad enough to allow all those involved in arbitration to make small changes to our behavior and to lead the way in responsible arbitrating. A collective effort to both address costs and speed of arbitration may be achieved by the arbitral community ensuring that[①]:

At all times during the arbitration I will consider and question the need to fly;

At all times during the arbitration I will only correspond through electronic means unless hard copy correspondence is expressly required in the circumstances;

As an arbitrator, I will not request hard copies of documents to be provided to me;

As an arbitrator, I will discourage the use of hard copy bundles in hearing rooms;

As an arbitrator, I will suggest, and as counsel I will consider, where appropriate, that witnesses give evidence through video-link rather than attend hearings in person;

I will review the level of air conditioning in hearing rooms;

As an arbitrator, I will not travel unnecessarily to deliberate with my co-arbitrators, and will use screen sharing/video technology instead;

As counsel, I will not travel unnecessarily to conduct fact finding or other interviews with witnesses and will use screen sharing/video technology instead where appropriate;

I will offset the carbon emissions of any flights I make to arbitration hearings.

All arbitration users should be encouraged to observe the green protocol. The arbitration practitioners when making a serious effort to exploit the flexibility inherent in the arbitral process should focus on the effectiveness of these actions and aligning each action more closely with clients' needs, working practices and expectations. It is the time where the major international companies focus greatly on sustainability and environmental issues. Arbitration practitioners who place great emphasis on understanding clients' business and the industry in which it operates should now learn from the way clients organise themselves and apply what they learn to their own legal business.

9. Realising IA 4.0

It is now generally accepted amongst the arbitration community that parties rarely choose arbitration because they perceive it as being the fastest or cheapest means of

---

① Http://www.arbitrationpledge.com/.

dispute resolution-the drivers are instead its global enforcement regime and confidentiality. Indeed, in most recent surveys, in-house counsel states that they choose arbitration despite the perception that arbitration can be as slow and costly as litigation. Most arbitral institutions are looking at ways to respond to the demand for greater cost and time efficiencies in arbitration. But the arbitration community also holds the tools for positive change. Parties, counsel and tribunals should be seeking out and embracing technological and procedural innovation. The tangible benefits of ODR, including its efficiency and mobility, go hand in hand with the innovative, flexible and international nature of arbitration.

Arbitration users are the bedrock of a successful evolution of international arbitration. To realise IA 4.0, we have to ensure its general acceptance by the various stakeholders, the counsel, the arbitrators, the arbitral institutions and the legislators.

Nevertheless, the tribunal should keep in mind fundamental principles of fairness to all parties. Although each party should have a full and fair opportunity to present its case, no party should be allowed to insist on a particular IT solution in order to make the proceedings more difficult or expensive for another party. Thus, the tribunal might deny a request for directions to use a specific form of IT if it finds that the requesting party's preference for that solution is motivated by a desire to cause the other party to incur unreasonable costs or where the tribunal concludes that a less expensive solution would work just as well-both for the parties and the tribunal. Conversely, the tribunal also would condemn a party's attempt to complicate or obstruct the proceedings by unjustifiably resisting IT use.

In the field of international arbitration, which is under constant attack for being too expensive and time-consuming, the threat by some AI developers that computers "*can do the work that took lawyers* 360, 000 *hours*" must not be taken lightly. Future research is necessary to explore ways human decision-makers and AI can be best combined to obtain most efficient results. As professor Maxi Scherer appositely puts, "*we may not be able to foresee what the future of AI models looks like but can enable that future by carefully considering the implications of judicial decision-making with AI*". In relation to the consideration of robot-arbitrator, while the currently available data suggests that AI generates spectacular accuracy on decision outcome prediction. However, one of the main hurdles of robot-arbitrator is the inability of a robot-arbitrator to provide reasoned decision. It bears noting that even if certain factors are identifiable as causes for a given outcome prediction, these factors might not prove a useful/acceptable explanation for human addressees in a given context. ①

Ⅳ. Conclusion

To sum up, costs and the lack of speed are continuedly being considered the main problem of international arbitration. Therefore, efforts should be made to reduce arbitration costs, in particular with regard to lawyers' and experts' fees as they are the largest cost item.

The proposed measure to resolve these issues are: a) Only arbitrators/arbitral institutions appoint experts at organizational meeting, b) parties have to choose an experienced lawyer and stay involved in the proceeding, c) always set a sole arbitrator as default provision, d) reduce the initial filing fee for low amounts in dispute, and with regard to transparency of the costs, have, e) clear cost allocation rules and an *ad valorem* calculation system.

Moreover, the speed of the proceedings should be increased. By reducing the lack of speed, not only the issue of the duration of the process itself is being addressed, but it provides a direct benefit with regard to the costs, as shorter proceedings usually are much cheaper.

The proposed measure to resolve these issues are: a) Have the arbitrators demonstrate their availability before confirming them, b) provide a financial incentive for arbitrators to issue their award in a timely manner, c) choose an experienced lawyer and stay involved in the proceeding, d) only arbitrators/arbitral institutions appoint experts at an organizational meeting, and e) broader application of expedited procedure rules.

On top of the pragmatic solutions and measures offered, international arbitration 4.0, encapsulating the latest technological innovations should be introduced and embraced to revive the attractiveness of international arbitration. Effective features such as

---

① Maxi Scherer, Artificial Intelligence and Legal Decision-Making: The Wide Open? Study on the Example of International Arbitration, Queen Mary University of London, School of Law Legal Studies Research Paper No. 318/2019.

e-briefs, virtual data room, automated case management system, virtual arbitral hearing, automated transcription and translation services through voice recognition and online dispute resolution should be seriously considered and deployed for international arbitration.

In closing, I want to emphasize that although the issues of costs and lack of speed have to be taken very seriously, it should not be forgotten that arbitral proceedings provide many advantages like the enforceability of the award, the avoidance of specific legal systems, and the confidentiality of the proceedings. Therefore, provided that at least some solutions for these issues are being adapted in the near future, I am convinced that we will keep enjoying an everlasting arbitral summer.

（责任编委：陆菲①）

① 陆菲，中国国际经济贸易仲裁委员会事业发展处处长、仲裁员。

《仲裁与法律》征稿启事

《仲裁与法律》是中国内地创办最早的关于仲裁制度研究的专业性法学读物，由中国国际经济贸易仲裁委员会主办。《仲裁与法律》出版近三十年来，始终密切关注中国内地仲裁理论和实践问题，并及时介绍国际仲裁的最新发展。

《仲裁与法律》由出版社每年出版四辑，设有“专论争鸣”“理论前沿”“案例评析”“热点时评”“域外参考”等栏目。

本刊编辑部欢迎业界人士向本刊投稿，投稿请关注以下事项：

1. 稿件主题请围绕仲裁法学、仲裁法律实践或研究工作，亦包括仲裁案件中经常涉及的民商事法律问题。稿件字数通常为8000－15000字（含脚注），投稿者可自定文章选题。

2. 来稿请参照《法学引注手册》做注，论文稿件一般须有三百字左右的“摘要”及3－5个关键词，并应以脚注形式注明作者姓名、职务、职称、所在单位名称及详细联系方式等。

3. 投稿请将稿件Word版本发送至编辑部电子邮箱：law@cietac.org。

4. 稿件应未在出版物上公开发表过，请严格遵守学术规范，严禁抄袭、剽窃等侵犯知识产权的行为。

5. 凡向本刊投稿的稿件，即视为作者同意授权本刊其作品（包括但不限于电子版）信息网络传播权、无线增值业务权等权利，授权本刊可授予合作单位再使用、授予相关数据库收录之权利，作者前述相关的著作权使用费将由本刊编辑部在本刊稿酬内一次性给付。若作者不同意前述授权的，请在来稿时书面声明，以便本刊做适当处理；作者未书面声明的，视为同意本刊编辑部的前述安排。

6. 本刊所载文章仅代表作者个人观点，不代表本刊编辑部和主办单位的观点。

7. 审稿期一般为3个月，文章出版后，即奉稿酬（普通来稿500元/千字）。

竭诚欢迎各位业界人士向《仲裁与法律》惠赐稿件。

投稿地址：北京市西城区桦皮厂胡同2号国际商会大厦6层

邮政编码：100035

电子信箱：law@cietac.org